레옹 뒤기(Léon Duguit)의 공법 이론에 관한 연구

― 객관주의 행정법을 중심으로 ―

레옹 뒤기(Léon Duguit)의
공법 이론에 관한 연구

- 객관주의 행정법을 중심으로 -

장 윤 영 지음

경인문화사

머리말

 이 책은 필자의 박사학위 논문 "레옹 뒤기(Léon Duguit)의 공법 이론에 관한 연구 -객관주의 행정법을 중심으로-"를 정리하고 보완한 결과물이다. 레옹 뒤기는 19세기 후반부터 20세기 초반까지 활동한 프랑스의 저명한 공법학자로서, 날카로운 관찰력과 열정으로 당시 통설적 견해였던 주관주의와 주권의 개념을 비판하고, 국가는 사회를 구성하는 사람들의 행복한 삶을 위해 존재한다며 '공법의 변화'를 주장하였다. 법이 현실을 따라가지 못할 정도로 빠르게 변화하는 오늘날, 19세기 후반의 한 프랑스 학자에게 매력을 느꼈던 이유는 행정법 연구의 초심자로서 감히 행정법학의 근원(根源)에 접근해보고 싶다는 호기심 때문이었다. 현대 공법학의 지평을 연 과거 한 학자의 통찰과 지혜는 역설적으로 오늘날까지도 적용가능한 공법의 정신을 일깨운다.

 뒤기의 공법이론은 국민 위에 군림하는 우월적 주체로서의 국가 개념에서 탈피하여 국민에게 공적 서비스를 제공하는 의무의 주체로서의 국가 개념을 그 기반으로 한다. 프랑스 공역무 학파의 주창자로서 그가 주장한 공역무 개념은 국가 또는 행정이 사회적 연대의 실현을 위해 중단 없이 실행되도록 규율, 보장, 통제하여야 하는 모든 활동을 의미했다. 사회적 존재인 인간이 행복한 삶을 영위하기 위해서는 사회적 연대의 실현이 필수적으로 요청되었고, 오직 사회적 연대를 실현하기 위해서만 국가 또는 행정의 힘이 정당화될 수 있다는 것이 그 전제였다. 그는 블랑코(Blanco) 판결의 재발견을 통해 공역무 개념을 행정재판소의 관할을 정하는 기준이자 행정법의 독자성을 나타내는 대표적인 개념으로서 프랑스 행정법 역사상 가장 중요한 개념 중 하나로 자리 잡게 했다. 국가 또한 법의 지배하에 있어야 한다고 본 그는 법률을 주권자의 절대적인 의지의 표현이 아니라 공역무를 구성하고 조직하는 규범으로, 행정행위를 공역무를 수행하기 위한 행정의 활동으로 이해하였다. 또한 객관적인 법규범의 준수 여부를 문제 삼아 행정의 적법성 통제에 기여하는 월권소송의 중요성을 강조하였고, 공역무 수행에 기해 발생한 손해에 대한 국가의 배상책임을 인정함으로써 국가와 행정에 대한 실효적 통제를 추구하였다.

이 책은 위와 같은 뒤기 공법이론의 기본 개념으로서 객관주의와 공역무를 정립하고, 이를 기초로 법률과 행정행위, 행정소송, 국가배상책임에 이르는 행정법 이론을 차례로 분석함으로써 우리나라에 제공할 수 있는 시사점을 발견하고자 하였다. 이를 위해 먼저 그의 삶과 학문 세계를 개관하고, 주관주의에 대한 비판적 관점을 견지하면서 객관적인 법규범을 통해 사회 구성원들을 보호하고자 한 객관주의 이론을 상세히 살펴본다. 또한 공역무 개념과 그것이 어떻게 주권 개념을 대체하였는지에 관한 그의 주장을 분석한 후, 법률과 행정행위, 행정소송, 국가배상책임 영역에서 이론의 전개를 검토한다. 그리고 마지막으로 법치행정의 원칙, 새로운 내용의 공역무, 항고소송의 성질과 대상, 판결의 효력, 국가배상책임 제도 등의 측면에서 그의 이론이 어떠한 학문적 영감을 제공하였는지 살펴본다.

국가는 국민의 행복한 삶을 보장할 의무를 갖는다는 그의 주장은 국가의 역할과 기능에 관하여 최근 강조되고 있는 사회적 약자에 대한 국가의 보호의무, 복지행정과도 연결된다. 코로나바이러스감염증－19의 유행으로 인하여 사회 여러 분야에서 이른바 '돌봄의 사각지대'가 발생하고 있는 오늘날, 그의 이론과 사상은 우리 사회를 살아가는 모든 사람들이 인간으로서 행복한 삶을 영위할 수 있도록 국가가 어떠한 역할을 담당하여야 하는지 재점검이 필요하다는 점에서도 의미가 있다. 특히 아동, 노인 등 사회적 약자에 대한 국가의 역할과 책임은 더욱 강조되어야 한다. 오늘날 국가는, 공법학은, 특히 행정법학은 어떠한 역할을 하여야 하고, 또 할 수 있는가? 그에 대한 답을 찾기 위해 노력을 게을리 하지 않을 것임을 새삼 다짐해 본다.

이 책을 쓰기까지 많은 분들로부터 헤아릴 수 없는 은혜를 입었다. 우선 논문을 지도해주신 박정훈 선생님께 진심으로 감사드린다. 심사 과정에서 따뜻하고 소중한 조언으로 아낌없는 가르침을 주신 박균성, 이원우, 김종보, 최계영 선생님께도 마음 깊이 감사를 드린다. 선생님들의 은혜는 절대로 단번에 갚을 수 없음을 잘 알고 있기에 평생의 연구를 통해 조금이나마 보답하고자 한다. 지면과 대면으로 가르침을 주신 존경하는 선후배, 동료 연구자 분들께도 진심으로 감사드린다. 그리고 부족한 논문을 출판할 수 있는 기회를 주신 서울대학교 법학연구소와 경인문화사 관계자 분들께도 감사드린다. 이 책은 사랑하는 가족들이 없었으면 존재하지 않았을 것이다. 늘 존경하는 부모님과 시부모님의 깊고 넓은 사랑에 온 마음으로 감사드린다. 마지막으로 가장 소중한 친구인 남편과 주님의 선물인 아들에게 무한한 감사와 사랑의 마음을 전한다.

목 차

제1장
서론

제1절 연구의 목적

최근 세계는 코로나바이러스감염증-19의 대유행이라는 유례없는 사태를 맞이하였다. 각 국가는 자국민들의 생명, 신체, 재산 등을 보호하기 위하여 전방위로 노력하고 있다. 다소 진부하게 보일지 모르는, "국가란 무엇인가? 왜 존재하는가?"라는 질문은 오늘날과 같은 혼돈의 상황 속에서 더욱 특별한 의미로 다가온다. 국민을 위한 국가라는 관념은 오늘날 보편적이고 당연한 것으로 여겨지나, 과거 국가는 통치자의 절대 권력으로 대표되는 권력의 주체였다. 경제와 사회의 성장은 국가에 대한 관점의 전환을 이끄는 견인차 역할을 하였는데, 이러한 변화는 공법학의 영역에서도 포착되었다. 날카로운 관찰력으로 이를 발견하고 분석한 한 학자가 바로 '공역무'(le service public) 개념을 주창한 프랑스의 공법학자, 레옹 뒤기(Léon Duguit, 1859년 2월 4일-1928년 12월 18일)이다.

레옹 뒤기는 "지도자들은 자신의 통치를 받는 것처럼 보이는 사람들을 섬긴다."라는 성 아우구스티누스의 말을 인용하면서,[1] 당시 많은 학자들에 의해 인정되었던 절대적이고 단일한 주권을 갖는 신격화 또는 인격화된 국가 개념을 부인하였다. 그에 따르면, 국가는 국민에게 안정적으로 공역무를 제공할 의무를 갖는데, 여기서 공역무란 사회적 연대의 실현과 발전을 위해 통치자들에 의해 그 행위의 실현이 규율, 보장, 통제되어야 하는 모든 활동을 의미한다. 공역무는 사회의 '일반 이익'(l'intérêt général)을 위해 꼭 필요한 것으로,[2] 당시 전통적인 공법 이론의 바탕을

---

1) 성 아우구스티누스의 De Civitate Dei XIX, chapter 14의 한 구절로 Léon Duguit(translated by Ernest G. Lorenzen), The concept of public service, Yale Law Journal, Vol. 32, No. 5, March, 1923, pp.425-435, p.428.
2) 일반 이익의 개념과 함께 공역무의 주된 요소로서 일반 이익에 관한 보다 상세한 논의를 다룬 문헌으로 박균성, "프랑스 행정법상 공익개념", 서울대학교 법학 제47권 제3호, 2006, 41면 참조.

이루던 주권 개념과는 정반대의 성격을 갖는 것이었다. 이는 실로 혁명
적인 관점의 전환이었기 때문에 당시 그의 이론은 많은 비판에 직면하
기도 했다. 그러나 그가 주장했던 많은 이론과 개념들은 이후 프랑스 행
정법의 사상적 기초를 이루어 프랑스 행정법 전반의 발전에 기여했다.
　뒤기의 이론은 프랑스뿐만 아니라 미국, 이집트, 벨기에, 네덜란드, 스
페인, 아르헨티나 등 다양한 국가에 소개되어 현재까지도 많은 학자들의
연구 대상이 되고 있다.[3] 레옹 뒤기에 관한 국내의 연구 동향을 살펴보

---

3) 뒤기의 이론을 소개한 해외 문헌으로는 단행본으로 쟝-미셸 블랑케(Jean-Michel
　Blanquer)와 마크 밀레(Marc Milet)의 L'Invention de l'État: Léon Duguit, Maurice
　Hauriou et la naissance du droit public moderne, Odile Jacob, 2015; 델핀 에스파뇨
　(Delphine Espagno)의 Léon Duguit: de la sociologie et du droit, Editions L'Epitoge
　-Lextenso, 2014; 파브리스 멜러레이(Fabrice Melleray)가 편집한 Autour de Léon
　Duguit: colloque commémoratif du 150ᵉ anniversaire de la naissance du doyen Léon
　Duguit, (Bordeaux, 29-30 mai 2009), Bruylant, Bruxelles, 2011; 뒤기 탄생 100주년
　기념 학술대회 자료집을 책으로 엮은 Revue juridique et économique du Sud-
　Ouest, série juridique 10ᵉ année: congrès commémoratif du centenaire de la naissance
　du doyen Léon Duguit, (Bordeaux, 29-30 mai 1959), Imprimerie Bière, Bordeaux,
　1959 등이 대표적이고, 논문으로 뒤기의 제자였던 로저 보나르(Roger Bonnard)
　의 Léon Duguit: ses oeuvres, sa doctrine, Revue du droit public et de la science
　politique en France et à l'étranger, tome 46, 1929, pp.5-51; 클로드 디드리(Claude
　Didry)의 Léon Duguit, ou le service public en action, Revue d'histoire moderne &
　contemporaine, No. 52-3, 2005, pp.88-97; 에스맹(CH.Esmein)의 Deux théoriciens du
　droit: Duguit et Hauriou, Revue philosophique de la France et de l'étranger, 1930,
　pp.231-279; 베르나르 팍토(Bernard Pacteau)의 Léon Duguit à Bordeaux, un doyen
　dans sa ville, Revue du droit public et de la science politique en France et à
　l'étranger, N° 2-2010, 2010, pp.505-521 등이 있다. 특히 미국의 경우 뒤기의 강연
　록과 저작물이 활발히 번역되어 소개되었는데, 해럴드 라스키(Harold Laski), 대
　법관 올리버 웬델 홈즈(Oliver Wendell Holmes)와 펠릭스 프랑크푸르터(Felix
　Frankfurter)가 그의 영향을 받았다고 한다. 이에 관한 상세한 논의를 다룬 문헌
　으로 캐롤 할로우(Carol Harlow)의 The influence of Léon Duguit on Anglo-
　American legal thought, Autour de Léon Duguit: colloque commémoratif du 150ᵉ
　anniversaire de la naissance du doyen Léon Duguit, (Bordeaux, 29-30 mai 2009),
　Bruylant, Bruxelles, 2011, pp.227-254, p.227 참조.

면, 일반 공법, 헌법, 사회학, 법철학 측면에서 뒤기의 이론이 소개되었고, 행정법적 관점에서 뒤기의 이론을 다룬 문헌은 공역무, 국가배상, 행정소송 등에 관한 문헌에서 관련 내용을 언급할 때 부분적으로 소개되었음을 확인할 수 있다.[4] 오꼭(Aucoc), 라페리에르(Laferrière), 오류(Hauriou)와 함께 프랑스 행정법의 아버지로 불리는 그의 학문적 위치로 볼 때, 우리나라에서 뒤기의 이론을 행정법적 관점에서 정면으로 다룬 문헌을 찾기 어렵다는 점은 아쉬운 부분이었다. 그 이유를 추측해보면, 아마도 뒤기 스스로

---

4) 뒤기에 관한 국내 연구 현황은 다음과 같다. 그의 1차 문헌을 번역한 단행본으로 뒤기가 이집트 대학에서 강의한 강연록(Léon Duguit, Leçons de droit public général, faites à la faculté de droit de l'Université égyptienne pendant les mois de Janvier, Février et Mars 1926, E. de Boccard, Paris, 1926)을 번역한 레옹 뒤기(Léon Duguit)(이광윤 역), 일반 공법학 강의, 민음사, 1995; 논문으로 뒤기가 작성한 논문의 영문 번역본(Frederick J. de Sloovère 역)(The law and the state-French and German Doctrines, Harvard Law Review, Vol. 31, No. 1, November, 1917, pp.1-185)을 국문으로 재번역한 레옹 뒤기(Léon Duguit)(김충희 역), "법과 국가", 동아법학 제77호, 2017; 뒤기에 관한 연구논문은 주로 법 일반 이론, 국가이론 등 헌법적 관점을 내포한 문헌으로 성낙인, "프랑스 공법학의 두 석학: 모리스 오류와 레옹 뒤기", 동원 권도혁교수 화갑기념논문집, 1992; 정수진, "Léon Duguit의 공법 이론에 대한 연구", 연세대학교 석사학위논문, 2013; 김충희, "레옹뒤기의 국가이론 -「법과 국가」를 중심으로-", 유럽헌법연구 제17호, 2015; 김충희, "레옹뒤기의 생애와 그의 시대", 헌법학연구 제21권 제2호, 2015; 김충희, "레옹뒤기의 객관법 이론", 국가와 헌법 I: 성낙인총장 퇴임기념논문집, 법문사, 2018; 사회학적 관점의 문헌으로 오경환, "연대성의 정치 -에밀 뒤르깽, 앙리 미쉘, 레옹 뒤귀-", 역사학 연구 제32집, 2008; 법철학적 관점에서 법철학사를 다루면서 뒤기를 법사회학자로 소개하고 있는 책으로 오세혁, 법철학사, 세창출판사, 제2판, 2012. 그 외 행정법적 관점에서는 김도창, 일반행정법론(상), 청운사, 제1개정판, 1993, 178면에서 프랑스의 행정법학자로 "듀기[뒤기](Léon Duguit)"를 간단히 언급하고, 김동희, "공역무론", 서울대학교 법학 제18권 제1호, 1977, 128-129면에서 공역무학파의 학자로 뒤기를 소개한 이래 공역무를 비롯하여 프랑스의 국가배상, 경찰행정, 행정소송 등 행정법적 쟁점을 다룬 문헌에서 부분적으로 설명되고 있다. 아직까지 국내에서 레옹 뒤기의 공법 이론을 행정법적 관점에서 집중적으로 다룬 문헌은 찾을 수 없었다.

행정법에 국한하여 논의를 전개하기보다는 일반법 원리, 공법, 헌법, 법사회학 등 다양한 학문 분야를 포괄하는 광범위한 이론을 전개했고, 그 이론들이 서로 밀접한 관련성을 가지고 있어 행정법적 관점에서 그의 이론을 분석하는 시도가 상대적으로 많지 않았던 것 때문이 아닌가 생각한다. 그러나 뒤기의 공법 이론은 행정법적 쟁점을 상당 부분 내포하고 있고 실제로도 프랑스 행정법 발전에 상당한 공헌을 하였으므로, 행정법적 관점에서 뒤기의 공법 이론을 연구하는 것은 의미가 있다.

따라서 본 연구의 목적은 뒤기의 공법 이론을 소개하면서 특히 행정법적 관점에서 중요한 위치를 차지하는 객관주의와 공역무 개념을 살펴보고, 이 두 개념을 중심으로 법률(la loi)과 행정행위(l'acte administratif), 행정소송(le contentieux administratif), 국가배상책임(la responsabilité)에 관한 그의 이론을 구체적으로 탐구하는 데에 있다. 그리고 우리의 행정법학이 오늘날 빠르게 변화하는 행정현실과의 괴리를 좁히고자 노력하면서,5) 점차 그 외연을 확대하고 있는 상황에서,6) 그의 이론과 사상이 우리에게 줄 수 있는 시사점을 고찰하고자 한다.

행정법의 본향(本鄕)으로 불릴 정도로 역사와 전통이 깊은 프랑스의 행정법학은 독일 행정법의 아버지로 불리는 오토 마이어(Otto Mayer)에게도 깊은 영감을 주었다고 전해진다.7) 따라서 프랑스 현대 행정법학사에서 빼놓을 수 없는 레옹 뒤기의 공법 이론에 관한 연구는 우리에게도 풍부한 이론적 자극을 제공할 수 있을 것이다. 비록 시대와 장소는 다르지만, 뒤기의 사상은 국가와 행정의 본질적 의미에 관한 고민과 맞닿아

---

5) 이원우, "21세기 행정환경의 변화와 행정법학방법론의 과제", 행정법연구 제48권, 2017, 106면 참조.
6) 김종보, "행정법학의 개념과 그 외연-제도중심의 공법학방법론을 위한 시론", 행정법연구 제21호, 2008, 18면 참조.
7) 박정훈(朴正勳), "오토·마이어(1846-1924)의 삶과 학문", 행정법연구 제18호, 2007, 216-217면 참조; 최계영, "오토마이어의 행정행위 이론", 서울대학교 석사학위논문, 2004, 12면 참조.

있고, 과학적인 탐구 방식을 이용하여 변화하는 현실에 맞는 새로운 공법 이론을 제시하였다는 점에서, 뒤기의 이론은 더 이상 외국의 낡은 이론이 아니라 역동적으로 변화하는 우리나라의 현실 속에서 새롭게 재해석될 수 있을 것으로 작은 기대를 갖는다.

제2절 연구의 방법과 범위

I. 연구의 방법

레옹 뒤기의 이론들은 주로 그의 저작물과 강연을 속기한 내용을 편집한 문헌을 통해 전해지고 있다. 따라서 뒤기의 사상과 이론을 연구하기 위하여 우선 뒤기가 직접 작성하였거나 그와 관련된 2차 문헌들을 중심으로 하여 연구를 진행하였다. 주된 연구의 대상으로 삼은 뒤기의 저작물들은 아래와 같다.

우선 그의 저작물 중, 변화하는 현대 사회의 현실을 관찰·분석한 결과 공법의 근본 개념이 전통적인 '주권'(la souveraineté) 개념에서 완전히 벗어나 '공역무'(le service public) 개념으로 대체되었음을 천명하는 기념비적 작품으로『공법의 변화』(Les transformations du droit public)[1]를 주된 연구의 대상으로 삼았다. 뒤기는 이 책에서 주권 개념의 소멸과 공역무 개념의 등장이 행정의 전 영역에서 이루어지고 있음을 논증하면서 기존의 견해에 대한 비판적 고찰을 제시한다. 특히 이 책은 행정작용과 행정소송, 국가의 배상책임 등 행정법적 관점에서 뒤기의 공법 이론을 연구하는 데에 소중한 자료를 제공한다.

뒤기의 사상적 기초와 일반 공법 사상에 관해서는 주로『일반 공법학 강의』(Leçons de droit public général)[2]를 연구의 대상으로 삼았는데, 국내에서 번역되어 소개된『일반 공법학 강의』[3]를 함께 참고하였다. 뒤기의 삶과

---

1) Léon Duguit, Les transformations du droit public, 2ᵉ tirage, Librairie Armand Colin, Paris, 1921.
2) Léon Duguit, Leçons de droit public général, faites à la faculté de droit de l'Université égyptienne pendant les mois de Janvier, Février et Mars 1926, E. de Boccard, Paris, 1926.
3) 레옹 뒤기(Léon Duguit)(이광윤 역), 일반 공법학 강의, 민음사, 1995.

그의 이론이 끼친 학문적 영향에 관한 연구는 뒤기 탄생 100주년을 기념하여 보르도에서 열린 학술대회 자료집인 『Revue juridique et économique du Sud-Ouest, série juridique 10ᵉ année: congrès commémoratif du centenaire de la naissance du doyen Léon Duguit, (Bordeaux, 29-30 mai 1959)』⁴⁾와 뒤기 탄생 150주년을 기념하여 제작된 단행본인 『Autour de Léon Duguit: colloque commémoratif du 150ᵉ anniversaire de la naissance du doyen Léon Duguit, (Bordeaux, 29-30 mai 2009)』⁵⁾에 수록된 발표문들 및 논문들을 주요 연구의 대상으로 삼았다.

그밖에 뒤기의 또 다른 대표작으로 불리는 『헌법논설』(Traité de droit constitutionnel)⁶⁾을 일반 공법 이론과 행정법 이론에 관한 보조적인 연구의 대상으로 삼았다. 이 책의 제목을 그대로 번역하면 일견 헌법에 관한 것으로 보이나, 그 내용을 살펴보면 특히 제2권과 제3권에 공역무, 행정기능, 행정행위 등과 같이 행정법적 쟁점을 다루고 있는 부분이 적지 않

---

4) Revue juridique et économique du Sud-Ouest, série juridique 10ᵉ année: congrès commémoratif du centenaire de la naissance du doyen Léon Duguit, (Bordeaux, 29-30 mai 1959), Imprimerie Bière, Bordeaux, 1959.

5) Fabrice Melleray(edited), Autour de Léon Duguit: colloque commémoratif du 150ᵉ anniversaire de la naissance du doyen Léon Duguit, (Bordeaux, 29-30 mai 2009), Bruylant, Bruxelles, 2011.

6) 레옹 뒤기의 헌법논설은 뒤기의 공법 이론을 체계화하여 서술한 것으로 총 5권으로 구성된다. 제2권까지는 제3판이 출판되었고, 나머지는 제2판까지 출판되었다. Léon Duguit, Traité de droit constitutionnel, tome 1, 3ᵉ éd., Ancienne librairie fontemoing et Cⁱᵉ, Éditeurs(E. de Boccard successeur), Paris, 1927; Léon Duguit, Traité de droit constitutionnel, tome 2, 3ᵉ éd., Ancienne librairie fontemoing et Cⁱᵉ, Éditeurs(E. de Boccard successeur), Paris, 1928; Léon Duguit, Traité de droit constitutionnel, tome 3, 2ᵉ éd., Ancienne librairie fontemoing et Cⁱᵉ, Éditeurs(E. de Boccard successeur), Paris, 1923; Léon Duguit, TTraité de droit constitutionnel, tome 4, 2ᵉ éd., Ancienne librairie fontemoing et Cⁱᵉ, Éditeurs(E. de Boccard successeur), Paris, 1924; Léon Duguit, Traité de droit constitutionnel, tome 5, 2ᵉ éd., E. de Boccard, Paris, 1925.

게 포진되어 있어 해당 부분은 행정법 이론에 관한 뒤기의 관점을 연구하는 데에 좋은 자료가 되었다.

Ⅱ. 연구의 범위

본 연구는 19세기 말부터 20세기 초 프랑스의 대표적인 공법학자인 레옹 뒤기의 공법 이론을 소개하면서 특히 행정법적 관점에서 기본개념이 되는 객관주의와 공역무를 중심으로 법률과 행정행위, 행정소송, 국가배상책임에 관한 이론을 구체적으로 탐구한다. 뒤기는 그 당시 전통적으로 인정되어 온 견해가 당시의 현실에 실제로 부합하는지를 관찰하고 분석한 후, 그 이론의 한계를 지적하고 대안으로 자신의 견해를 제시하는 방식으로 이론을 구성한다. 따라서 뒤기 이론의 주된 전개 방식은 기존의 견해에 대한 분석과 그에 대응하는 새로운 주장의 형태로 진행된다. 본 논문에서도 이러한 방식을 차용하여 뒤기의 견해를 소개할 때에는 기존 주장에 대한 그의 비판적 고찰을 중점적으로 제시하였다.

제2장에서는 예비적 고찰로서, 그의 삶과 학문을 검토한다. 어린 시절부터 형성된 열정적인 성격과 공역무 학파를 보르도 학파라고도 부를 정도로 그와 인연이 깊은 보르도에서의 생활은 그의 학문적, 사상적 배경을 형성한다. 그의 삶을 살펴본 후 그가 살았던 시대, 인간관, 사회관, 국가관을 차례로 검토함으로써 그의 공법 사상의 기초를 이룬 사회적 연대 개념과 국가법인격의 부인 등을 살펴본다. 그리고 실증주의 사회학적 도구와 비교법적 연구방법을 사용하여 학문으로서의 법학을 발전시킨 그의 학문적 특징을 고찰한다.

제3장에서는 뒤기 공법 이론의 기본 개념으로서 객관주의와 공역무를 검토한다. 먼저 주관주의와의 구별을 통해 객관주의를 개관하고, 구체적으로 프랑스에서 법 또는 권리의 의미로 사용하는 droit를 '주관적

권리'(le droit subjectif)와 '객관법'(le droit objectif)으로 구별하는 그의 견해를 살펴본다. 그리고 객관법 이론과 당시 주권 사상과 상응하던 개인주의 이론에 대한 그의 비판적 고찰을 검토한다. 다음으로 공역무에 관하여는 먼저 어떻게 공권력에 기초한 공법 체제가 소멸하고 공법의 새로운 근본 개념으로서 공역무가 등장하게 되었는지 연혁을 소개하고 그 역사적 의의를 검토한다. 다음으로 공역무의 구성적 요소로서 통치자의 강제력, 법적 의무로서 공역무 수행의무에 대한 공동체의 인식, 공역무의 목적으로서 사회적 연대의 실현을 차례로 검토한다.

제4장에서는 법률과 행정행위에 관하여 검토한다. 우선 법률에 관하여 법률을 주권자의 의지 표현으로 이해했던 기존의 견해를 비판적으로 고찰하면서, 공역무를 조직하는 법률로 새롭게 인식하여야 한다는 주장을 검토한다. 그리고 이러한 관점을 기초로 법률의 성질과 종류, 행정명령과의 관계, 법률에 대한 통제수단에 관한 뒤기의 이론을 살펴본 후, 주권 개념 소멸의 근거로 제시되는 특별한 법률들에 관하여 검토한다. 행정행위에 관하여는 행정행위를 광의의 개념으로 이해하는 그의 견해를 검토한 후, 행정행위의 종류와 통제수단에 관한 논의를 살펴본다.

제5장에서는 행정에 대한 통제수단으로서 크게 행정소송과 국가배상책임에 관한 뒤기의 견해를 고찰한다. 뒤기는 행정소송의 유형과 관련하여 당시 전통적으로 인정되어온 라페리에르의 분류 방식을 비판하면서, 법적 상황에 따라 주관소송과 객관소송으로 분류하는 방식을 주장하는데 이에 관하여 살펴본다. 그리고 뒤기는 월권소송(le recours pour excès de pouvoir)에 대해 행정의 자의로부터 국민을 가장 효과적으로 보장하는 수단으로 이해하는데, 이에 관한 그의 견해를 검토한다. 국가배상책임에 관해서는 먼저 국가배상책임 개념이 과거로부터 어떻게 발전해 왔는지 그 전개과정을 살펴보고, 꽁세이데따(Conseil d'État)와 관할재판소(Tribunal des conflits)의 판결례를 통해 공역무와의 직무관련성을 중심으로 국가의 배상책임과 공무원 개인책임을 구분하는 그의 주장을 고찰한다.

제6장에서는 이상의 논의를 바탕으로 그의 공법 이론이 우리에게 주는 시사점을 검토한다. 그의 행정법 이론의 기초를 이루는 개념으로서 객관주의와 공역무가 우리에게 주는 영감을 살펴보고, 법률과 행정행위, 행정소송, 국가배상책임 등 구체적인 영역에서 그의 이론이 우리 법제에 제공할 수 있는 시사점을 살펴본다.

마지막으로 제7장에서는 객관주의와 공역무 개념을 중심으로 한 뒤기의 공법 이론에 관한 이상의 논의를 요약하고, 평생 동안 현실과 모순되는 기존의 도그마(le dogme)에 대항하여, 오로지 실재하는 사실을 근거로 진리를 추구했던, 용감하고 담대했던 학자(學者)의 이론을 정리한다.

제2장
레옹 뒤기의 삶과 학문

제1절 개설

레옹 뒤기(Léon Duguit)는 프랑스 공법학 발전에 지대한 영향을 끼친 법학자로서 '공역무 학파'(l'École du service public)의 창시자이다. 그는 한 평생을 열정적으로 연구하고 학생들을 가르쳤던 학자이자 스승이었다. 그의 제자들은 그의 가르침을 받아 현대 공법 이론을 연구하고, 발전시 켰으며, 널리 전파하는 데 일조하였다. 그렇게 성장한 그의 공역무 학파 는 '공권력 학파'(l'École de la puissance publique)와 함께 20세기 초 프랑스 공법학의 양대 산맥을 이루었다.

그의 생전 강의를 기억하는 사람들은 다음과 같이 그를 추억한다. "처음으로 그의 첫 마디를 들으며 연사(演士)로서는 좋지 않은 과도하게 날카로운 목소리에 깜짝 놀랐다. 하지만 이내 그의 목소리는 […] 충격적 이고, 예리하고, 직설적이고, 설득력 있고, 매력적이며, 마음을 사로잡는 것으로 진가를 발휘했다. 당시 유행하던 작고 동그란 코안경 너머 생기 있는 두 눈은 좌중을 배회하다 가장 산만한 사람들의 주의를 촉구하며 끈질기게 머물렀다."[1] 이와 같은 묘사를 통해 우리는 설득력 있는 어조 로 열정적인 강의를 펼치는 한 학자를 어렵지 않게 떠올릴 수 있다.

레옹 뒤기의 공법 이론을 이해하기 위한 출발점으로 그의 삶과 학문 을 되짚어 보고자 한다. 법학의 이론은 한 인생을 살다 간 법학자 개인 의 삶과 결코 무관하지 않기 때문이다.[2] 특히 뒤기가 살았던 19세기 후 반과 20세기 초반의 프랑스는 오귀스트 꽁트(Auguste Comte)에 의해 사회

---

1) Marcel Laborde-Lacoste, La vie et la personnalité de Léon Duguit, Revue juridique et économique du Sud-Ouest, série juridique 10ᵉ année: congrès commémoratif du centenaire de la naissance du doyen Léon Duguit, (Bordeaux, 29-30 mai 1959), Imprimerie Bière, Bordeaux, 1959, pp.93-114, p.98.

2) 박정훈(朴正勳), "오토·마이어(1846-1924)의 삶과 학문", 행정법연구 제18호, 2007, 200면 참조.

학이 꽃 피기 시작하였는데, 뒤기 또한 그로부터 많은 학문적 영감을 받았다. 뒤기가 갖고 있었던 인간과 사회에 대한 이해와 관점, 국가와 법 일반에 대한 그의 사상은 그 자체로도 중요할 뿐만 아니라, 뒤기 이론의 사상적 기초를 이루면서 그가 주장하는 객관주의와 공역무, 법률과 행정행위, 행정소송, 국가배상책임과도 밀접한 관련성을 가지므로 주목할 가치가 있다. 이하에서는 그가 살았던 삶과 시대적 배경, 그의 공법 사상의 기초를 먼저 알아보고, 그의 학문적 특징을 살펴보고자 한다.

제2절 삶

공역무 학파의 다른 이름은 '보르도 학파'(l'école de Bordeaux)이다.[1] 이는 뒤기가 보르도 대학을 거점으로 하여 평생을 보냈다는 점에서 쉽게 연관성을 찾을 수 있다. 그는 1859년 2월 4일 포도주로 유명한 프랑스 남서부의 도시 보르도(Bordeaux)로부터 30km 정도 떨어진 지롱드(Gironde)의 리부른(Libourne)에서 태어났다.[2] 리부른은 지롱드에서 두 번째로 큰 도시로, 보르도와 마찬가지로 포도주 산업이 매우 발달한 곳이었다. 뒤기는 중산층의 집안에서 유복하게 자란 편으로, 그의 할아버지 피에르 레옹(Pierre Léon)은 몽세귀르(Monségur) 깡통(canton) 지역의 치안판사였고, 아버지 폴 뒤기(Paul Duguit)는 그 근방에서 유명한 변호사로 활약하였다.[3] 어머니 까롤린 푸르코(Caroline Fourcaud)는 열정이 넘치고, 활발한 성격으로 특히 신앙심과 가난한 사람들에 대한 애정이 깊었다고 전해진다.[4] 뒤기의 학문에 대한 끊임없는 열정과 실존하는 인간에 대한 애정 어린 통찰은 뒤기의 어머니로부터 물려받은 것으로 보인다.

17살이라는 어린 나이에 보르도 법과대학에 입학한 뒤기는 이곳에서 평생의 친구이자 학문적 라이벌이었던 모리스 오류(Maurice Hauriou, 1856년

---

1) 이는 공권력 학파가 툴루즈 대학의 모리스 오류를 중심으로 형성되었다는 이유로 '툴루즈 학파'(l'école de Toulouse)라고 불리는 것과 대칭을 이룬다.

2) Marc Milet, Duguit, Léon, Dictionnaire historique de juristes français (XIIe- XXe siècle), edited by Patrick Arabeyre, Jean-Louis Halpérin, and Jacques Krynen, Presses Universitaires de France, Paris, 2007, pp.358-361, p.358 참조.

3) Jean-Michel Blanquer et Marc Milet, L'Invention de l'État: Léon Duguit, Maurice Hauriou et la naissance du droit public moderne, Odile Jacob, 2015, p.16 참조.

4) Marcel Laborde-Lacoste, La vie et la personnalité de Léon Duguit, Revue juridique et économique du Sud-Ouest, série juridique 10e année: congrès commémoratif du centenaire de la naissance du doyen Léon Duguit, (Bordeaux, 29-30 mai 1959), Imprimerie Bière, Bordeaux, 1959, pp.93-114, p.96 참조.

8월 17일 - 1929년 3월 12일)를 만난다.[5] 오류는 앞에서 언급한 바와 같
이 뒤기의 공역무 학파와 함께 프랑스 공법학의 양대 산맥을 이루는 공
권력 학파의 창시자로서 저명한 행정법 학자이다. 19세기 말과 20세기
초 프랑스 공법학의 대표 주자였던 오류와 뒤기는 비슷한 시기에 태어
나 비슷한 시기에 죽음을 맞이할 때까지,[6] 학문적으로 많은 공감대를 형
성하면서도 때로는 서로의 의견에 대해 건설적인 비판을 행함으로써 프
랑스 공법학의 발전에 큰 영향을 끼쳤다고 평가된다.[7]

   뒤기는 1882년 6월 보르도 법과대학에서 법학박사 학위를 취득한 후,
같은 해 10월 교수자격시험(l'agrégation)에 합격하였고, 이후 1883년 1월 1
일 깡(Caen) 대학 교수로 부임하여 법사학(l'histoire du droit) 강의를 맡는
다.[8] 이후 1886년 다시 보르도 법과대학으로 돌아온 뒤기는 그로부터 40

---

5) Marc Milet, Duguit, Léon, Dictionnaire historique de juristes français (XII°- XX° siècle),
   edited by Patrick Arabeyre, Jean-Louis Halpérin, and Jacques Krynen, Presses Universitaires
   de France, Paris, 2007, pp.358-361, p.359 참조.

6) 실제로 뒤기는 오류보다 나이가 세 살 어렸는데, 뒤기가 사망한 후 3개월이
   지났을 즈음 오류도 사망한다.

7) 오류와 뒤기의 견해는 공법의 근본 개념을 무엇으로 이해하느냐에 따라 구분되는
   데, 오류는 공권력을, 뒤기는 공역무를 근본 개념으로 이해하였다. 두 학자의
   관계는 후세까지도 흥미로운 소재거리가 되곤 하였는데, 그들의 학문적 견해
   차이에도 불구하고 오류가 뒤기 앞으로 보내는 논문에 "레옹, 너에게."("A toi,
   Léon.")라고 기재할 정도로 돈독한 우정을 유지했다고 한다. 프랑스에서는 친한
   친구 사이에서 당신(vous) 대신 너(toi)라는 호칭을 사용한다. 이러한 일화를 소개한
   문헌으로 앙드레 드 로바데르(André de Laubadère)가 쓴 L'influence des idées de
   L. Duguit sur la doctrine du droit administratif, Revue juridique et économique du
   Sud-Ouest, série juridique 10° année: congrès commémoratif du centenaire de la naissance
   du doyen Léon Duguit, (Bordeaux, 29-30 mai 1959), Imprimerie Bière, Bordeaux, 1959,
   pp.171-180, pp.174-175 참조. 그밖에 뒤기와 오류에 관한 보다 자세한 논의를
   다룬 문헌으로 성낙인, "프랑스공법학의 두 석학: 모리스 오류와 레옹 뒤기",
   동원 권도혁교수 화갑기념논문집, 1992, 481-496면 참조. 참고로 이 문헌은 위
   앙드레 드 로바데르 교수가 1968년 툴루즈 법경학부 논문집에 발표한 논문 "Les
   doyens Maurice Hauriou et Léon Duguit"를 편역한 글이다.

8) Marc Milet, Duguit, Léon, Dictionnaire historique de juristes français (XII°- XX° siècle),

년이 넘도록 보르도 대학에서 학문 연구를 계속한다.[9] 특히 이때 우정을 쌓은 에밀 뒤르켐(Émile Durkheim)과 학문적 교류를 계속하였는데, 특히 연대(la solidarité) 개념을 중심으로 하는 뒤르켐의 사회학 이론으로부터 영향을 많이 받았다고 전해진다.[10] 뒤기는 1892년 4월 4일 헌법과 행정법의 정교수(Professeur)가 되었고, 1901년 2월 9일 보르도 법과대학의 부학장이 된 후, 1919년 4월 23일에 보르도 법과대학의 학장으로 부임한다.[11] 반세기 동안 프랑스 공법학에서 뒤기가 이루어낸 학문적 업적은 상당했다. 결국 그는 그 공로를 인정받아 프랑스 최고의 권위와 명예를 자랑하는 레지옹 도뇌르(la Légion d'honneur) 훈장을 각각 1909년 12월 31일 슈발리에(Chevalier) 등급, 1923년 8월 8일 오피시에(Officier) 등급으로 두 번 받는다.[12]

뒤기의 생애에 관한 글들을 읽으면, 그가 얼마나 학문에 대한 열정과 호기심이 많고, 학자로서의 사명감이 투철한 사람이었는지 알 수 있다. 실제로 뒤기 탄생 100주년을 기념하는 자리에서 뒤기의 제자였던 보르도 법과대학교수 마르셀 라보르드-라코스테(Marcel Laborde-Lacoste)는 뒤기에 관해 다음과 같이 서술한다. "그는 학부과정 강의를 준비하는 데 있어서도 박사과정 강의를 준비하는 것과 같이 매일 장시간을 바쳤고,

---

edited by Patrick Arabeyre, Jean-Louis Halpérin, and Jacques Krynen, Presses Universitaires de France, Paris, 2007, pp.358-361, p.358 참조. 각각의 구체적인 날짜는 Roger Bonnard, Léon Duguit: ses oeuvres, sa doctrine, Revue du droit public et de la science politique en France et à l'étranger, tome 46, 1929, pp.5-51, p.5에 기재된 날짜를 참고하였다.

9) Jean-Michel Blanquer et Marc Milet, L'Invention de l'État: Léon Duguit, Maurice Hauriou et la naissance du droit public moderne, Odile Jacob, 2015, p.56 참조.

10) Marcel Laborde-Lacoste, La vie et la personnalité de Léon Duguit, Revue juridique et économique du Sud-Ouest, série juridique 10ᵉ année: congrès commémoratif du centenaire de la naissance du doyen Léon Duguit, (Bordeaux, 29-30 mai 1959), Imprimerie Bière, Bordeaux, 1959, pp.93-114, p.111 참조.

11) Roger Bonnard, op. cit., p.5 참조.

12) Ibid.

밤늦게까지 연구했다. 그의 손에는 빽빽한 서류들이 들려 있었고, 그의 커다란 연구실은 역사, 철학, 문학을 비롯하여 법, 경제, 사회 [...] 다양하고 수많은 책들로 말 그대로 위에서부터 아래까지 이리저리 뒤덮여 있었다. 모든 강의들은 끊임없이 재구성되고 개선되면서, 그의 모든 작업과 과학적인 작품의 용광로(le creuset)가 되었다."[13]

위와 같은 작업을 거쳐 형성된 뒤기의 이론은 프랑스 국내뿐만 아니라 해외 여러 나라에서 소개되었다. 그는 1910년 포르투갈의 코임브라 대학, 1911년 아르헨티나의 부에노스아이레스 대학, 1913년 이집트의 카이로 법과대학, 1920년 미국 콜롬비아 대학 등 다양한 국가에 초청되어 강연을 하였다.[14] 그가 이렇게 열정적으로 전 세계 여러 나라를 돌아다니며 활동을 했던 것은 단순히 그의 공법 이론과 프랑스의 제도를 외국에 소개하기 위함이 아니라 당대의 지식인으로서 그가 갖고 있었던 일종의 책임감과 사명감의 발로였던 것으로 보인다.[15]

한편 뒤기의 가족으로는 아내와 아들 둘이 있었다. 보르도 상인 집안에서 태어난 그의 아내는 그와 1892년 결혼하여 인생의 동반자로서 그를 적극 지지해 주었고, 1926년 그가 이집트의 카이로 대학에 머물렀을 때에도 함께 했다.[16] 그의 가족들은 보르도에서 행복한 생활을 하며 지냈

---

13) Marcel Laborde-Lacoste, La vie et la personnalité de Léon Duguit, Revue juridique et économique du Sud-Ouest, série juridique 10e année: congrès commémoratif du centenaire de la naissance du doyen Léon Duguit, (Bordeaux, 29-30 mai 1959), Imprimerie Bière, Bordeaux, 1959, pp.93-114, p.100.

14) Marc Milet, Duguit, Léon, Dictionnaire historique de juristes français (XIIe- XXe siècle), edited by Patrick Arabeyre, Jean-Louis Halpérin, and Jacques Krynen, Presses Universitaires de France, Paris, 2007, pp.358-361, p.359 참조.

15) 뒤기는 이집트에서 강의를 하면서 엘리트들의 사회적 의무와 책임에 관한 그의 생각을 언급한 바 있는데, 이를 다룬 문헌으로 Léon Duguit, Leçons de droit public général, faites à la faculté de droit de l'Université égyptienne pendant les mois de Janvier, Février et Mars 1926, E. de Boccard, Paris, 1926, p.297 참조.

16) Bernard Pacteau, Léon Duguit à Bordeaux, un doyen dans sa ville, Revue du droit public et de la science politique en France et à l'étranger, N° 2-2010, 2010,

지만, 1917년 첫째 아들 피에르 뒤기(Pierre Duguit)가 제1차 세계대전 참전 중 19살의 젊은 나이로 사망하는 큰 아픔을 겪기도 했다.[17] 한편 둘째 아들 미셀 뒤기(Michel Duguit)는 아버지와 마찬가지로 학자의 길을 걸었고, 아버지의 제자였던 로저 보나르(Roger Bonnard)의 지도를 받아 1927년 박사학위를 취득하였다.[18]

그로부터 1년 후인 1928년 12월 18일, 뒤기는 평생의 추억이 깃든, 그가 사랑했던 보르도에서 사망하는데, 뒤기의 제자 로저 보나르에 따르면, 뒤기는 병이 들어 죽음을 맞이하기 며칠 전까지도 완전한 기력과 정신을 갖고 있었다고 한다.[19] 이는 마치 평생 동안 현실과 모순되는 기존의 도그마에 대항하여, 오로지 실재하는 사실을 근거로 진리를 추구했던, 용감하고 담대한 학자의 올곧은 성정이 죽음 앞에서도 꺾이지 않았음을 보여주는 것 같다.

---

pp.505-521, p.512 참조.

17) 그의 아들은 뵈르뎅(Verdun)에서 1917년 8월 치명적인 부상을 입고 사망하였다. 이에 관하여 상세히 소개한 문헌으로 Marcel Laborde-Lacoste, La vie et la personnalité de Léon Duguit, Revue juridique et économique du Sud-Ouest, série juridique 10ᵉ année: congrès commémoratif du centenaire de la naissance du doyen Léon Duguit, (Bordeaux, 29-30 mai 1959), Imprimerie Bière, Bordeaux, 1959, pp.93-114, p.112 참조.

18) Bernard Pacteau, op. cit., p.512 참조. 참고로 이 문헌에 따르면, 뒤기의 둘째 아들이 작성한 논문은 정치적 결사의 징계 체제("Le régime disciplinaire des assemblées politiques")에 관한 것이다.

19) Roger Bonnard, Léon Duguit: ses oeuvres, sa doctrine, Revue du droit public et de la science politique en France et à l'étranger, tome 46, 1929, pp.5-51, p.5 참조.

제3절 시대적 배경과 사상적 기초

I. 시대적 배경

레옹 뒤기가 왕성히 활동한 19세기 말부터 20세기 초는 프랑스 제3공화정 시대였다. 프랑스 제3공화정은 프랑스 역사상 황금기로 묘사되는 비교적 안정적인 정치체제를 갖추었으나, 사회적 갈등과 위기가 공존하고 있는 때였다.[1] 프랑스의 경우 19세기부터 '사회적 문제'(le question sociale)에 관한 문제의식이 본격화되었는데, 여기서 사회적 문제에 관한 문제의식이라 함은 정치적인 평등 상태에서 경제적 불평등 문제를 해결하기 위한 방법론을 모색하는 것을 의미한다.[2] 당시 프랑스 사회에는 경제적 불안과 불평등을 해소하기 위한 다양한 시도들이 생겨났고, 그 중 가장 대표적인 것으로 바로 노동자 계급의 성장과 투쟁을 들 수 있다. 산업이 급속도로 발전하면서 노동자들의 수는 기하급수적으로 증가하였고, 그들의 의식 수준 또한 향상되면서 노동조합이 결성되었다. 그리고 노동자들과 자본가들 사이에 첨예한 갈등 상황이 빚어지는 가운데 혁명적 생디칼리슴 또는 노동조합주의(syndicalism)가 유행하였다.[3]

이러한 사회적 문제를 해결하기 위해 프랑스 내에서는 자유주의, 공

---

1) 민문홍, "프랑스 제3공화정 당시의 이념갈등과 사회통합 -뒤르케임의 공화주의 이념과 사회학의 역할을 중심으로-", 담론201 제15권 제4호, 2012, 77면 참조.
2) 오경환, "연대성의 정치 -에밀 뒤르깽, 앙리 미쉘, 레옹 뒤귀-", 역사학 연구 제32집, 2008, 410면 참조.
3) 특히 19세기 말 프랑스에서 시작된 혁명적 생디칼리슴은 '노동자계급 스스로에 의한 노동의 해방'을 부르짖으며 노동자들이 중심이 되어 파업 또는 혁명 등을 통해 시장경제와 사회구조를 개혁하고자 한 이념으로 20세기 초에는 전 세계적으로 유행하기에 이르렀다. 이에 관한 자세한 논의를 다룬 문헌으로 이용재, "생디칼리슴의 국제적 비교연구", 프랑스사 연구 제21호, 2009, 117-118면 참조.

화주의, 사회주의 등 다양한 관점에서 해결책이 제시되었으나, 특히 뒤기가 주목한 것은 '연대'(la solidarité)에 관한 논의였다. 그리고 후술하는 바와 같이 뒤기는 방법론적 관점에서 오귀스트 꽁트(Auguste Comte)의 사회학적 실증주의에서 영감을 얻었고, 특히 그는 보르도 대학에서 친하게 지내며 학문적 교류를 지속했던 에밀 뒤르켐(Émile Durkheim)의 영향을 많이 받았다고 전해진다.[4] 연대성에 관한 논의는 뒤기가 활동하던 시기의 대표적인 사회철학으로서 레옹 부르주아(Léon Bourgeois)에 의해 주창된 정치 이론으로, 그에 의하면 사람들은 태어나면서부터 사회에 속함으로써 서로에 대해서 채무를 부담하고, 그 목적은 사회의 통합에 있으며, 국가는 이러한 사회 통합을 유지하기 위하여 사람들의 평등을 도모하는 역할을 맡는다고 한다.[5] 뒤르켐은 이러한 연대성에 관한 논의를 그의 저작인 『사회분업론』(De la division du travail social)에서 진행하였는데, 그 내용의 골자를 살펴보면, 산업사회의 발달로 인하여 사람들 사이의 상호 의존성이 증가하였으므로 서로 협력하고 연대하는 것의 중요성이 그만큼 커졌다는 인식을 기초로 한다고 해석할 수 있다.

뒤기는 뒤르켐의 영향을 받아 사회 속에서 살아가야 하는 인간들 사이에 존재하고 존재해야 하는 '사회적 연대'[6](la solidarité sociale)라는 개념을 받아들였다.[7] 뒤기가 주장한 사회적 연대 개념을 간단히 설명하면,

---

4) 오경환, "연대성의 정치 -에밀 뒤르껭, 앙리 미쉘, 레옹 뒤귀-", 역사학연구 32집, 2008년, 411면 참조.
5) 서울대학교 불어문화권연구소, 프랑스 하나 그리고 여럿, 지성공간, 2017, 42면 참조.
6) 한편 레옹 뒤기(Léon Duguit)(이광윤 역), 일반 공법학 강의, 민음사, 1995, 35면에서는 이를 사회적 유대(紐帶)(la solidarité sociale)라고 번역하고 있다. 본 논문에서는 뒤기의 이론이 사회학자 에밀 뒤르켐의 연대 개념으로부터 영향을 받았음을 강조하고, 국내의 사회학, 법철학 관련 문헌 및 프랑스 역사를 소개한 문헌에서 사회적 연대로 번역된 예를 볼 수 있는 점 등을 고려하여 사회적 연대로 번역하였다.
7) 오세혁, 법철학사, 세창출판사, 제2판, 2012, 262면 참조.

사람들은 사회 속에서 살아가면서 때로는 공통의 필요를 갖기도 하고, 때로는 상이한 필요를 갖기도 하는데, 각자의 모든 필요를 충족하기 위해서 사람들은 서로 협력하고 공존할 수밖에 없다는 것을 의미한다.[8] 이하에서는 이와 같은 시대적 배경 속에서 인간과 사회, 국가에 대한 뒤기의 관점을 보다 구체적으로 살펴본다.

II. 인간과 사회, 국가에 대한 관점

뒤기의 인간, 사회, 국가에 대한 관점은 이후 뒤기의 이론을 형성하는데 중요한 영향을 끼친다. 기본적으로 뒤기는 현실에 존재하는 인간, 사회, 국가의 모습을 객관적으로 분석하여 이론을 구축하였다. 이는 형이상학적 또는 관념적인 인간, 사회, 국가의 개념을 배척함을 의미했다. 이하에서는 뒤기가 주장한 이론의 기초를 이루는 인간관과 사회관, 국가관에 관하여 차례로 살핀다.

1. 인간과 사회에 대한 관점

가. 사회적 존재로서의 인간

뒤기의 저작들을 살펴보면 뒤기에게 인간은 기본적으로 사회적 존재였던 것으로 해석할 수 있다. 산업혁명의 여파로 빠르게 노동의 분업화가 이루어졌던 당시 프랑스 사회의 변화를 목도하면서, 그는 인간 개개인은 혼자 고립된 채 서로 동떨어져 존재하는 것이 아니라, 출생과 동시에 사회에 속하여 사회 속에서 살 수밖에 없고, 살아가야 하는 존재로서,

---

8) Léon Duguit(translated by Margaret Grandgent and Ralph W. Gifford), Objective Law, Columbia Law Review, Vol. 20, No. 8, December, 1920, pp.817-831, pp.829-830 참조.

다른 사람들과 필연적으로 관계를 맺고 살아갈 수밖에 없는 존재라고
이해했던 것이다.[9] 즉, 사회적 사실을 있는 그대로 관찰하고 분석하려고
시도했던 뒤기에게 인간 사회의 공존(共存)은 추상적인 관념이 아니라
구체적이고 기본적인 사실 그 자체였다고 볼 수 있다. 그는 인간이 행복
하게 살기 위해서는 사회가 제대로 유지되고 발전하여야 한다는 이념을
전제로 하여, 사회를 제대로 유지하기 위해서는 사회를 구성하는 모든
사람들의 상호 협력과 연대가 필수적으로 요청된다고 보았는데, 이것이
'사회적 연대'(la solidarité sociale)의 개념이다.[10]

　　여기서 오해해서는 안 되는 점은 뒤기가 사회적 인간 개념을 강조한
것일 뿐, 자율적인 인간의 모습을 완전히 배제한 것이 아니라는 것이다.
오히려 그는 당시의 주류적 견해였던 주관주의적 관점은 추상적이고 고
립된 관념적 인간을 상정하여 논의를 전개함으로써, 국가, 공동체 등 어
떤 집단으로부터 떨어질 수 없는 존재로서의 현실적이고 구체적인, 진짜
인간상을 간과했다는 점을 지적했다.[11] 사람들은 사회에서 서로에게 도
움을 주고받는 관계를 형성하는데, 뒤기는 이처럼 서로에게 도움을 주고
받는 관계가 되기 위해 개인은 자신의 능력과 재능을 최대한으로 발휘
해야 한다고 보았고, 이는 개인이 자신의 능력을 발휘하여 자율적으로
활동하면 서로에게 필요한 것들을 더욱 잘 제공할 수 있다고 보았기 때
문이다.[12]

---

9) Léon Duguit, Leçons de droit public général, faites à la faculté de droit de l'Université
　　égyptienne pendant les mois de Janvier, Février et Mars 1926, E. de Boccard, Paris,
　　1926, p.36 참조.
10) 레옹 뒤기(Léon Duguit)(이광윤 역), 일반 공법학 강의, 민음사, 1995, 35면 참조.
11) 사회적 인간에 관한 뒤기의 관점을 보다 자세히 설명한 문헌으로 Léon Duguit-
　　(translated by Margaret Grandgent and Ralph W. Gifford), Objective Law, Columbia
　　Law Review, Vol. 20, No. 8, December, 1920, pp.817-831, pp.823-825; Léon Duguit,
　　L'État, le droit objectif et la loi positive, Ancienne librairie thorin et fils, Paris, 1901,
　　p.15 참조.
12) 개인의 자율성과 분업의 연대에 관한 보다 자세한 설명은 Léon Duguit(trans-

요컨대, 뒤기가 생각한 인간은 사회를 떠나서는 그 존재를 상정할 수 없는기 때문에 모든 인간들은 한 사회를 이루는 집단의 구성원의 자격을 가지고 자신들의 삶의 터전인 사회를 잘 유지하기 위해 연대해야 하는 존재로 해석할 수 있다. 이러한 사회적 연대의 실현과 발전은 분업을 통해 서로에게 필요한 것을 교환하는 것을 통해 가능한 것이므로 인간은 사회 안에서 자신의 재능과 능력을 최대한 발휘하면서 자신의 삶을 살아가고, 필요에 따라서는 다른 사람들과 기꺼이 그것을 나누는데, 사견에 의하면, 이는 현실적인 인간 사회의 모습을 투영한 것이기는 하지만 한편으로는 사회에 합리적인 인간들이 존재한다는 다소 이상(理想)적인 전제가 바탕이 되어야 하는 것으로 생각한다.

나. 사회적 연대

뒤기는 인간을 사회적 존재로 인식함으로써, 인간 행복의 전제로 무엇보다 인간의 삶의 터전인 사회가 정상적으로 유지되고 발전해야 한다고 믿었던 것으로 보인다. 뒤기가 주장한 '사회적 연대'의 개념은 앞에서 본 바와 같이 에밀 뒤르켐의 영향을 받은 것으로, 기본적으로 분업에 의한 연대를 의미한다고 볼 수 있다. 뒤기가 이해한 분업의 의한 연대는 다음과 같이 설명될 수 있다.

인간은 태어나면서부터 사회에 소속되어 각자 자신의 능력을 발휘하면서 일정한 재화나 서비스를 창조하는데, 스스로 창조한 재화나 서비스만으로는 삶을 영위할 수 없고, 다른 사람들이 창조한 재화나 서비스가 필요하기 때문에 자신이 갖고 있는 재화나 서비스를 다른 사람들과 나눔으로써 서로 필요한 재화나 서비스를 취득한다는 것이다.13) 즉, 인간

---

lated by Margaret Grandgent and Ralph W. Gifford), Objective Law, Columbia Law Review, Vol. 20, No. 8, December, 1920, pp.817-831, pp.829-830 참조.

13) Léon Duguit(translated by Ernest G. Lorenzen), The concept of public service, Yale

은 기본적으로 자신의 재화 또는 역무를 다른 사람과 교환함으로써 자신이 필요한 것들을 얻을 수 있다는 사실을 계속 보장받을 수 있다는 해석이 가능하다. 뒤기는 이러한 결과를 이루어 내기 위해서는 개인의 자유로운 활동이 더욱 활발해져야 한다고 설명하는데, 사회를 구성하는 개개인이 자신의 능력을 발휘하여 자율적인 활동을 활발하게 수행함으로써 궁극적으로 서로의 필요를 충족시킬 수 있다고 보았기 때문임은 앞에서 본 바와 같다.[14]

뒤기의 이러한 사회적 연대의 개념은 앞에서 언급한 바와 같이 그의 절친한 친구인 에밀 뒤르켐의 『사회분업론』에서 소개된 연대 개념과 유사성을 보인다.[15] 뒤르켐은 그의 첫 저작인 『사회분업론』에서 산업사회의 발달은 새로운 형태의 연대를 출연시켰다고 주장하며 기계적 연대와 유기적 연대라는 두 가지 유형의 연대를 제시하는데, 여기서 기계적 연대는 전통적인 삶의 방식에서 맺어진 연대 개념으로서 대부분의 사람들이 비슷한 종류와 형태의 노동에 종사하면서 자연스럽게 공통의 관심사와 이해관계가 생김에 따라 기계적으로 발생한 연대의 방식이고, 유기적 연대는 산업화와 도시화로 인해 분업이 증가하면서 사람들이 서로 다른 종류와 형태의 노동에 종사하게 됨으로써 필요에 의해 생겨난 새로운 형태의 연대 방식이다.[16]

즉, 기계적 연대는 구성원들 사이에 존재하는 공통점에 기초한 개념으로 해석할 수 있고, 유기적 연대는 사람들이 다르다는 사실에 기인하여 이루어진 연대로 이해할 수 있다. 결국 뒤르켐은 현대 사회는 경제과

Law Journal, Vol. 32, No. 5, March, 1923, pp.425-435, pp.429-430 참조.

14) Léon Duguit(translated by Margaret Grandgent and Ralph W. Gifford), Objective Law, Columbia Law Review, Vol. 20, No. 8, December, 1920, pp.817-831, pp.829-830 참조.

15) 오경환, "연대성의 정치 -에밀 뒤르깽, 앙리 미쉘, 레옹 뒤귀-", 역사학 연구 제 32집, 2008, 412면 참조.

16) 김덕영, 에밀 뒤르케임:사회실재론, 도서출판 길, 2019, 194-197면 참조.

산업의 발전으로 개인들이 과거처럼 기계적 연대를 이루는 것이 아니라, 유기적 연대를 이룬다고 주장함으로써 사회의 문제들을 해결하려고 하였다.[17] 이는 결국 사회를 구성하는 사람들 사이에 의존도가 그만큼 높아졌고, 그에 따라 사회의 구성원들이 서로 협력하고 연대할 필요성도 증가한 현실이 반영된 것이 아닌가 생각된다.

뒤기가 주장한 '사회적 연대'라는 개념도 위와 같은 뒤르켐의 연대 개념과 유사하나 좀 더 발전된 형태로, 뒤기의 연대 개념은 뒤르켐보다 보편성을 갖는다고 평가된다.[18] 뒤기는 사람은 태어나면서부터 사회에서 살 수밖에 없고, 사회는 서로 다른 성정을 가진 사람들로 이루어지므로 사회가 잘 유지되려면 사회를 구성하는 사람들 사이의 상호적인 역무 교환이 이루어져야 한다고 주장한다.[19] 따라서 이러한 현실을 법적인 관점에서 이해하면 사람들은 사회 속에서 태어나고 그 안에서 살아갈 수밖에 없는 이상, 사회적 연대를 이루어야만 하는 의무를 가질 수밖에 없고, 이는 통치자를 포함하는 사회를 구성하는 모든 사람들이 준수하여야 하는 중대한 의무라는 결론으로 귀결된다고 할 수 있다.

사회적 연대를 실현할 의무는 결국 사람들이 사회 안에서 살고 있다는 바로 그 사실에 근거하기 때문에 모든 구성원들에게 예외 없이 해당되고, 이러한 사회적 연대의 실현은 바로 후술하는 '법규범'(la règle de droit)의 근거이자 목적으로 작용한다.[20] 뒤기는 피치자, 통치자를 포함하여 모든 사람들이 법규범의 적용을 받음으로써 사회적 연대를 실현한다고 한다.[21] 사견에 의하면, 이러한 뒤기의 사회적 연대 개념은 오늘날

---

17) 민문홍, "프랑스 제3공화정 당시의 이념갈등과 사회통합 -뒤르케임의 공화주의 이념과 사회학의 역할을 중심으로-", 담론201 제15권 제4호, 2012, 80면 참조.

18) 오경환, "연대성의 정치 -에밀 뒤르깽, 앙리 미쉘, 레옹 뒤귀-", 역사학 연구 제32집, 2008, 427면 참조.

19) Léon Duguit(translated by Ernest G. Lorenzen), The concept of public service, Yale Law Journal, Vol. 32, No.5, March, 1923, pp.425-435, p.429 참조.

20) 레옹 뒤기(Léon Duguit)(이광윤 역), 일반 공법학 강의, 민음사, 1995, 36면 참조.

실제로 다양한 직업을 가진 사람들이 각자 능력을 발휘하여 재화와 서비스를 창출하고, 그렇게 창출한 재화와 서비스를 다른 사람과 교환하며 살아가는 현대 사회의 현실과 매우 유사하다는 점에서 상당한 시의성을 갖는다고 생각한다. 따라서 사회적 연대 개념은 오늘 우리의 현실에서도 쉽게 이해하고 적용할 수 있는 개념이라고 볼 수 있다.

2. 국가에 대한 관점

가. 독일의 국가법인설에 대한 비판적 고찰

국가에 대한 관점에 있어서 뒤기는 독일에서 주장되고 발전되어 온 국가법인설과 대척점에 서 있다. 따라서 뒤기의 국가관을 이해하기 위해서는 당시 전통적으로 받아들여졌던 독일의 국가법인설을 먼저 살펴볼 필요가 있다. 독일의 국가법인설은 대표적으로 게오르크 옐리네크(Georg Jellinek)에 의해 주장된다. 이는 단체의 법인격을 인정하는 견해와 동일한 맥락에서 나온 이론으로, 국가법인설에 따르면, 국가라는 단체는 법을 통해서 창설되는 권리능력의 귀속주체로서 법인격을 갖는다고 이해된다.[22] 특히 뒤기가 주목하는 옐리네크의 사상은 국가의 '자기제한'(l'autolimitation) 이론에 관한 것인데, 그 내용은 국가는 국민 또는 개인과 구별되는 법인격을 갖는 주체로서 주관적 권력을 가지므로 자신의 의사에 의하지 않고서는 어떠한 제한도 받지 않고, 다만 스스로 법에 복종할 뿐이라는 것이다.[23]

---

21) 오세혁, 법철학사, 세창출판사, 제2판, 2012, 262면 참조.
22) 정호경, "국가법인설의 기원과 전개 과정 -독일에서의 발전과정을 중심으로-", 행정법연구 제42호, 2015, 3면 참조.
23) 국가의 자기제한설에 관한 자세한 설명을 다룬 문헌으로 게오르그 옐리네크(Georg Jellinek)(김효전 역), 일반국가학, 법문사, 2005, 317-318면 참조.

그런데 국가법인설과 같이 하나의 단체를 '법인화'하고 '인격화'하여 주관적인 의사를 갖는 주체로 이해하는 것이 과연 현실에 비추어 타당한 것인가? 뒤기는 이에 대해 국가든, 조합이든, 그 무엇이든 단체가 마치 인간과 같이 어떤 주관적 의사를 갖는다는 전제는 결코 있을 수 없다고 본다.[24] 즉, 오로지 인간만이 인식할 수 있을 뿐, 단체는 인식의 주체가 될 수 없다는 뜻이다. 뒤기에게 단체를 의인화하여 인격을 부여하는 국가법인설은 형이상학적이고 주관주의적인 허구이자 관념에 불과하고 실제의 현실과는 동떨어진 것으로, 단체는 일방적 의사를 가진 사람들이 하나의 목표를 향해서 만난 총 집합체일 뿐이라고 이해한다.[25]

뒤기는 국가법인설의 전제를 이루는 단체의 법인격을 부정할 뿐만 아니라 옐리네크의 자기제한설에 대해서도 비판적 관점을 보인다. 옐리네크에 따르면, 자신의 의지로 법을 창조하는 국가가 스스로의 의지에 따라 법의 구속을 받는다는 것인데, 과연 자발적으로 자기를 제한하는 것이 진정한 의미에서의 제한이라고 할 수 있는가의 문제이다.[26] 뒤기는 옐리네크의 뛰어난 설명에도 불구하고 이는 "무익한 정신적 유희"(les vains jeux d'esprit)에 불과하다고 비판하면서, 결국 법률이 국가에 의해 스스로 규정되는 한 국가는 법률에 의해 제한되지 않고 제한될 수도 없으므로 국가법인설은 부정되어야 한다는 태도를 취한다.[27] 이러한 뒤기

---

24) Léon Duguit, Leçons de droit public général, faites à la faculté de droit de l'Université égyptienne pendant les mois de Janvier, Février et Mars 1926, E. de Boccard, Paris, 1926, pp.107-108 참조.

25) 뒤기는 노동조합을 설명함에 있어서도 여러 명의 사람들이 하나의 목표를 향해서 만든 집합체라는 취지로 표현하고, 국가도 이와 다르지 않다고 설명한다. 이에 관한 자세한 설명을 다룬 문헌으로 Léon Duguit(translated by Ernest G. Lorenzen), Collective acts as distinguished from contracts, Yale Law Journal, Vol. 27, No. 6, April, 1918, pp.753-768, p.765 참조.

26) Léon Duguit(translated by Margaret Grandgent and Ralph W. Gifford), Objective Law Ⅱ, Columbia Law Review, Vol. 21, No. 1, January, 1921, pp.17-34, p.21 참조.

27) Léon Duguit, Duguit, Léon, Les transformations du droit public, 2ᵉ tirage, Librairie

의 견해는 국가법인설이 처음 탄생한 독일에서조차 국가법인설의 이론적 당위성에 비판이 제기되고 있다는 점,[28] 오늘날 다양한 국가기관들과 수많은 공무원들이 국가의 사무를 담당하는 행정 현실에 비추어 국가가 어떤 주관적 의지를 갖고 행위를 행한다는 의제를 상정하기 어렵다는 점에 비추어 그 이론의 설득력을 갖는다고 생각한다.

나. 의무의 주체로서 국가

뒤기는 기본적으로 국민에 군림하는 주권[29]은 픽션이자 허구이며, 국가는 절대적 주권을 가진 '권리의 주체'가 아니라, 공역무를 제공하고 유지시키는 의무를 가지는 '의무의 주체'일 뿐이라고 보았다.[30] 여기서 의무란 제2장 제2절에서 후술하는 공역무를 중단 없이 수행할 의무를 의미하는데, 뒤기는 이러한 의무의 실현을 위해서만 국가의 힘 또는 권력이 필요하다고 보았다.[31] 뒤기에 따르면, 한 나라의 통치자들은 통치하기

Armand Colin, Paris, 1921, p.163.

28) 국가법인설을 완전히 부정하지는 않더라도 법인이라는 개념만으로는 온전히 국가를 파악할 수 없다고 본 독일의 오토 마이어, 권리주체로서의 국가법인은 인정하지 않은 켈젠, 국내법적 차원에서 국가법인설을 부정한 스위스의 아폴터 등의 이론을 자세히 소개한 문헌으로 우미형, "Hans J. Wolff의 행정조직법 이론에 관한 연구 -공법상 '법인' 및 '기관'이론을 중심으로-", 서울대학교 박사학위논문, 2016, 35-37면 참조.

29) 뒤기가 말하는 주권(la souveraineté, 독일어로는 Souveränität) 개념은 최고 고권(高權, 독일어로는 Hoheit)으로서 명령적이고 강제적인 힘을 갖는 주관적 권리를 의미하는데, 독립성, 단일성, 불가분성, 양도불가능성 등이 그 개념적 징표에 해당한다. 주권 개념의 의미와 개념적 징표에 관한 자세한 설명은 제3장 제2절 공역무 II. 1. 가. 주권 개념의 역사적 발전과 의미 부분에서 후술한다.

30) Léon Duguit, Leçons de droit public général, faites à la faculté de droit de l'Université égyptienne pendant les mois de Janvier, Février et Mars 1926, E. de Boccard, Paris, 1926, pp.140-141 참조.

31) 오세혁, 법철학사, 세창출판사, 제2판, 2012, 264면 참조.

위하여 어떤 물리적인 힘 또는 강제력을 가지고 있을 수밖에 없는데, 그 힘의 존재 의의는 오로지 자신들이 수행해야 하는 의무를 실현하는 데에서만 찾을 수 있다고 보았다.[32] 즉, 그는 국가 또는 통치자들에게는 사회 연대의 실현과 같은 일반 이익에 부합하는 공역무를 수행할 의무가 있고, 이러한 의무는 통치자들의 힘 또는 권력을 정당화하는 기재가 되었던 것이다.[33]

다만, 여기서 뒤기가 말하는 의무의 개념을 오해해서는 안 된다. 뒤기에 따르면, 그가 사용하는 의무의 개념은 민법상 법률관계와 같이 쌍무적 계약관계에 따라 발생하는, 권리와 한 쌍을 이루는 추상적 개념으로서 의무가 아니라고 한다.[34] 뒤기가 국가가 공역무를 수행할 의무를 부담한다고 했을 때의 의미를 생각해보면, 그 의무는 소위 주관적 공권과 같은 권리와 대응하는 관계에 있는 형이상학적인 의무가 아니라, 여러 사람들이 하나의 공동체를 이루고 살아간다는 사회적 사실로부터 자연스럽게 발생하는 현실적 개념으로서 의무를 의미한다고 볼 수 있다. 이러한 의무는 일종의 사실적, 사회적 개념으로서 의무인 것이다.[35] 그리고 어떤 의무가 사회적 의무로 불릴 수 있으려면, 의무지워진 당해 행위가 실현되지 않았을 경우 사회가 불안정해지기 때문에 그에 대한 일정한 제재가 가해져야 하는 필연적 상황이 존재할 때 그 의무를 사회적 의무라 할 수 있을 것이다.

만약 뒤기의 견해를 위와 같이 해석하지 않고 의무를 권리와 쌍무적으로 대응하는 개념으로 이해한다면 권리를 갖는 자는 의무를 갖는 자보다 더 우월한 의지를 갖게 되고 결국 의무를 갖는 자는 권리를 갖는

32) 레옹 뒤기(Léon Duguit)(이광윤 역), 일반 공법학 강의, 민음사, 1995, 96면 참조.
33) Léon Duguit(translated by Ernest G. Lorenzen), The concept of public service, Yale Law Journal, Vol. 32, No. 5, March, 1923, pp.425-435, p.431 참조.
34) *Ibid.*, p.430 참조.
35) Léon Duguit, L'État, le droit objectif et la loi positive, Ancienne librairie thorin et fils, Paris, 1901, p.15 참조.

자의 의지에 종속된다는 결론으로 귀결되는데, 이는 의지의 우열을 가리지 않는 뒤기의 견해와 정면으로 모순되는 결과를 초래하므로 맞지 않다. 따라서 뒤기가 주장하는 의무의 개념을 이해할 때에는 그것이 권리와 대칭을 이루는 개념이 아니라는 점을 유념해야 한다. 한편 이러한 의무 개념에 대해서는 그 역시 권리만큼이나 추상적이라는 비판이 가능할수 있다. 그러나 여기서의 의무는 앞에서 언급한 바와 같이 사회적 사실에 기초한 객관적이고 현실적으로 존재하는 의무를 가리키는 것이고, 당사자 간의 주관적인 관계에서 발생하는 형이상학적인 관념으로서의 의무가 아니기 때문에 그러한 비판은 타당하지 않다 할 것이다.

다. 국가와 법의 분리

뒤기의 국가관에서 중요한 점은 그가 국가와 법을 완전히 분리하여 이해했다는 점이다. 그 궁극적인 목표는 국가보다 상위에 존재하는 법을 인정하기 위해서였는데, 뒤기는 국가보다 우월한 법규범은 "존재하고, 존재하여야 하며, 존재하지 아니하면 만들어 내야 하는 것"[36]이라 할 정도로 국가보다 상위의 법이 존재해야 하는 필요성에 대해 역설한다.

앞에서 언급한 바와 같이 국가를 법인격을 갖는 권리의 주체로서 이해하는 국가법인설은 법이 국가의 의지였기 때문에 실질적인 측면에서 국가와 법이 구분되지 않는데, 뒤기는 국가와 법이 독립적으로 분리되어야만 법규범이 개인과 국가 모두에게 미치는 현실을 설명할 수 있다고 믿었던 것으로 생각된다. 그러나 뒤기가 국가에 대해 응당 법의 지배하에 있어야 한다는 시대적 요청, 즉 당위적인 측면만을 고려하여 이러한 주장을 한 것으로 보아서는 안 되고, 현실적 측면에서 국가가 법의 지배를 받는다고 보았다는 점을 이해해야 한다.

---

36) 레옹 뒤기(Léon Duguit)(이광윤 역), 일반 공법학 강의, 민음사, 1995, 207면.

　뒤기는 정치적인 계층이 형성되지 않은 에스키모족이 국가를 형성하지 않더라도 일정한 법규범을 가지고 있다고 설명하면서 법규범은 국가 이전에 존재하는 것이며 국가가 창설하는 것이 아니라는 점을 지적하는 한편, 국가가 법을 창조하지만 법에 의해 구속된다고 하는 국가의 자기제한설은 공법이라는 개념 자체를 부정하게 되는 결과를 초래하여 현실적으로 받아들일 수 없는 이론이라고 비판한다.[37] 이러한 뒤기의 사상은 후술하는 객관주의 이론과도 관련성을 갖는다. 요컨대, 뒤기는 국가와 법은 각각 그 자체로 독립적으로 분리되어 존재하며, 궁극적으로 국가는 '법규범'(la règle de droit)의 지배를 받는다고 보았다.[38]

---

37) Léon Duguit(translated by Margaret Grandgent and Ralph W. Gifford), Objective Law
　　Ⅱ, Columbia Law Review, Vol. 21, No. 1, January, 1921, pp.17-34, p.21 참조.
38) Léon Duguit, Leçons de droit public général, faites à la faculté de droit de l'Université
　　égyptienne pendant les mois de Janvier, Février et Mars 1926, E. de Boccard, Paris,
　　1926, p.253 참조.

제4절 학문적 특징

I. 공법 이론의 사상적 특징과 행정법

뒤기의 공법 이론의 큰 특징은 행정법 이론을 포함하여 헌법, 일반 법원리, 법사회학 등 다양한 분과의 학문과 맞닿아 있다는 것이다. 그렇기 때문에 그의 사상과 이론에서 다양한 학문의 영역이 혼재되어 있는 경우가 많이 있고, 그 이론 중 어느 한 부분만을 떼어 내어 어떤 특정한 학문 분야의 이론으로 명명하는 것이 쉽지 않다는 인상을 받게 된다. 그렇다면 그의 공법 이론에서 행정법 이론만을 분리하여 추출하여, 그 이론의 중요성을 파악하는 것은 의미 있는 일인가? 프랑스에서도 같은 관점에서 이러한 질문에 대한 답을 찾으려는 시도가 있어왔다.[1]

혹자는 이러한 문제의식이 생겨난 배경에 관하여 뒤기 스스로 행정법을 공법으로부터 분리하려는 시도를 크게 하지 않았다는 점을 이유로 든다.[2] 예를 들어, 뒤기의 대표적인 저작물 중 하나인 『헌법논설』(Traité de droit constitutionnel)을 보더라도 그 제목은 '헌법'에 관한 논설로 기재되어 있으나 상당 부분을 공역무나 국가배상 등 행정법에 관한 이론적 설명과 주장에 할애하고 있다는 점을 확인할 수 있는데, 이러한 뒤기의

---

1) 뒤기 탄생 100주년 기념 학술대회에서 M. André de Laubadère의 L'influence des idées de L. Duguit sur la doctrine du droit administratif(행정법이론에 끼친 뒤기 사상의 영향)과 뒤기 탄생 150주년 기념 학술대회에서 Pascale Gonod의 L'actualité de la pensée de Léon Duguit en droit administratif?(행정법에서 뒤기 사상의 현재적 중요성)이 그 예이다.

2) André de Laubadère, L'influence des idées de L. Duguit sur la doctrine du droit administratif, Revue juridique et économique du Sud-Ouest, série juridique 10ᵉ année: congrès commémoratif du centenaire de la naissance du doyen Léon Duguit, (Bordeaux, 29-30 mai 1959), Imprimerie Bière, Bordeaux, 1959, pp.171-180, p.171 참조.

저술 태도에서 추론할 수 있는 점은 행정법과 헌법을 구분하지 않고 통합적인 공법으로 이해하려는 경향이 나타난다는 점이다. 또 다른 예로, 뒤기의 대표적인 행정법 이론으로 평가받는 공역무 이론에 관해서도 행정법을 포괄하면서도 행정법을 초월한다고 평가를 받고 있다.[3)]

위와 같이 통일적으로 공법을 이해하는 뒤기는 이러한 태도는 다른 학문의 영역으로 더욱 확장되는 경향을 보이는데, 법의 일반원리, 헌법, 정치학, 법사회학 등 다양한 학문과 밀접한 관련성을 갖는 점에서 그러하다. 실제로 뒤기 탄생 100주년 기념 학술대회 발표문들과 뒤기 탄생 150주년 기념집의 논문들을 살펴보면 그의 이론이 법의 일반원리, 헌법, 정치학 등 다양한 영역에서 어떻게 영향을 미쳤는지에 관한 논의들이 이어지는 것을 확인할 수 있다.

요약하면, 뒤기 공법 이론의 사상적 특징은 공법의 통일성을 추구하였다는 점과 일반 이론을 비롯한 여러 학문들과 밀접한 관련성을 갖는다는 것이다. 그럼에도 불구하고 필자는 뒤기에 관해 현대 프랑스 행정법의 아버지로서 행정법 이론의 정체성을 확립하는 데 상당한 기여를 했다고 평가할 수 있고, 따라서 행정법적 관점에서 그의 공법 이론을 연구하는 것은 여전히 중요한 의미를 갖는다고 생각한다. 오늘날 프랑스에서 그의 행정법 이론은 19세기 말부터 20세기 초의 급변하는 현실 속에서 프랑스 행정법의 정교화, 체계화에 기여했다는 평가를 받는다.[4)] 그의 이론과 분석 방식, 용어들은 후대의 학자들에 의해 차용되었고, 앙

---

3) André de Laubadère, L'influence des idées de L. Duguit sur la doctrine du droit administratif, Revue juridique et économique du Sud-Ouest, série juridique 10ᵉ année: congrès commémoratif du centenaire de la naissance du doyen Léon Duguit, (Bordeaux, 29-30 mai 1959), Imprimerie Bière, Bordeaux, 1959, pp.171-180, p.173 참조.

4) Pascale Gonod, L'actualité de la pensée de Léon Duguit en droit administratif?, Autour de Léon Duguit: colloque commémoratif du 150ᵉ anniversaire de la naissance du doyen Léon Duguit, (Bordeaux, 29-30 mai 2009), Bruylant, Bruxelles, 2011, pp.333-348, pp.333-334 참조.

드레 드 로바데르(André de Laubadère)는 뒤기의 행정법 이론이 현재의 행정법학에 미치는 영향이 과거보다는 "현저히 축소"[5]되었다고 설명하면서도, 행정법에 관해 제시한 뒤기의 현대적 관점과 분석은 "행정법의 모든 영역을 풍성하게 했다"[6]고 평가한다.

뒤기의 이론은 행정법의 거의 모든 영역에 대한 현대적 관점을 제시한다. 특히 객관주의적 관점을 바탕으로 법학 이론을 구성하려했던 그는 현실에서 일어나는 다양한 사건들의 의미를 발견하고자 노력했다. 실제로 그의 행정법 이론 중 가장 대표적인 성과로 평가받는 공역무 개념의 발견은 당시에는 비교적 주목을 받지 못했던 블랑코(Blanco) 판결을 재발견함으로써 얻은 성과였다.[7] 당시 일반적으로 인정되었던 주관주의적 관점의 주류적 견해를 배척하고, 공법의 근본 개념이 주권 개념으로부터 공역무로 대체되었다고 주장한 그의 혁명적인 견해는 특히 법률과 행정행위, 행정소송, 국가배상책임 영역에서 등장한 현실의 변화를 예리하게 관찰하고 분석함으로써 얻은 결론이었다.

따라서 행정법적 관점에서 중요한 개념을 구성하는 객관주의와 공역무 개념을 두 축으로 삼아 법률과 행정행위, 행정소송, 국가배상책임에 관한 그의 견해를 살펴보는 것은 프랑스 행정법의 정체성과 독자성이 뒤기를 통해 어떻게 구축되었는지 알아보는 중요한 자료라고 할 것이다. 필자는 본 논문에서도 이러한 관점에서 먼저 객관주의와 공역무 개념을 검토하고, 행정작용의 여러 유형과 통제에 관한 뒤기의 견해를 고찰함으로써 19세기 말 프랑스 공법의 변화를 포착하여 다음 단계로

---

5) André de Laubadère, L'influence des idées de L. Duguit sur la doctrine du droit administratif, Revue juridique et économique du Sud-Ouest, série juridique 10ᵉ année: congrès commémoratif du centenaire de la naissance du doyen Léon Duguit, (Bordeaux, 29-30 mai 1959), Imprimerie Bière, Bordeaux, 1959, pp.171-180, p.173.

6) Ibid., p.176.

7) 전 훈·장-마리 퐁띠에(Jean-Marie Pontier), 공공서비스법 -프랑스 행정법 연구-, 한국학술정보, 2008, 20면 참조.

도약하는 초석을 마련한 그의 행정법 이론들을 살펴보고자 한다.

Ⅱ. 연구의 방법론적 특징

뒤기는 당시의 학자들은 잘 사용하지 않았던 독창적인 연구 방법론을 도입하여 자신의 이론을 구축하는 데 활용하였다. 대표적으로 실증주의 사회학의 영감을 얻어 현실에 대한 객관적인 관찰과 분석이라는 실증적이고 과학적인 도구를 사용했다는 점, 편견을 버리고 객관적인 태도를 취함으로써 기존의 통설의 모순점을 비판했다는 점, 다른 나라의 제도를 비교법적으로 분석하여 자국의 제도를 이해하고 발전시키는 도구로 활용했다는 점을 들 수 있다. 이러한 뒤기의 연구 방법론은 후대의 학자들에게도 많은 영감을 주었다. 이하에서는 이에 관하여 살펴본다.

1. 실증주의 사회학적 도구의 사용

가. 오귀스트 꽁트로부터의 영감

뒤기의 연구는 뒤기 스스로 그의 저술에서 오귀스트 꽁트가 주장한 인류사회와 인류문명의 진보·발전 3단계설을 인용하면서 꽁트의 영향을 받았다는 점을 밝힐 정도로 꽁트로부터 많은 영감을 받았다.[8] 오귀스트 꽁트는 '사회학'(sociologie)이라는 단어를 최초로 사용한 학자로,[9] 19세기

---

8) Léon Duguit(translated by Ernest G. Lorenzen), The concept of public service, Yale Law Journal, Vol. 32, No. 5, March, 1923, pp.425-435, p.425 참조.
9) 오귀스트 꽁트가 '사회학'(sociologie)이라는 단어를 최초로 사용하였다는 점에 관한 자세한 내용은 신용하, 사회학의 성립과 역사사회학-오귀스트 꽁트의 사회학 창설, 지식산업사, 2012, 68-71면 참조.

프랑스에 사회학이라는 학문의 장을 열었던 위대한 학자였다.[10]

꽁트에 따르면, 인간의 사회와 문명은 순차적으로 3개의 단계를 지나면서 발전하는데, 그 첫 번째 단계는 신학적 단계로 물신숭배에서 시작되어 다신교, 일신교로 진화하면서 모든 사회 현상을 초월적 존재 또는 신에 기대어 설명하려고 하는 단계를 의미하고, 두 번째 단계는 형이상학적 단계로 종교 개혁과 프로테스탄트의 영향으로 신학적 단계가 해체되면서 형이상학적인 관념을 통해 사회 현상을 설명하고자 하는 단계를 의미하며, 마지막 세 번째 단계가 바로 실증적 단계로서 일반적으로 자연과학에서 사용되는 도구인 관찰, 실험, 비교라는 방법을 통해 사회 전반의 현상을 파악하려 시도하는 것이다.[11]

생각건대, 뒤기는 위와 같은 꽁트의 실증주의 사회학으로부터 영감을 받아 법학에 있어서도 그 이론의 기초를 이루는 사회 현상을 실증적 단계의 분석 도구를 사용하여 파악하고자 한 것으로 이해된다. 그러나 주의할 것은 뒤기가 꽁트로부터 영감을 받은 것은 사실이나 그의 방법론을 그대로 차용한 것은 아니었다는 점이다. 실제로 꽁트는 후술하는 바와 같이 사회라는 개념을 지나치게 철학적으로 이해했다는 비판에 직면하는데, 뒤기는 형이상학적이고 관념적인 것들을 모두 배제하고 사회라는 개념 또한 사회적 사실 그 자체로 이해하고 있다는 점에서 꽁트의 이해와는 사뭇 다른 지점을 발견할 수 있기 때문이다.

---

10) 지금도 프랑스 파리 소르본느 대학 정문 앞에는 꽁트의 흉상이 세워져 사회학의 창시자인 그의 업적을 기리고 있다.

11) 꽁트의 사회발전 3단계설의 신학적 단계(197-216면), 형이상학적 단계(219-236면), 실증적 단계(259-288면)에 관한 자세한 설명을 수록한 문헌으로 신용하, 전게서 참조.

나. 에밀 뒤르켐의 영향

뒤기는 보르도 대학에서 교수로 재직할 당시 에밀 뒤르켐과 교류를 통해 그의 사회학 이론으로부터 많은 영감을 받았다.[12] 특히 에밀 뒤르켐은 꽁트의 사회학이 사회라는 개념을 철학적인 관점에서 접근하여 지나치게 사변적이고 모호하다는 비판을 하면서, 형이상학적인 접근을 완전히 배제하고 사회라는 사실에 대한 경험적인 접근을 실현하기 위해 노력하였다.[13] 즉, 뒤르켐은 사회적 사실을 일종의 사물(事物)처럼 보고, 사회에서 일어나고 있는 여러 현상을 이해하려고 했던 것이다.

이와 같이 사회적 사실을 연구의 기초로 삼는 뒤르켐의 접근 방식은 이미 존재하는 실체로서의 사회와 규범을 객관적으로 인식하고 올바로 이해하여 그에 대한 법적 기초를 마련하는 뒤기의 학문 연구에 있어서도 핵심적인 방법론이 되었다고 해석할 수 있다.[14] 실제로 뒤기의 논증 방식은 사회적 사실 그 자체를 객관적으로 관찰하여 형이상학적인 관념에 기초한 기존의 견해와 실제로 존재하는 현실 사이의 괴리 또는 모순점을 밝혀내는 것을 논의의 출발점으로 삼는데, 이렇게 객관적이고 사회적인 사실에 기초한 논지 전개 방식은 뒤르켐의 영향을 받은 것이다.

---

12) Georges Langrod, L'influence des idées de Léon Duguit sur la théorie générale du droit, Revue juridique et économique du Sud-Ouest, série juridique 10ᵉ année: congrès commémoratif du centenaire de la naissance du doyen Léon Duguit, (Bordeaux, 29-30 mai 1959), Imprimerie Bière, Bordeaux, 1959, pp.129-155, p.135 참조.
13) 에밀 뒤르켐이 꽁트에 대해 갖고 있었던 비판적 견해를 자세히 다룬 문헌으로 김덕영, 에밀 뒤르케임:사회실재론, 도서출판 길, 2019, 91-95면, 117-122면 참조.
14) 한편 이처럼 뒤기가 행하는 사회학적 도구를 사용한 현실 분석에 대하여, 뒤기가 완전한 사회학자라기보다 철학자에 가깝다며 비판하는 견해(Hayward)도 있음을 소개하는 문헌으로 정수진, "Léon Duguit의 공법 이론에 대한 연구", 연세대학교 석사학위논문, 2013, 28면 참조.

2. 전통적 이론에 대한 비판

뒤기의 연구 방법론의 또 다른 특징적인 면으로는 그가 마치 종교적 신앙처럼 어떤 권위에 의해서건, 역사적으로 이어진 암묵적 동의에 의해서건 무비판적으로 받아들여졌던 전통적 개념들에 대해 비판적인 태도를 취했다는 점을 들 수 있다. 뒤기의 이러한 면모에 관한 논의는 여러 문헌에서 쉽게 발견되는데, 로바데르(Laubadère)는 "행동파적"(militante)이라는 표현을 사용했고,15) 고노(Gonod)는 뒤기가 오래전부터 거의 만장일치로 받아들여진 몇몇 개념들을 뒤집는 작업을 진행하였다고 하면서 이를 "부정하는 작업"(l'œuvre négative)으로 표현하기도 했다.16) 그밖에도 그의 연구를 "비판하는 또는 파괴하는 작업"(l'œuvre de critique et de destruction)이라고 칭하거나,17) 그가 현재에 만족하지 못하는 "입법론적 관점"(lege ferenda)을 취하고 있다고 분석하는 견해도 있다.18) 생각건대, 그는 그의 시대의 통설적 이론에 대해 의문을 품고 그에 맞서고자 노력하는 것을 두려워하지 않았던 학자였다고 평가할 수 있다.

---

15) André de Laubadère, L'influence des idées de L. Duguit sur la doctrine du droit administratif, Revue juridique et économique du Sud-Ouest, série juridique 10ᵉ année: congrès commémoratif du centenaire de la naissance du doyen Léon Duguit, (Bordeaux, 29-30 mai 1959), Imprimerie Bière, Bordeaux, 1959, pp.171-180, p.174 참조.

16) Pascale Gonod, L'actualité de la pensée de Léon Duguit en droit administratif?, Autour de Léon Duguit: colloque commémoratif du 150ᵉ anniversaire de la naissance du doyen Léon Duguit, (Bordeaux, 29-30 mai 2009), Bruylant, Bruxelles, 2011, pp.333-348, p.338 참조.

17) Georges Langrod, L'influence des idées de Léon Duguit sur la théorie générale du droit, Revue juridique et économique du Sud-Ouest, série juridique 10ᵉ année: congrès commémoratif du centenaire de la naissance du doyen Léon Duguit, (Bordeaux, 29-30 mai 1959), Imprimerie Bière, Bordeaux, 1959, pp.129-155, p.131 참조.

18) Marcel Waline, Influence de Duguit sur le droit constitutionnel et la science politique, Revue juridique et économique du Sud-Ouest, série juridique 10ᵉ année: congrès commémoratif du centenaire de la naissance du doyen Léon Duguit, (Bordeaux, 29-30 mai 1959), Imprimerie Bière, Bordeaux, 1959, pp.157-170, p.158 참조.

뒤기는 당시까지 무비판적으로 받아들여지던 전통적인 이론 중에서
도 특히 권리와 주권 개념을 부인하면서 특히 단체인 국가에 인격을 부
여함으로써 국가를 주권적 의지를 갖는 주관적 권리의 주체로 이해하는
것이 현실과 동떨어져 있다는 점을 신랄하게 비판하였다.[19] 지방분권화
가 활성화되어 각 지방마다 고유한 법이 제정되고 있었던 프랑스 제3공
화정 시대의 현실 속에서,[20] 단일하고 불가분한 절대적인 주권을 가진
국가의 의지적 표현인 법은 오로지 마찬가지로 단일할 수밖에 없다는
점에서, 주권 개념은 현실을 제대로 반영하지 못한다는 뒤기의 이론은
그 당시에도 이미 설득력이 있었다고 생각한다.

그밖에도 뒤기는 주권 개념과 대응을 이루는 개인주의 이론에 대해서
도 비판적 태도를 보이는 것은 물론,[21] 행정작용과 행정통제 측면에서
당대 권위 있는 학자였던 라페리에르(Laferrière)의 견해를 비판한 바 있다.
구체적으로, 행정행위와 관련하여 당시 라페리에르는 행정행위가 '권력
행위'(les actes administratifs d'autorité)와 '관리행위'(les actes administratifs
de gestion)로 구별된다고 보았는데, 뒤기는 이러한 유형의 구별에 아무런
근거가 없고 무의미하다는 비판을 전개하였다.[22] 또한 행정통제 측면에
서 소송의 유형을 월권소송과 완전심판소송으로 나눈 라페리에르의
견해에 대하여도, 그것이 어떠한 근거나 기준을 제시하지 못하고 있다고
비판하였다.[23]

이처럼 기존의 주류적 견해를 비판하고 부인하는 태도를 취하는 것
은 그 이론에 대한 새로운 대안을 제시할 수 있어야 한다는 점에서 많은
학자들이 어려워하는 방법이기도 하다.[24] 실제로 뒤기가 주권 대신 공

---

19) 레옹 뒤기(Léon Duguit)(이광윤 역), 일반 공법학 강의, 민음사, 1995, 49면, 93면 참조.
20) 윤기석, "프랑스 공화주의와 지방분권:제3공화정 시기 지역주의(Régionalisme)
   의 생성과 한계를 중심으로", 국제학논총 제16집, 2011, 109-114면 참조.
21) 이에 관해서는 제3장 제1절 Ⅲ. 개인주의 이론에 대한 비판 부분에서 후술한다.
22) 이에 관하여는 제4장 제3절 Ⅰ. 행정행위에 대한 새로운 이해에서 서술한다.
23) 이에 관하여는 제5장 제1절 Ⅰ. 행정소송의 유형론에서 서술한다.

역무라는 개념을 대안으로 제시하였으나, 이것이 얼마나 실질적이고 현실적인 대안이 될 수 있는지에 대해서는 많은 비판이 있을 수 있다. 필자 또한 그러한 비판이 타당성을 갖는다고 생각한다. 그러나 그럼에도 불구하고 뒤기의 이론이 의미를 갖는 이유는 기존의 판을 흔들어 새로운 논의의 장을 개척하였다는 점, 현재까지도 프랑스적 공역무 개념이 별도로 논의될 정도로 프랑스 행정법에서 공역무 개념이 갖는 의미가 있음에 비추어,[25] 이러한 공역무 개념을 최초로 논의의 중심으로 이끌었다는 점, 20세기 초 프랑스의 공법학에 진정한 현대화의 바람을 불어 넣는 데에 많은 기여를 하였다는 점에 근거한다.

3. 비교법 연구

뒤기는 독일, 영국, 미국 등 다양한 국가의 법학에 관심을 가지고 비교법적 연구 방법론을 도입하였는데, 이는 당시 학자들이 주로 사용하지 않았던 방식으로 그의 특징적인 연구 방법론이라고 할 수 있다. 대표적으로 뒤기는 그의 저서 『공법의 변화』의 행정행위와 관련된 장(Chapitre V)에서 "외국에의 곁눈질"(Coup d'œil sur l'étranger)이라는 제목으로 독일, 스위스, 영국, 미국의 체제와 상황을 자세히 소개하고 있다.[26] 이러한 그의 태도는 기본적으로 통일적인 법학 연구를 추구하는 그의 학문적 성향이 발현된 것으로 생각된다.

비교법 연구는 외국의 법과 제도를 자국의 것과 비교함으로써 자국

---

24) Pascale Gonod, L'actualité de la pensée de Léon Duguit en droit administratif?, Autour de Léon Duguit: colloque commémoratif du 150ᵉ anniversaire de la naissance du doyen Léon Duguit, (Bordeaux, 29-30 mai 2009), Bruylant, Bruxelles, 2011, pp.333-348, p.338 참조.

25) 전 훈·장-마리 퐁띠에(Jean-Marie Pontier), 공공서비스법 -프랑스 행정법 연구-, 한국학술정보, 2008, 76면 참조.

26) Léon Duguit, Les transformations du droit public, 2ᵉ tirage, Librairie Armand Colin, Paris, 1921, p.175 참조.

의 법을 더욱 잘 이해하는 데에 도움을 주는 동시에 법학이라는 학문의 과학성을 제고하는 역할을 한다.27) 이러한 관점에서 뒤기가 비교법 연구방법론을 사용한 것은 결국 뒤기가 프랑스 행정법을 학문적이고 과학적인 관점에서 이해하려고 노력했다는 방증이며, 그 결과로 뒤기의 이론적 기여를 통해 프랑스 행정법은 독자성과 정체성을 갖게 되었다고 평가할 수 있다.

---

27) 박정훈(朴正勳), "비교법의 의의와 방법론 - 무엇을, 왜, 어떻게 비교하는가?-", 심헌섭 박사 75세 기념논문집, 2011, 488-490면 참조.

제5절 소결

"사실은 모든 것을 이겼다."[1] 이는 뒤기가 저서 『공법의 변화』에서 한 말이다. 사실에 기초한 분석과 접근, 그것은 뒤기의 기본적인 연구 방법론으로서, 그는 현실에 기초하여 기존에 무비판적으로 받아들여졌던 전통적 견해들이 '실제로 정말 그러한지' 파악하고자 노력했다. 이러한 뒤기의 방법론은 오귀스트 꽁트의 사회학과 데카르트(Decartes)와 스펜서(Spencer)의 철학, 존 스튜어트 밀(John Stuart Mill)의 상대주의, 푸흐타(Puchta)와 사비니(Savigny)의 독일 역사법학파의 개념들, 끌로드 베르나르(Claude Bernard)의 생리학과 방법론 등의 영감을 받은 것으로 전해진다.[2] 특히 오귀스트 꽁트와 에밀 뒤르켐의 영향은 행정 현실에 대한 올바른 인식과 이해가 필수적으로 요구되는 행정법학의 영역에서 그 연구방법론으로서 법사회학적 연구가 유용하다는 점에서,[3] 그 방법론적 의의가 크다고 생각한다.

프랑스 제3공화정의 정치적 안정 속에서 대두되는 여러 사회 문제들을 해결하기 위하여 뒤기는 모든 형이상학적 관점을 배제하고, 있는 그대로의 사실을 관찰하여 나름의 이론을 구성하기 위해 노력했다. 사회적 존재인 인간은 결국 사회를 유지하기 위해 사회적 연대라는 가치를 추구하는데, 이는 루소가 자연 상태의 인간을 고립된 자아로 이해하는 것과 상반된다고 해석할 수 있다. 그렇다고 그가 인간의 자유 또는 자유로

1) Léon Duguit, Les transformations du droit public, 2ᵉ tirage, Librairie Armand Colin, Paris, 1921, p.63.

2) Georges Langrod, L'influence des idées de Léon Duguit sur la théorie générale du droit, Revue juridique et économique du Sud-Ouest, série juridique 10ᵉ année: congrès commémoratif du centenaire de la naissance du doyen Léon Duguit, (Bordeaux, 29-30 mai 1959), Imprimerie Bière, Bordeaux, 1959, pp.129-155, p.134 참조.

3) 이계수, "행정법과 법사회학2, 행정법연구 제29호, 2011, 138-139면 참조.

운 활동을 제한하고자 했던 것은 결코 아니었다. 오히려 그는 국가라는 형이상학적인 관념을 통해 개인의 의지를 제한하고 억누를 수 있다는 공권력 이론의 정당성을 부인함으로써, 개별적인 인간 각자가 갖고 있는 고유한 의지를 보호하고자 한 것으로 생각한다. 이러한 뒤기의 태도는 추상적이고 관념적인 이 세상 어디에도 없는 인간이 아니라, 현존하고 구체적인 실제로 존재하는 인간에 초점을 맞춘 것인데, 이는 인간에 대한 진실된 애정을 바탕으로 현실의 인간군상을 정면으로 응시한 결과가 아닌가 생각한다.

한편 뒤기의 이론은 프랑스는 물론이고 해외의 여러 나라에도 많은 영향을 끼쳤다. 이는 통일적인 법학을 추구한 뒤기가 객관법, 사회적 연대, 법규범 등 프랑스에만 한정되는 개별적인 주제가 아닌 일반적이고 본질적인 주제에 관한 논의를 진행하였기 때문에 가능했던 것으로 생각한다. 니콜라스 폴리티스(Nicolas Politis)는 이러한 뒤기의 법이론에 대해 법학의 연구에 있어 반박 불가능한 영향을 끼쳤다고 하면서 그 효과는 특정 시대에 한정하지 않고 모든 나라와 모든 법학 영역에서 나타났다고 한다.[4]

프랑스에 한정해서 그의 이론이 미친 영향을 살펴보면, 법 일반이론, 정치, 헌법, 행정법 등 다양한 영역에서 그의 영향을 발견할 수 있다. 그 중 대표적인 사례를 한 가지 소개하면, 그가 프랑스 선거제도의 개혁에 있어서 여성의 참정권이 인정되어야 한다는 주장을 펼친 예를 들 수 있다. 뒤기는 프랑스의 입법자들이 여성의 참정권을 인정하지 않는 것은 매우 시대착오적이며, 비교법적으로도 여성의 참정권은 반드시 인정되어야 한다고 주장하면서 프랑스에서 여성의 참정권은 가까운 미래에 현실화 될 것으로 예측하였는데, 그의 예견대로 얼마 지나지 않아 여성의

---

4) Georges Langrod, L'influence des idées de Léon Duguit sur la théorie générale du droit, Revue juridique et économique du Sud-Ouest, série juridique 10ᵉ année: congrès commémoratif du centenaire de la naissance du doyen Léon Duguit, (Bordeaux, 29-30 mai 1959), Imprimerie Bière, Bordeaux, 1959, pp.129-155, p.153 참조.

참정권이 인정되었다.[5)]

또한 위에서 언급한 바와 같이 행정법 영역에서도 그의 이론이 미친 영향은 상당하였다. 그가 비교법적 연구방법론을 도입하고, 일반 법원리, 헌법, 정치학, 사회학 등 다양한 분야에 대한 관심을 확장하면서도, 객관주의와 공역무를 기본 개념으로 하여 법률과 행정행위, 행정소송, 국가배상책임 등에 관한 새로운 관점을 제시함으로써 프랑스 행정법의 독자성을 확립하고 체계화하는 데 기여했다는 점에서 그의 행정법 이론을 연구하는 것은 의미가 있다고 생각한다. 이하에서는 그 이론의 기본 개념에 해당하는 객관주의와 공역무를 먼저 살펴보고, 법률과 행정행위, 행정소송, 국가배상책임에 관한 그의 이론을 검토한다.

---

5) Marcel Waline, Influence de Duguit sur le droit constitutionnel et la science politique, Revue juridique et économique du Sud-Ouest, série juridique 10e année: congrès commémoratif du centenaire de la naissance du doyen Léon Duguit, (Bordeaux, 29-30 mai 1959), Imprimerie Bière, Bordeaux, 1959, pp.157-170, pp.160-161 참조. 프랑스 여성은 제2차 세계대전이 끝나가던 1944년 4월 21일 임시정부의 '오르도낭스'(ordonnances)로 참정권을 부여받고, 1945년 4월 29일 처음으로 선거권을 행사한다. 여성 참정권은 1946년 제정된 헌법에 최초로 명기되었다. 당시 프랑스 여성의 참정권 운동에 관한 자세한 설명은 김용자, "프랑스의 여성참정권, 1876~1944", 역사학보 제150집, 1996, 337면 참조. 참고로 '오르도낭스'는 법률과 행정명령의 중간을 차지하는 법규범으로, 의회의 입법영역에 속하는 사항을 정부가 의회의 위임에 따라 제정하는 명령을 의미한다.

제3장
뒤기 공법 이론의 기본 개념

제1절 객관주의

객관주의는 19세기 말 이후 공법의 근간이 주권 개념에서 공역무 개념으로 변화하였다고 주장한 뒤기 이론의 기초를 이룬다. 그는 당시 통설의 위치를 차지했던 주관주의적 견해로는 변화하는 현실을 설명할 수 없다고 비판하면서 객관적인 관점을 통해서만 현실에서 발생하는 여러 공법적 문제들을 해결할 수 있다고 보았다. 이하에서는 주관적 권리 개념을 소거하여도 객관적 법규를 통해 개인을 보호할 수 있다고 주장한 뒤기의 객관주의 이론에 관하여 살펴본다.

Ⅰ. 주관주의와 객관주의

1. 주관주의

주관주의는 권리, 주권, 단체의 법인격 등 주관적이고 형이상학적인 성격을 가진 개념들을 인정하는 관점으로, 국가와 개인 모두 주관적인 권리를 가질 수 있는 권리의 귀속주체가 될 수 있는 것으로 이해한다. 주관주의적 관점을 취하면 국가에 대해서는 공권력 또는 주권과 같은 주관적 권리를 인정하고, 개인에 대해서는 자유권과 소유권을 포함하는 자연권이라는 개인적 권리를 인정한다.[1] 제2장 제3절에서 상술한 독일의 국가법인설이 단체로서 국가의 법인격을 인정한다는 점에서 주관주의적 관점을 취한 대표적인 견해에 해당한다고 볼 수 있다. 국가는 인격화 내지 의

---

[1] Léon Duguit, Les transformations du droit public, 2ᵉ tirage, Librairie Armand Colin, Paris, 1921, p.182 참조.

인화되어 법인격을 부여받음으로써 권리의 주체가 될 수 있는데, 여기서 국가가 소지하는 권리가 주권을 의미한다고 해석할 수 있다.

주관주의적 관점에서 국가와 개인은 모두 의지(la volonté)를 갖고 있는 주관적 주체로 상정할 수 있는데, 일반적으로 국가의 의지는 법률의 형태로 표현된다. 여기서 주관주의는 법률이 강제력을 갖는 근거로 개인들의 의지보다 우월한 국가의 의지를 인정하면서 국가의 주권(la souveraineté) 또는 공권력(la puissance publique) 개념을 설명한다.2) 주관주의적 관점에서 보면 국가와 개인은 일종의 대립 관계를 이루는데, 국가 주권이라는 주관적 권리를 갖는 국가와 자유권 또는 소유권을 포함하는 자연권이라는 주관적 권리를 갖는 개인이 서로 충돌하는 상황이 발생한다.3)

2. 뒤기의 반론: 객관주의

뒤기는 단일하고 불가분한 권리인 주권 개념을 부정하고, 주관적 주체로서 국가를 인정하는 형이상학적이고 관념적인 주관주의가 허구라고 주장하며, 현실에서는 오로지 객관적인 법규만이 존재한다고 보았다.4) 뒤기는 공법의 영역에서 형이상학적이고 신비주의적인 요소가 계속해서 유지되어 온 원인으로 주관적 권리 개념을 들면서 권리 개념은 포기되어야 한다고 주장했다.5) 그는 개인의 권리와 자유를 강조한 루소의 자연권 사상이나 프랑스 혁명으로 이루어낸 1789년의 「프랑스의 인권과 시민의 권리 선언」 등이 오랫동안 인정받아 왔지만 그 이상과는 달리 개인을 효과적으로 보호하지 못하는 위험성을 내포하고 있다고 비판했다.6)

---

2) Léon Duguit, Les transformations du droit public, 2ᵉ tirage, Librairie Armand Colin, Paris, 1921, introduction p.12 참조.

3) Ibid., introduction p.15 참조.

4) 레옹 뒤기(Léon Duguit)(이광윤 역), 일반 공법학 강의, 민음사, 1995, 49면 참조.

5) Léon Duguit(translated by Ernest G. Lorenzen), The concept of public service, Yale Law Journal, Vol. 32, No. 5, March, 1923, pp.425-435, p.426 참조.

생각건대, 뒤기는 모든 의사는 동등한 가치를 가지고 있으며, 어떤 의사가 다른 의사보다 우월할 수 없다고 생각하기 때문에,[7] 특정한 개인이나 단체의 의사를 개인의 의사보다 우월하게 여기는 결과로 귀결되는 주관주의적 관점에서 벗어나서 객관주의적 관점을 택해야 한다는 주장을 전개한 것으로 이해된다.

그는 앞에서 언급한 바와 같이 신학적 단계, 형이상학적 단계를 넘어 실증적 단계로 도약하는 오귀스트 꽁트의 실증주의 사회학[8]으로부터 영감을 얻어, 법학의 영역에서도 실증주의 사회학적 방법론을 취할 것을 주장하였다.[9] 필자는 이러한 뒤기의 주장이 바로 객관주의적 관점과 직접적으로 연결되는 부분이라고 생각한다. 사회에서 일어나는 여러 현상들을 있는 그대로 관찰하는 이른바 자연과학에서 사용하는 방법론을 분석의 도구로 차용함으로써, 현존하는 사실을 기초로 법학 이론을 구성하는 것은 객관주의적 태도로 이해할 수 있기 때문이다. 뒤기의 관찰에 따르면, 현대 사회에서 우리가 확신할 수 있는 사실은 인간은 사회적 존재이며 의식을 가진 존재라는 점으로, 이러한 사실로부터 인간들이 살아가는 사회를 규율하는 사회 규범이라는 개념을 도출할 수 있다고 한다.[10] 그는 권리가 아니라 이와 같은 사회 규범을 통해 보호되는 법적 상황이라는 개념을 통해 개인이 보호될 수 있다고 생각했다.[11]

---

6) Léon Duguit, Les transformations du droit public, 2e tirage, Librairie Armand Colin, Paris, 1921, pp.26-32 참조.

7) Léon Duguit, Leçons de droit public général, faites à la faculté de droit de l'Université égyptienne pendant les mois de Janvier, Février et Mars 1926, E. de Boccard, Paris, 1926, p.53 참조.

8) 민문홍, "오귀스트 꽁뜨와 사회학의 탄생", 지식의 지평 제2호, 2007, 344-345면 참조.

9) Léon Duguit(translated by Ernest G. Lorenzen), The concept of public service, Yale Law Journal, Vol. 32, No. 5, March, 1923, pp.425-435, p.425 참조.

10) Léon Duguit(translated by Margaret Grandgent and Ralph W. Gifford), Objective Law, Columbia Law Review, Vol. 20, No. 8, December, 1920, pp.817-831, p.822 참조.

이와 같은 뒤기의 견해에 대하여, 그 이론이 지나치게 객관주의에 경도되어 주관적인 주체로서의 인간을 전혀 인정하지 않고 있다는 비판이 제기될 수 있다. 즉, 뒤기는 인간의 존엄성이나 자유권, 재산권과 같은 일반적이고 보편적으로 인정되어 온 인간의 고유하고 기본적인 권리와 같은 주관적 개념들을 모두 부정하고 오로지 객관적인 사실만을 중요하게 여기는데, 이러한 태도는 인간 개개인이 가지고 있는 존엄과 개성을 간과할 여지가 있고, 자칫 주관적 존재로서 인간의 본질적 성격을 전혀 고려하지 않는 것이 아닌가 하는 의문이 든다는 것이다. 그러나 이에 대해서는 뒤기가 인간을 사회적 존재로 인식하면서 인간은 사회를 제대로 유지하기 위해 필요한 사회적 연대를 실현하고 서로의 필요를 충족하기 위해 자신의 능력과 개성을 최대한 발휘하는 것이 바람직하다고 보고 있다는 점에서,[12] 오히려 개개인의 '다름'을 존중하는 태도를 보인다고 생각할 수 있다.

주관주의적 관점이 뒤기와 반대로 주권 개념을 옹호하면서 고립되고 독립적인 인간을 전제로 한 것은 오히려 세상에 존재하지 않는 인간 개념을 상상한 것으로, 현실에 실존하는 인간을 제대로 인식하지 못한 것이라 비판할 수 있다. 또한 뒤기는 사회적 존재로서 인간이 행하는 사회적 활동에 대해서만 언급을 하고, 인간의 개인적인 사생활에 관해서는 논의의 대상으로 삼고 있지 않은데, 이러한 그의 태도에서 인간의 사적 영역을 더욱 보호하는 측면이 있다고 해석할 수 있다고 본다.

---

11) 법적 상황에 관한 자세한 논의는 같은 절 Ⅱ. 3. 가. 에서 후술한다.
12) 사회적 인간 개념에 관하여 보다 자세한 설명을 소개한 문헌으로 Léon Duguit, L'État, le droit objectif et la loi positive, Ancienne librairie thorin et fils, Paris, 1901, p.15 참조.

II. 주관적 권리와 객관법

1. 구별의 필요성

뒤기는 영국의 경우에는 법을 'law'라고 하고, 권리를 'right'라고 부르기 때문에 법과 권리를 지칭하는 용어 자체가 달라서 혼동의 여지가 없지만, 프랑스에서는 법과 권리를 모두 'le droit'라고 부르기 때문에 의미의 혼동이 발생한다고 지적하면서 법과 권리는 서로 구별되어야 하는 개념이라고 설명한다.[13][14] 그는 이러한 혼동을 피하기 위하여 'le droit'라는 단어에 형용사를 추가하는데, 권리의 의미를 갖는 'le droit'에는 주관적이라는 의미를 갖는 'subjectif'를 붙여서 주관적 권리(le droit subjectif)로 부르고, 법규범의 의미를 내포하는 'droit'에는 객관적이라는 의미를 갖는 'objectif'를 추가하여 객관법(le droit objectif)이라 부른다.[15]

뒤기는 주관적 권리, 객관법이라는 용어의 사용에 대한 일부 학자들의 비판을 인지하면서도, 이 두 개념은 본질적으로 그 의미가 다르므로 구별할 필요성이 있다고 주장하면서 프랑스에서 투표할 권리라는 표현을 할 때 'le droit de voter'라고 하는데 이때의 'le droit'는 주관적 권리를 의미하고, 어떤 행위를 'le droit'가 금지한다고 할 때의 'le droit'는 객관법을 지칭한다는 예를 든다.[16] 생각건대, 우리나라의 경우에는 프랑스와

---

13) Léon Duguit, Leçons de droit public général, faites à la faculté de droit de l'Université égyptienne pendant les mois de Janvier, Février et Mars 1926, E. de Boccard, Paris, 1926, pp.40-41 참조.

14) 프랑스에서 일어나는 현상은 독일에서도 동일하게 일어나는데, 독일어 'Recht'가 객관적 법과 주관적 권리라는 중의적 의미를 갖는다고 설명한 문헌으로 남하균, "행정의 합법성의 한계에 관한 연구 -위법성 판단의 기준과 효력을 중심으로-", 서울대학교 박사학위논문, 2009, 15면 참조.

15) 레옹 뒤기(Léon Duguit)(이광윤 역), 일반 공법학 강의, 민음사, 1995, 39면 참조.

16) Léon Duguit, op. cit., pp.40-41 참조.

달리 법과 권리를 어휘상 구별하므로 뒤기가 객관법이라고 칭할 때, 이를 법으로 이해하여도 무방할 것으로 판단되나, 뒤기의 객관주의 사상을 강조하고, 원문의 의미를 충실히 이해하기 위하여 이하에서는 객관법이라는 용어를 사용한다.[17]

2. 주관적 권리 개념에 대한 비판적 고찰

뒤기는 주관적 권리는 정의하기 매우 어려운 개념으로 '일종의 형이상학적인 상상'(une imagination métaphysique)이라고 표현하는데, 그에 따르면, 주관적 권리는 어떤 특정한 사람들의 고유한 자격, 어떤 행동을 할 가능성 내지 능력, 다른 이에게 자신의 의지를 관철하는 일종의 의사력으로 나타난다.[18] 뒤기는 주관적 권리의 개념을 명확히 설명하기 위해 노력했던 여러 나라의 학자들이 있었음을 언급하면서 권리 개념에 관하여 다음의 세 가지 이론을 소개한다.

첫째는 '의사설'(la doctirine de la volonté, 독일어로는 Willenstheorie)로, 의사설은 독일 학자들, 특히 빈트샤이트(Windscheid)에 의해 주장된 이론으로서 주관적 권리를 '의사력'(le pouvoir de volonté)으로 이해한다.[19] 이 이

---

17) 이와 유사한 취지로 레옹 뒤기(Léon Duguit)(이광윤 역), 일반 공법학 강의, 민음사, 1995, 39면 본문에서는 'le droit objectif'를 법규로 번역하면서 각주에 이를 직역하면 '객관적인 법', 일반적으로 '법'으로 번역할 수 있다고 하고, 'le droit subjectif'를 행사권으로 번역하면서 각주에 이를 직역하면 '주관적 권리'로서 일반적으로 '권리'로 번역한다고 한다. 같은 책 59면에서는 '객관적 법적 상태'(les situations juridiques objectives)를 법적 상태로 번역할 수도 있으나 객관의(objective) 의미를 살리기 위해 객관적이라는 말을 추가하여 번역하였다고 서술한다.

18) Léon Duguit, Leçons de droit public général, faites à la faculté de droit de l'Université égyptienne pendant les mois de Janvier, Février et Mars 1926, E. de Boccard, Paris, 1926, p.49 참조.

19) Léon Duguit, Traité de droit constitutionnel, tome 1, 3e éd., Ancienne librairie fontemoing et Cie, Éditeurs(E. de Boccard successeur), Paris, 1927, pp.274-280 참조.

론에 따르면, 권리 주체의 의사를 보호하기 위해 권리가 존재한다고 하거
나 특정한 사항에 있어서 어떤 사람의 의사가 다른 이들의 의사보다 강하
여 그들에게 자신의 의사를 강제할 수 있다면 그는 권리를 향유한다고 할
수 있다고 하는데, 국가 또한 국민에 대해 어떤 명령을 할 수 있는 권리
또는 주권을 갖는 주체로서 국민 개개인에게 명령할 수 있다고 한다.[20]

두 번째는 '이익설'(la doctrine de l'intérêt)인바, 이는 루돌프 폰 예링(Rud-
olf von Jhering)의 유명한 저서 『로마법의 정신』(Der Geist des roemischen
Rechts auf den verschiedenen Stufen seiner Entwicklung)에서 주장된 견해이
다.[21] 이익설은 권리를 단순히 법에 의해 보호되는 이익으로 이해하는
데, 따라서 이익설에 따르면, 아직 이성적 능력을 갖추지 못한 유아 등의
사람들도 권리의 주체가 될 수 있고, 단체들에 대해서도 권리가 인정될
수 있다.[22] 앞서 소개한 의사설에 따르면, 의사를 갖추지 못한 사람은
권리를 갖지 못하여 유아 등 이성적 능력을 갖추지 못한 사람들에게 권
리를 인정할 수 없는 부당한 결과를 초래하지만, 이익설에는 이와 같은
문제를 해결하는 측면이 존재한다.

마지막 세 번째로 뒤기가 소개한 이론은 '혼합설'(la volonté et de l'in-
térêt combinés)로 그는 의사설과 이익설의 내용이 혼합된 형태의 혼합설
은 실제로는 의사설과 이익설의 결점을 모두 극복하지 못하여 많은 반
대에 부딪혔다고 설명하면서, 특히 의사설에서 문제로 지적되었던 의사
를 갖추지 못한 사람은 권리도 갖지 못한다는 점이 혼합설에서도 그대
로 문제가 되지만 이를 해결하지 못한다는 점을 지적한다.[23]

---

20) 의사설은 칸트(Kant)와 사비니(Savigny)의 견해로 대표되는데 의사설에 관한
   자세한 논의를 다룬 문헌으로 최봉철, "권리의 개념에 관한 연구 -의사설과
   이익설의 비교-", 법철학연구 제6권 제1호, 2003, 56-57면 참조.
21) Léon Duguit, Traité de droit constitutionnel, tome 1, 3ᵉ éd., Ancienne librairie
   fontemoing et Cⁱᵉ, Éditeurs(E. de Boccard successeur), Paris, 1927, pp.280-287 참조.
22) 이익설에 관한 논의를 간단히 소개한 문헌으로 김도균, "법적 권리에 대한 연
   구(Ⅰ)", 서울대학교 법학 제43권 제4호, 2002, 197면 참조.

뒤기는 위와 같이 권리 개념에 관하여 여러 이론이 존재하지만 그 어느 이론도 주관적 권리에 대한 명확한 설명을 하지 못하고 있다고 비판한다. 구체적으로 의사설은 의식적인 의사를 갖추지 못한 자가 권리의 주체가 될 수 없게 된다는 점과 단체가 의사를 갖는다는 것을 증명할 수 없다는 점에서 부당하고, 이익설은 개인, 가족, 사회의 이익이 함께 존재하는 경우 개인과 가족, 개인과 국가가 동시에 권리의 주체가 되는 결과를 초래하여 부당하며, 혼합설에 대하여는 법률에 의해 보호되는 이익이 어떤 경우에는 권리가 되고, 어떤 경우에는 권리가 되지 않는지 설명하지 못한다고 지적하면서, 권리 개념은 입증이 불가능한 형이상학적인 개념으로 궁극적으로 포기되어야 한다고 주장한다.[24]

그는 "세상에는 항상 그 의무를 이행시키는 것 외에는 다른 권리가 없다"는 오귀스트 꽁트의 말을 인용하면서, 권리의 개념을 의무로 대체한다.[25] 이러한 뒤기의 견해에 대하여는 그가 사용하는 의무라는 개념 또한 주관적이고 추상적인 개념이라는 비판이 제기될 수 있다. 그러나 앞서 뒤기의 국가관에 관한 검토 부분에서 언급한 바와 같이, 뒤기가 말하는 의무 개념은 주관적 관계에 기초한 의무가 아니라 객관적인 사회적 사실에 기초한 의무를 의미하므로 그와 같은 비판은 타당하지 않다고 생각한다.

---

23) Léon Duguit, Leçons de droit public général, faites à la faculté de droit de l'Université égyptienne pendant les mois de Janvier, Février et Mars 1926, E. de Boccard, Paris, 1926, pp.52-53 참조.

24) Léon Duguit, Leçons de droit public général, faites à la faculté de droit de l'Université égyptienne pendant les mois de Janvier, Février et Mars 1926, E. de Boccard, Paris, 1926, pp.50-54 참조.

25) Léon Duguit(translated by Ernest G. Lorenzen), The concept of public service, Yale Law Journal, Vol. 32, No. 5, March, 1923, pp.425-435, p.426.

3. 객관법

가. 객관법과 법적 상황

(1) 법규범들의 총체로서 객관법

앞에서 필자는 뒤기가 주관적 권리와 객관법을 개념상 구분하고 주관적 권리 개념은 포기되어야 한다고 주장했다는 점을 소개했다. 뒤기는 형이상학적인 권리 개념이 없어도 객관적인 '법규범'(la règle de droit)이라는 개념을 통해 현대 사회를 설명할 수 있다고 주장하면서, 법규범에 의해 사회적으로 보호되는 어떤 '법적 상황'(la situation juridique)이 존재한다고 보았다.26) 그가 말하는 법적 상황이 무엇인지 자세히 살펴보기에 앞서서, 먼저 논의의 전제가 되는 법규범, 객관법 등의 의미를 살펴보도록 하겠다.

뒤기는 사회가 정상적으로 유지되는 것은 인간 생활에 필수적인 요소로서 사회가 유지되기 위해서는 일정한 규범 내지 규칙이 필요하다고 보았고, 이러한 규범을 '사회적 규범'(la règle de sociale)이라 불렀다.27) 그에 따르면, 모든 사회적 규범들이 법규범이 되는 것은 아니고, 사회를 구성하는 개인들이 어떤 규범의 위반행위에 대해서 사회적 제재를 가하는 것이 정당하고 바람직하다는 일반적인 인식을 갖게 되면 그때부터 법규범이 된다고 설명하면서, 이렇게 만들어진 법규범은 사회를 구성하는 모든 사람들에게 적용되며 이러한 법규범들의 총체가 바로 객관법이라고 한다.28)

---

26) Léon Duguit, Leçons de droit public général, faites à la faculté de droit de l'Université égyptienne pendant les mois de Janvier, Février et Mars 1926, E. de Boccard, Paris, 1926, p.54 참조.

27) Léon Duguit, Les transformations du droit public, 2ᵉ tirage, Librairie Armand Colin, Paris, 1921, p.76 참조.

28) Léon Duguit, Leçons de droit public général, faites à la faculté de droit de l'Université égyptienne pendant les mois de Janvier, Février et Mars 1926, E. de Boccard, Paris, 1926, p.41 et p.46 참조.

결국 뒤기의 견해를 종합하여 살펴보면 그는 사회와 객관법을 일종의 필요충분조건 관계에 있는 것으로 보았다고 이해할 수 있다.

(2) 법적 상황
(가) 주관적 법적 상황과 객관적 법적 상황의 구별

법규범이 적용되면 사회 내 일정한 행위가 금지되는 등 사회적 구속이 생기고, 이러한 사회적 구속을 통해 개인들은 일정한 보호를 받게 되는데, 뒤기는 이렇게 보호되는 개인들의 상황을 바로 '법적 상황'이라 한다.[29] 뒤기에 따르면, 법적 상황은 어떤 주관적 권리를 필연적 전제로 하지 않고 주관적 권리의 주체를 상정하지도 않는데, 예를 들어, 부동산 소유자는 재산을 보호하는 규범에 의해 사회적으로 보호되는 법적 상황에 있는 것일 뿐, 어떤 권리를 향유하여 다른 사람들 대해 우월한 의사력을 갖고 있다고 할 수 없다는 것이다.[30] 그는 권리 개념을 의사력으로 이해하면 총유권 또는 집합 재산권(la propriété collective)이나 재단(la fondation)을 제대로 설명할 수 없다는 문제점을 지적하면서 법적 상황이라는 개념을 통해 위와 같은 개념들을 잘 설명할 수 있다고 주장했다.[31]

이러한 법적 상황은 그것이 본질적으로 내포하고 있는 성격에 따라 주관적 법적 상황과 객관적 법적 상황으로 나눌 수 있는데, 이 둘을 구별하는 주요한 기준은 규범의 적용으로 나타난 상황이 개별적·일시적인지 아니면 일반적·항구적인지 여부이다.[32] 먼저 주관적 법적 상황에 관하여 규범의 적용으로 나타난 상황이 특정인 또는 특정인들에게만 나타

---

29) Léon Duguit, Traité de droit constitutionnel, tome 1, 3e éd., Ancienne librairie fontemoing et Cie, Éditeurs(E. de Boccard successeur), Paris, 1927, pp.307-308 참조.
30) Léon Duguit, Leçons de droit public général, faites à la faculté de droit de l'Université égyptienne pendant les mois de Janvier, Février et Mars 1926, E. de Boccard, Paris, 1926, pp.62-64 참조.
31) Ibid., p.63 참조.
32) 레옹 뒤기(Léon Duguit)(이광윤 역), 일반 공법학 강의, 민음사, 1995, 58-60면 참조.

나는 개별적이고 일시적인 경우가 해당하는데, 예를 들어, 어떤 사람이 계약을 통해 급부의무를 갖게 되었다면, 그 의무는 그 계약을 체결한 사람만이 갖는다는 점에서 개별적이고 그 급부의무를 이행하면 더 이상 의무가 존속하지 않는다는 점에서 일시적인 주관적 법적 상황에 처한다고 볼 수 있다.[33]

이와는 반대로 객관적 법적 상황은 어떤 규범이 적용되어 나타난 상황이 모든 이들에게 일반적이고 항구적으로 나타나는 경우를 의미하는데, 법률의 적용으로 발생되는 상황이 가장 대표적인 예이다.[34] 선거법의 경우 일정한 연령에 달하고 법에서 정하는 요건을 갖춘 모든 사람들은 선거인이 되는데, 이러한 선거인의 지위는 법률에 의해 누구에게나 일반적으로 발생하는 한편, 한번 선거인이 되고 나면 특별한 사정이 없는 한 계속해서 선거인의 지위를 갖는 것이지, 몇 번 선거에 참여한 후 선거인의 지위가 박탈되는 것이 아니라는 점에서 항구적인 상황을 창설한다고 할 수 있다.[35]

(나) 구별의 실익과 평가

뒤기는 주관적 법적 상황과 객관적 법적 상황의 구별은 기판력과 법률의 불소급효 문제에 대해 매우 단순하고 만족스러운 해결책을 제공한다는 점에서 그 실익이 매우 크다고 본다.[36] 우선 '기판력'(l'autorité de la chose jugée)에 관하여 뒤기는 많은 학자들, 특히 민법학자들이 기판력의 상대적 효력을 절대적인 진리인양 대하는 것에 대해 강한 의문을 제기

---

33) Léon Duguit, Traité de droit constitutionnel, tome 1, 3ᵉ éd., Ancienne librairie fontemoing et Cⁱᵉ, Éditeurs(E. de Boccard successeur), Paris, 1927, pp.307-308 참조.
34) Ibid., pp.312-314 참조.
35) Léon Duguit, Leçons de droit public général, faites à la faculté de droit de l'Université égyptienne pendant les mois de Janvier, Février et Mars 1926, E. de Boccard, Paris, 1926, pp.65-66 참조.
36) Léon Duguit, op. cit.(supra note 33), pp.314-315 참조.

하면서, 특정인에게만 개별적·일시적으로 관련이 있는 주관적 법적 상황에 대하여 판결이 내려진 경우에는 그 판결의 효력을 상대적으로 보는 것이 타당할지 몰라도 객관적 법적 상황에 대하여 판결이 내려진다면 이는 달리 보아야 한다고 한다.[37] 이에 대한 예로, 특정인의 적자임을 확인하는 판결의 경우에 그 판결의 효력이 모든 사람에게 대항할 수 있는 것으로 보아야 하고, 만약 해당 판결에 상대적 효력을 인정하여 판결에 참여하지 않은 제3자가 다시 소송을 제기하여 그 아이를 자신의 적자로 인정하는 판결을 받을 수 있도록 하는 결과를 초래하는 것은 부당하다고 지적하였다.[38]

또한 법률의 '불소급효'(la non-rétroactivité)에 관하여 보면, 새로운 법률은 그것이 소급효를 갖는다고 말할 필요 없이 그 공포가 있는 때의 모든 법적 또는 객관적 법적 상황에 적용되지만 공포 이전에 존재했던 주관적 법적 상황에는 영향을 미치지 않는다고 한다.[39] 즉, 법적 상황이라는 개념을 통하면 새로운 법률은 언제나 공포 당시에 존재하는 객관적 법적 상황에만 영향을 미치고, 주관적 법적 상황에 대해서는 수정을 가하지 않기 때문에 법률에 소급효가 인정되지 않는다는 점을 용이하게 설명할 수 있다는 것이다.[40]

한편 뒤기가 법적 상황으로 현실을 설명하려고 한 시도는 위와 같은 장점에도 불구하고 오래전부터 굳게 자리 잡고 있는 권리 개념을 모두 소거함으로써 그에 터 잡은 모든 이론 체계를 불안정하게 만든다는 비판을 피할 수 없어 보인다. 뒤기는 형이상학적인 관념만으로는 현대의

---

37) Léon Duguit, Leçons de droit public général, faites à la faculté de droit de l'Université égyptienne pendant les mois de Janvier, Février et Mars 1926, E. de Boccard, Paris, 1926, pp.68-70 참조.
38) 레옹 뒤기(Léon Duguit)(이광윤 역), 일반 공법학 강의, 민음사, 1995, 62면 참조.
39) Léon Duguit, Traité de droit constitutionnel, tome 1, 3ᵉ éd., Ancienne librairie fontemoing et Cⁱᵉ, Éditeurs(E. de Boccard successeur), Paris, 1927, p.315 참조.
40) Léon Duguit, op. cit.(supra note 37), p.70 참조.

현실을 결코 설명할 수 없다고 강경한 입장을 취했지만 실제로 오늘날까지도 주권이나 권리 개념은 공고하게 유지되고 또 사용되고 있다는 점에서 어쩌면 뒤기의 이론은 무용하다는 비판을 받을 수도 있다. 필자는 뒤기가 주장한 주권 개념의 포기와 법적 상황에 관한 논의에 한계가 있음을 인정하지만, 한편으로 뒤기의 주장이 주권이나 권리 개념을 완전히 포기하도록 설득하지 못했다고 하더라도 주권이나 권리 개념의 한계를 명확히 인식하는 데에 기여를 했다는 점에서 여전히 중대한 의미를 갖는다고 본다.

나. 목적적 규범으로서의 법

뒤기의 법관념을 한 문장으로 평가하면 '법 자체를 위한 법이 아닌, 사람들을 위한 법'이라고 할 수 있다. 즉, 법은 그 존재 자체가 사람들의 필요에 의해 만들어진 산물이라는 것이다. 뒤기는 법인격을 가지는 국가의 주권적 의지를 표현한 법, 완전무결한 법, 그래서 아무도 그에 대해 비판할 수 없고 의문을 제기할 수도 없는 어떤 절대적인 의지의 표현으로 이해되는 주관주의적인 법관념은 전부 허상이라고 생각했다.[41] 이러한 주관적인 관점에서의 법은 위에서부터 아래로 향하는 강제적인 명령이며, 선험적인 개념으로 자리하면서 개인의 자유 의지를 억압하는데, 뒤기는 이러한 형이상학적인 개념은 존재해야 할 어떠한 당위나 근거도 없고 '사회적 필요'(la nécessité sociale)에 형성된 객관법만으로 충분히 사회를 유지해 나갈 수 있는 것으로 이해했다고 볼 수 있다.[42]

이와 같은 뒤기의 생각은 필자가 제2장에서 서술한 뒤기의 인간과 사회에 대한 관점에 비추어 생각해 보면 쉽게 이해될 수 있는 것이다. 인

---

41) Léon Duguit, Les transformations du droit public, 2ᵉ tirage, Librairie Armand Colin, Paris, 1921, pp.75-76 참조.
42) Ibid., p.76 참조.

간은 태어날 때부터 사회에 존재하고 사회 안에서 살아갈 수밖에 없기 때문에 그 사회가 제대로 유지되는 것이 인간의 생활에 필수적인 요소인데, 사회의 유지를 위해서는 일정한 규칙이 필요한 것이 사실이므로 이러한 규칙들이 모여 객관적 규범을 형성한다는 것이다.[43] 즉 인간의 규범을 형성하여 살아가는 것은 현존하는 사실이다. 뒤기는 과학적이고 면밀한 방법으로 인간 생활을 관찰해 보면, 이것만으로 인간의 행위를 다 설명할 수 있는 것은 아니지만, 인간이 무언가 자발적으로 행동하는 것은 무언가 인지적으로 선택한 목적을 추구한 결과라고 설명한다.[44] 인간이 삶을 영위하기 위해 추구한 목적의 산물이 곧 법이라고 보는 이러한 뒤기의 생각은 실용주의와도 통하는 면이 있다고 생각한다.

다. 사회적 연대 규칙으로서의 법

뒤기는 사회 규범을 '경제적 규범'(la norme economique), '도덕적 규범'(la norme morale), '법적 규범'(la norme juridique)[45]으로 나누어 이해하는데, 이 중 전자의 두 규범은 강제적 제재가 수반되지 않는 자율적 규범으로서,[46] 경제적 규범은 부의 생산, 유통, 소비에 관한 인간의 모든 행동을 규율하고, 도덕적 규범은 특정한 국가에서 당시 살아가는 모든 인간들에게 적용되는 것으로 의복, 주거, 종교 등에 관한 예절 등을 의미한다.[47] 반면, 법적 규범은 경제적 규범과 도덕적 규범이 어느 시점에

---

43) Léon Duguit, L'État, le droit objectif et la loi positive, Ancienne librairie thorin et fils, Paris, 1901, p.15 참조.

44) Léon Duguit(translated by Margaret Grandgent and Ralph W. Gifford), Objective Law, Columbia Law Review, Vol. 20, No. 8, December, 1920, pp.817-831, pp.823-825 참조.

45) 이는 앞에서 언급한 법규범(la règle de droit)과 표현을 달리하나 맥락상 비추어 볼 때 그와 유사한 의미를 갖는 것으로 볼 수 있다.

46) 오세혁, 법철학사, 세창출판사, 제2판, 2012, 263면 참조.

47) Léon Duguit(translated by Margaret Grandgent and Ralph W. Gifford), Objective Law Ⅱ, Columbia Law Review, Vol. 21, No. 1, January, 1921, pp.17-34, pp.17-18 참조.

변화하는 것인데, 그 시점은 앞에서 언급한 바와 같이 사회의 구성원들이 사회적 연대를 위해 어떤 행위가 범해졌을 때 그에 대한 제재를 가하는 것이 좋겠다는 일반적인 인식을 가짐과 동시에 일정한 제재를 가하는 것이 정당하고 바람직하다고 느끼는 '정의 감정'(le sentiment de justice)이 있을 때를 가리킨다고 보았다.[48] 뒤기에 따르면, 법의 근원을 사회적 연대와 정의 감정에서 찾을 수 있는데, 이러한 개념들은 인간의 본성에 기인한 것으로 사람들이 이러한 인식과 감정을 갖는 순간을 판단하는 것은 어렵지만 불가능한 것이 아니고, 결국 관찰이라는 과학적인 방법을 통해 그 시점을 결정하기 위해 노력하는 것이 법학자의 임무라고 한다.[49]

이러한 뒤기의 견해에 대해, 그가 감정을 판단의 요소로 삼은 것은 모든 주관주의적 요소를 배제하는 그의 견해와 모순되는 태도를 보이는 것이 아닌가 하는 비판이 가능하다. 필자는 이러한 지적이 일응 타당하다고 생각한다. 다만, 뒤기가 객관주의적 관점을 취하고 있으면서도 인간이 인식하는 존재임을 부정하지 않고 오히려 강조했다는 점과 객관주의적 관점은 사실을 기초로 현상을 파악하기 때문에 뒤기가 인간이 실제로 갖는 본성을 사실 그 자체로서 이해하였다는 점을 지적하고자 한다. 뒤기가 반대했던 것은 형이상학적이고 관념적인 개념이었을 뿐, 인간이 갖는 '성격적 사실'까지 거부한 것은 아니었으므로 그러한 점에 비추어 볼 때 뒤기의 입장에서 인간이 정의 감정을 갖는 것은 일종의 사실로서 받아들였던 것으로 해석할 수 있다.

---

48) Léon Duguit, Leçons de droit public général, faites à la faculté de droit de l'Université égyptienne pendant les mois de Janvier, Février et Mars 1926, E. de Boccard, Paris, 1926, p.108 참조. 이 문헌에서 뒤기는 객관적 법규범(une règle de droit objectif)은 사회적 연대(la solidarité sociale)와 정의 감정(le sentiment de justice)을 동시에 부여한다고 보았다.

49) Léon Duguit(translated by Margaret Grandgent and Ralph W. Gifford), Objective Law Ⅱ, Columbia Law Review, Vol. 21, No. 1, January, 1921, pp.17-34, pp.28-29 참조.

라. 실정 법률과의 구별

한편 뒤기는 객관법과 '실정 법률'(la loi positive)을 구분하였는데, 객관법은 위에서 서술한 바와 같이 사회가 존재한다는 사실로부터 당연히 생겨나는 법규범의 총체를 의미하는 반면, 실정 법률은 말 그대로 형식적인 의미의 법률을 의미했다.[50] 그에 따르면, 실정 법률과 객관법은 반드시 일치하는 개념은 아니고, 실정 법률은 그것을 제정 또는 개정하는 입법자들이 사회에서 자연스럽게 발생한 객관법을 발견하고 포착하여 기록한 것으로 이해했다.[51]

아무리 뛰어난 입법자들이 성문화를 진행한다 하여도 법은 계속해서 발전하고 변화하며 형성되는 것이기 때문에 객관법과 실정 법률을 완전히 일치시키기에는 현실적 한계가 존재할 수밖에 없다. 뒤기는 이러한 객관법과 실정 법률 사이의 간극은 무시될 수 있을 정도라고 보았는데, 법률에 관한 이론을 전개하면서 설명의 편의를 위해 객관법이라고 말하는 대신 법률이라는 표현을 사용하기도 한 점에서 이러한 태도를 확인할 수 있다.[52]

이처럼 뒤기는 실정 법률과의 비교를 통해 객관법의 개념을 명확히 함으로써 주관적 권리를 대신하여 개인을 보호하는 객관적 법개념을 효과적으로 제시하였다고 평가할 수 있다. 또한 뒤기는 실정 법률을 객관법과 일치시켜야 하는 입법자들의 의무에 관한 언급을 통해 근엄하게 주권자의 의사를 표현하는 입법자가 아니라 변화하는 사회의 현상에 관

---

50) 레옹 뒤기(Léon Duguit)(이광윤 역), 일반 공법학 강의, 민음사, 1995, 44면 참조.

51) Alfred Fouillée, Léon Duguit, René Demogue and Arthur W. Spencer(translated by Mrs. Franklin W. Scott and Joseph P. Chamberlain), Modern french legal philosophy, The Macmillan Company, New York, 1921, p.126 참조.

52) Léon Duguit, Leçons de droit public général, faites à la faculté de droit de l'Université égyptienne pendant les mois de Janvier, Février et Mars 1926, E. de Boccard, Paris, 1926, pp.46-47 참조.

심을 갖고 실정 법률을 만드는 본연에 임무에 충실한 입법자의 역할과 기능에 대한 청사진을 제시하였다는 점에서도 의의가 있다고 하겠다.

Ⅲ. 개인주의 이론에 대한 비판

1. 개인주의 이론의 주요 내용

개인주의 이론은 개인의 자유와 독립을 추구하는 이론으로서, 고대 그리스 시대부터 전해져 내려와 16세기 르네상스 시대에 접어들면서 꽃 피기 시작하였다. 개인주의 이론은 데카르트의 유명한 "나는 생각한다. 그러므로 나는 존재한다"(Je pense donc je suis)로 표현되었는데,[53] 개인주의 이론의 주요 내용은 다음과 같다. 우선 개인주의 이론에 따르면, 인간은 자유롭고 평등하게 태어나며, 태어나는 순간부터 천부의 권리를 갖게 된다.[54] 이러한 권리는 인간에게만 속하는 것으로, 인간은 사회 속에서 자신의 권리를 보존하고 유지하고자 노력하는데, 사회는 여러 사람들이 함께 살아가는 것이기에 필연적으로 인간의 자유는 제한을 받을 수밖에 없으므로, 권력을 가지고 있는 국가가 다른 사람들의 자유를 해치는 행위에 대해 법률을 통해서만 제한을 가한다.[55]

이후 1789년 프랑스의 인간과 시민의 권리 선언에서 이와 같은 개인주의 이론의 주요 내용이 가장 잘 나타난다고 하는데, "인간은 자유롭고 평등하게 태어났으며 권리에 있어 자유롭고 평등하다. 모든 정치적 결사

---

53) Léon Duguit, Leçons de droit public général, faites à la faculté de droit de l'Université égyptienne pendant les mois de Janvier, Février et Mars 1926, E. de Boccard, Paris, 1926, p.258 참조.

54) 레옹 뒤기(Léon Duguit)(이광윤 역), 일반 공법학 강의, 민음사, 1995, 211면 참조.

55) Léon Duguit, Traité de droit constitutionnel, tome 1, 3ᵉ éd., Ancienne librairie fontemoing et Cⁱᵉ, Éditeurs(E. de Boccard successeur), Paris, 1927, pp.200-202 참조.

의 목적은 인간의 자연권과 천부인권을 보전하는 것이다… 각자의 타고
난 권리를 행사하는 것은 사회의 다른 구성원이 같은 권리를 향유하도
록 하기 위해서만 한계를 가진다. 이러한 한계는 법률에 의해서만 정해
진다."는 내용이 바로 그것이다.[56] 위와 같은 개인주의 이론은 뒤기가
살았던 시대의 사상적, 정치적 기초로서 공고하게 자리 잡았고, 사람들
의 의식 속에서 일종의 신격화된 믿음으로 존재했다.

2. 개인주의 이론에 대한 비판적 고찰

뒤기는 권리 개념을 부정하기 때문에 권리개념을 기초로 하는 개인
주의 이론 자체의 성립을 부정하지만, 오랜 세월동안 숭고한 이론으로
자리 잡은 개인주의 이론의 위험성을 경고하기 위하여 개인주의 이론이
성립한다고 했을 때 발생하는 모순에 관해서 다음과 같이 언급한다.[57]
우선 뒤기는 고립된 인간은 권리를 가질 수 없고 권리 개념이 있다고 본
다면 그것은 오로지 사회에서만 존재한다는 것을 전제로 하기 때문에,
개인주의 이론의 출발점인, 사회로부터 독립적 존재인 인간은 태어나면
서부터 천부적인 권리를 갖는다는 개념을 배척한다.[58]

다음으로 개인주의 이론에 의하면, 국가가 모든 사람들의 권리를 보
호하기 위해 필요한 한도에서 법률에 의해서만 개인의 행위를 제한할
수 있다는 점에서 국가의 역할이 지극히 소극적일 수밖에 없는데, 현실
에서는 국가가 적극적으로 개입해야 할 필요성이 있는 영역이 존재한다
는 점에서 한계를 갖는다고 한다.[59] 예를 들어, 개인주의 이론에 따랐을

---

56) Léon Duguit, Leçons de droit public général, faites à la faculté de droit de l'Université
    égyptienne pendant les mois de Janvier, Février et Mars 1926, E. de Boccard, Paris,
    1926, p.259 참조.
57) 레옹 뒤기(Léon Duguit)(이광윤 역), 일반 공법학 강의, 민음사, 1995, 212-213면 참조.
58) Léon Duguit, Traité de droit constitutionnel, tome 1, 3e éd., Ancienne librairie
    fontemoing et Cie, Éditeurs(E. de Boccard successeur), Paris, 1927, pp.208-209 참조.

때 국가는 극단적으로 어떤 사람이 위험한 일을 하고 있는 경우 그것이 자기만을 해치는 일이면 이를 막을 수 없고, 교육의 영역에서도 의무 교육이나 무상 교육을 필요로 하는 사람들을 지원할 수 없으며, 연령상의 제한이나 질병으로 인하여 노동을 할 수 없는 사회적 약자들에 대한 보호도 적극적으로 할 수 없게 된다는 것이다.[60]

결국 개인주의 이론은 적극적 의무를 국가의 책임으로 설정할 수 없다는 한계를 넘지 못한다는 점에서 개인주의 이론을 비판하는 뒤기의 견해는 타당성이 있다고 본다. 그러나 한편으로는 국가가 어디까지 개인의 생활에 개입할 수 있을지 그 한계를 명확하게 하지 않으면 국가가 개인에게 지나치게 간섭하게 되고 결국 개인의 자유를 상당히 제한하게 되는 문제가 발생하는데, 국가의 적극적인 의무가 미치는 범위에 관한 고민이 필요하다고 할 것이다.

생각건대, 뒤기는 사회의 질서를 유지하기 위한 사회적 연대 개념을 근본 규범으로 삼고 있다는 점에서, 사회의 질서를 유지하고 모든 사람들이 사회 속에서 최소한의 삶을 보장받을 수 있는 정도는 국가가 개입하여야 하는 것으로 생각한 것이 아닌가 추론할 수 있다. 뒤기의 비판에도 불구하고 개인주의 이론은 오늘날까지도 명맥을 유지하고 있지만, 뒤기의 분명한 문제의식은 사회적 공감대를 형성하였으며 오늘날의 사회국가 또는 복지국가 개념으로 이어졌다고 판단할 수 있다.

---

59) Léon Duguit, Leçons de droit public général, faites à la faculté de droit de l'Université égyptienne pendant les mois de Janvier, Février et Mars 1926, E. de Boccard, Paris, 1926, pp. 260-263 참조.
60) 레옹 뒤기(Léon Duguit)(이광윤 역), 전게서, 214-215면 참조.

IV. 평가와 영향

뒤기는 모든 주관주의적이고 형이상학적인 개념을 배척하면서 객관주의적 관점에서 오로지 객관적 사실에 기초하여 행하는 현실 분석만이 기존의 잘못된 도그마를 깰 수 있다고 판단하였다.[61] 그는 주관적 권리와 객관법 개념을 구별하고 형이상학적이고 관념적인 주관적 권리 개념을 대신하여 객관법 개념을 통해 인간 사회와 그 구성원들을 보호할 수 있다고 보았다.[62]

객관법은 사회적 연대라는 가치를 실현하고 발전시키기 위하여 창설된 법규범의 총체로서 목적적 규범이었고, 형식적 의미에서의 법률인 실정법과는 구별되었는데, 뒤기에 따르면, 입법자들에게는 실정 법률을 객관법에 최대한 가깝게 제정 또는 개정할 의무가 있다고 하였다.[63] 또한 그는 그리스 시대와 로마 시대를 거쳐 18세기 프랑스의 장 쟈크 루소(Jean-Jacques Rousseau)에 이르러 꽃을 피운 주권과 개인의 권리를 중심으로 하는 주관주의 사상을 거부하면서, 국가의 적극적인 의무를 인정하지 않아 효과적으로 개인을 보호할 수 없는 개인주의 이론에 대해 비판하였다.[64]

이러한 뒤기의 이론적 시도는 주관주의적 견해를 취하는 주류적 입장

---

61) Léon Duguit, Traité de droit constitutionnel, tome 1, 3e éd., Ancienne librairie fontemoing et Cie, Éditeurs(E. de Boccard successeur), Paris, 1927, pp.22-23 참조.

62) Léon Duguit, Leçons de droit public général, faites à la faculté de droit de l'Université égyptienne pendant les mois de Janvier, Février et Mars 1926, E. de Boccard, Paris, 1926, p.54 참조.

63) Alfred Fouillée, Léon Duguit, René Demogue and Arthur W. Spencer(translated by Mrs. Franklin W. Scott and Joseph P. Chamberlain), Modern french legal philosophy, The Macmillan Company, New York, 1921, p.126 참조.

64) Georges Langrod, L'influence des idées de Léon Duguit sur la théorie générale du droit, Revue juridique et économique du Sud-Ouest, série juridique 10e année: congrès commémoratif du centenaire de la naissance du doyen Léon Duguit, (Bordeaux, 29-30 mai 1959), Imprimerie Bière, Bordeaux, 1959, pp.129-155, p.135 참조.

을 완전히 제거하지는 못했다. 오늘날까지도 권리, 국민의 주권의 개념은 여전히 공고한 지위를 차지하고 있고, 개인을 보호하는 효과적인 수단으로서 중요한 의의를 갖는다고 일반적으로 인정되기 때문이다. 그러나 뒤기의 시도는 결코 헛된 것이 아니었고, 오히려 프랑스를 비롯한 전 세계 공법학의 발전사에 있어서 중요한 변곡점을 맞이하는 데에 기여했다. 공역무 개념은 이후 프랑스 행정법상 가장 중요한 개념으로 자리 잡았고, 점차 진화하여 프랑스적 개념으로 발전하면서 다시금 재조명되고 있기 때문이다. 여기에 바로 그 주장의 역사적, 학문적 의의가 있다.

주관주의에 대한 뒤기의 통렬한 비판은 당시 무비판적으로 받아들여졌던 주관주의 이론과 사상이 어떻게 개인을 소외시키고 심지어 억압할 수 있는 위험성을 내포하고 있는지 경종을 울리는 계기가 되었다. 뒤기는 통치자들과 시민 모두에게 권리가 아닌 의무가 있다고 주장하면서 사회 구성원 모두가 행복한 삶을 영위할 수 있도록 하였고, 특히 후술하는 공역무 개념을 통해 통치자들에게 사회적 연대를 실현하기 위한 법적 의무가 존재함을 주장함으로써 사회적 약자들을 보호하기 위한 국가의 적극적 의무를 인정하였는데, 이러한 그의 사상은 앞서 언급한 바와 같이 사회국가 또는 복지국가로 나아가는 문을 열었다고 평가할 수 있다.

제2절 공역무

Ⅰ. 개설

'공무 수행 중'이라는 단어를 떠올려 보자. 어떤 이미지가 그려지는가? 보통 사람들은 '공무 수행'이라는 표현을 접하면 다소 권위적인 이미지를 떠올리거나 사적인 업무에 비해 다소 신성한 일을 한다는 느낌을 받는다. 실제로 국가가 생겨난 때로부터 줄곧 국가는 고권적 행위의 주체, 절대적이고 신성한 권력을 가진 실체 등으로 인식되어 왔다. 16세기 장 보당(Bodin)에 의해 주권 개념이 생겨난 이후, 국가가 단일하고 절대적인 주권을 가지며 누구에게도 종속되지 않는다는 이념은 더욱 공고해졌고, 이는 오늘날까지도 은연중에 우리에게 영향을 미치고 있는 것이다.

그런데 흥미로운 사실은 영어로 공무를 수행한다는 표현을 할 때 'service'라는 어휘를 사용하는데, 그 어원이 라틴어 'servitium'와 고대 프랑스어 'servise'로서 노예, 복종의 뜻을 갖는다는 점이다.[1] 표준국어대사전에 따르면, '공무'는 "국가의 일"을 의미한다.[2] 공무, 즉 국가의 일을 수행한다는 표현의 언어적 뿌리에는 거칠게 표현하자면 복종 내지 봉사의 의미가 내포되어 있다는 해석도 가능할 것이다.

프랑스 행정법에는 위와 같은 'service'라는 단어에 공(公)을 의미하는 'public'을 붙인 '공역무'(le service public)[3]라는 개념이 존재한다. 공역무

---

[1] "service, n.1." OED Online. December 2019. Oxford University Press. http://lps3. www.oed.com.libproxy.snu.ac.kr/view/Entry/176678 (accessed December 21, 2019).

[2] "공무2", 국립국어원, 표준국어대사전, https://stdict.korean. go.kr/search/searchView. do?pageSize=10&searchKeyword=%EA%B3%B5%EB%AC%AC, 검색일 및 최종접속일: 2019. 12. 22.

[3] 프랑스 행정법상 'le service public'은 현재 국내 학계에서 '공역무' 또는 '공공서비스'로 소개되고 있다. 'le service public' 개념은 국내에 소개되기 시작했을

는 국가와 행정의 의무와 역할을 확대하고, 공사법 구별의 기준이 되는 등 프랑스 행정법상 특징적인 개념이다. 블랑코 판결을 계기로 이러한 공역무 개념을 최초로 주장하고 정립한 사람이 바로 레옹 뒤기였다. 그는 당시 급변하는 사회 현실 속에서 공법 영역에서도 변화가 시작되었음을 날카롭게 포착했다.

19세기 후반에서 20세기 초에 활동했던 뒤기가 주목한 공법의 중대한 변화는 바로 당시 오랜 시간동안 공법의 근본 개념으로 여겨졌던 주권 내지 공권력 개념이 소멸하고, 공역무 개념이 그 자리를 대체하였다는 것이다.[4] 이러한 변화는 경제와 사회의 발전으로 인하여 국가의 기능과 역할이 이전에 비해 크게 확대됨으로써 나타났다. 뒤기에 따르면, 전통적으로 국가의 역할과 기능은 대내적으로 질서를 유지하고(경찰), 대외적으로 국가를 보호하며(군사), 재판을 하는 것(사법)이었으나, 산업의 발달로 인

때 '공역무'로 번역된 이래(김동희, "공역무론", 서울대학교 법학 제18권 제1호, 1977) 여러 학자들의 문헌을 통해 '공역무'로 번역되어 소개되어 왔다. '공공서비스'로 번역하기 시작한 것은 비교적 최근의 논의로 보이는데 같은 학자의 번역이더라도 과거에는 '공역무'로 번역되었던 것이 이후 '공공서비스'로 변화하였다는 점에서 그러하다. '공공서비스'로 번역하는 이유는 공역무라는 어휘의 표현이 낯설다거나 서비스를 제공하는 주체로서의 의미를 강조하기 위한 것으로 이해된다. 그러나 뒤기가 언급한 'le service public' 개념은 국가(행정)가 사회적 연대의 실현과 발전을 위해 꼭 필요한 일반 이익을 위한 활동(les activités d'intérêt général)을 중단 없이 완전하게 보장할 수 있도록 자신의 힘을 개입시켜 규율·보장·통제하는 모든 활동으로서, 단순히 국민을 향하여 서비스를 제공하는 주체로서 행정만을 상정하는 것이 아니라 행정의 모든 활동을 조직하고 구성하는 조직법상 개념을 포함하는 보다 넓은 의미를 갖는다는 점, 역무(役務)의 사전적 의미가 "노역(勞役)을 하는 일"로서(국립국어원, 표준국어대사전, https://stdict.korean.go.kr/search/searchView.do?pageSize=10&searchKey-word=%EC%97%AD%EB%AC%B4, 검색일 및 최종접속일 2019.12.22) 'service'의 어원으로 노예, 복종의 뜻을 가진 'servitium'(라틴어) 또는 'servise'(고대 프랑스어)와도 그 의미가 부합한다는 점을 고려하여 본 논문에서는 '공역무'라고 번역하였다.

4) Léon Duguit, Traité de droit constitutionnel, tome 1, 3ᵉ éd., Ancienne librairie fontemoing et Cⁱᵉ, Éditeurs(E. de Boccard successeur), Paris, 1927, p.59 참조.

간의 상호의존성이 강해지고 국가에 기대되는 역할과 기능도 확대되어, 더 이상 국가는 국민에 군림하는 권력의 주체가 아니라, 국민에게 공적 서비스를 제공하는 기능을 담당하는 의무의 주체가 되었다고 한다.[5]

Ⅱ. 공권력과 공역무

1. 공권력에 기초한 공법 체제의 소멸

뒤기의 공역무 개념은 19세기 후반 이후 프랑스 공법의 근본 개념으로 발전하였으며, 법률, 행정행위, 행정소송과 국가배상책임 등과 같은 행정법의 다양한 영역과도 접점을 이루면서 그 대상과 영역을 확장하였고 오늘날까지도 그 명맥이 이어져 오고 있다. 이하에서는 뒤기가 주목했던 당대 현실의 변화와 함께 공법상 근본 개념이 어떻게 주권 개념에서 공역무 개념으로 대체되었는지에 관하여 살펴보기로 한다.

가. 주권 개념의 역사적 발전과 의미

뒤기는 공역무 개념의 등장에 관해 설명하기에 앞서 과거에 공권력에 기초를 두고 있었던 공법 체제가 어떻게 정립되었고, 어떻게 소멸하였는지부터 서술한다. 그에 따르면, 주권의 개념은 로마법상 '임페리움'(imperium)에서 기원하는데, 로마인들은 주권이라는 단어 자체를 사용하지는 않지만 다른 사람들을 종속시키는 최고 권력을 지칭하는 임페리움이라는 개념을 생각해내어 주로 집정관이나 황제의 권력을 지칭할 때 이를 사용했다고 한다.[6] 그는 봉건주의 시대에 위와 같은 개념이 일

---

5) Léon Duguit, Les transformations du droit public, 2e tirage, Librairie Armand Colin, Paris, 1921, introduction p.14 참조.

시적으로 사라지지만, 완전히 사라지지는 않고 잔존하고 있다가 16세기 절대군주시대에 왕의 주권으로 다시 나타났다고 설명하면서, 이를 로마 법상의 임페리움과 봉건주의 시대의 영주권이 혼합된 형태를 갖고 있었 다고 평가했다.[7] 그는 보당(Bodin), 루와조(Loyseau), 르브레(Lebret) 및 도 마(Domat)의 이론을 소개하면서 특히 보당이 그의 저서 『국가론』(La Républic)[8]에서 주권을 절대적이고 영속적인 권리로 정의하였다고 설명 하고, 이후 17세기와 18세기에 주권은 왕이 갖는 명령권으로서 확고히 자리 잡아 왕은 주권을 마치 절대적인 소유권과 같이 소지하면서 법률 의 형태로 자신의 주권적 의지를 표현하였다고 설명한다.[9] 그러나 이러 한 왕의 주권 개념은 오래 가지 않았고 근대로 넘어오면서 새로운 주권 의 소지자가 등장하게 되는데 '인민'(le peuple), 공동체 전체, '국민'(la nation)이 바로 그것이다.[10] 새로운 주권 개념에 관하여 대표적으로 로크 (Locke), 마블리(Mably), 루소(Rousseau), 몽테스키외(Montesquieu)와 같은 학자들이 이론을 전개하였는데, 이들의 이론은 프랑스와 미국에 영향을 끼쳤고 결국 혁명으로까지 이어져 1789년 「프랑스의 인권과 시민의 권리 선언」(la Déclaration des droits de l'homme et du citoyen)과 1791년 미국의 권리장전에서는 단일하고 불가분한 '국민 주권'(la souveraineté nationale) 의 원리가 천명되었다고 설명한다.[11]

　　뒤기가 설명하는 주권의 개념은 주관적 권리로서 일종의 '의사력'(le pouvoir de volonté)을 의미하는데, 여기서 의사력은 몇 가지 특징으로 나

---

6) Léon Duguit, Leçons de droit public général, faites à la faculté de droit de l'Université égyptienne pendant les mois de Janvier, Février et Mars 1926, E. de Boccard, Paris, 1926, pp.114-115 참조.

7) Léon Duguit, Les transformations du droit public, 2ᵉ tirage, Librairie Armand Colin, Paris, 1921, p.2 참조.

8) 이 책은 『국가론 6서』(les six livres de la Républic)로도 소개된다.

9) Léon Duguit, op. cit.(supra note 7), pp.10-11 참조.

10) Léon Duguit, op. cit.(supra note 6), p.115 참조.

11) Léon Duguit, op. cit.(supra note 7), pp.11-12 참조.

타나는데, '명령적'(commandante) 의사력, '독립된'(indépendante) 의사력, 단일의 권력, '불가분의'(indivisible) 권력, 그리고 '양도할 수 없고, 시효에 걸리지 않는'(inaliénable et imprescriptible) 권력이 이에 해당한다.[12]

각각의 구체적인 의미를 살펴보면, 우선 명령적 의사력은 주권적 의사가 본질적으로 주권에 복종하는 모든 의사보다 우월하다는 것을 의미하고, 독립된 의사력은 오로지 주권만이 스스로의 활동범위를 정하고, 한계를 정할 수 있다는 것을 의미하며, 주권이 단일하다는 것은 동일한 영토에서의 동일한 개인들에게는 단 하나의 주권만이 있을 뿐이라는 것을 의미하고, 주권이 불가분성은 주권이 하나의 의사로만 존재하며 결코 분리될 수 없다는 것을 의미하며, 주권은 양도할 수 없고 시효에도 걸리지 않는다는 의미는 아무리 오랫동안 그 주권을 행사하지 않는다 하여도 주권은 그대로 주권의 향유자에게 존속한다는 것을 뜻한다.[13]

뒤기는 이와 같이 주권의 개념적 징표를 파악함으로써 실제 현실과의 비교를 통해 주권 개념의 모순점을 밝혀내는 데 성공하였고, 결국 주권 개념은 그 역사적 중요성과 영향력에 불구하고 포기되어야 하는 개념이라고 주장한다.[14] 이하에서 그의 주장을 더 자세히 살펴보도록 한다.

나. 주권 개념의 위기

뒤기는 혁명의 결과로 국가라는 인격을 가진 주체가 공권력 내지 주권이라는 주관적 권리를 가지고 조직된다는 관념이 공법의 근본으로 자리 잡게 되었고 이는 현실과 조화를 이루지 못함에도 불구하고 일종의

---

12) Léon Duguit, Leçons de droit public général, faites à la faculté de droit de l'Université égyptienne pendant les mois de Janvier, Février et Mars 1926, E. de Boccard, Paris, 1926, p.116 참조.
13) *Ibid.*, pp.118-120 참조.
14) 레옹 뒤기(Léon Duguit)(이광윤 역), 일반 공법학 강의, 민음사, 1995, 104면 참조.

종교적 신념처럼 여겨졌다는 예로 토크빌(Tocqueville)의 저서 『구체제와 프랑스 혁명』(L'Ancien Régime et la Révolution)에서 혁명이 어떻게 새로운 종교와 같이 변화하였는지에 관해 언급한 부분을 인용한다.15) 특히 뒤기는 주권에 관한 관념이 굉장히 창의적인 개념이기는 하나 실제 존재하는 사실과 맞지 않을 뿐만 아니라 독재자로부터 국민들을 실질적으로 보호할 수 없다는 가장 큰 문제점을 내포한다고 비판하면서, 특히 루소의 국민 주권 이론은 근대 사상사에 엄청난 영향을 미친 잘 짜여진 이론인 것은 사실이나, 자세히 들여다보면 그의 이론은 모순적이며 그의 대표작인 『사회계약론』(Le Contrat Social)은 끊임없는 오류와 궤변의 연속이라고까지 비판하였다.16)

뒤기에 따르면, 형이상학적이고 관념적인 주권 개념은 통치자들로부터 개인들을 보호해낼 수 없고, 무엇보다도 통치자들에게 공역무를 조직하고 기능하도록 보장할 의무를 부과할 수도 없는데, 특히 국민 주권 개념의 경우 크게 두 가지 점에서 현실과 들어맞지 않는다는 점을 지적한다.17) 우선 첫째 뒤기는 국민 주권 개념은 '국가'(l'État)와 '민족적 동일성을 갖는 국민'(la nation)18)이 완전히 상응한다는 전제에서 출발하지만,19)

---

15) Léon Duguit, Les transformations du droit public, 2ᵉ tirage, Librairie Armand Colin, Paris, 1921, pp.13-14 참조.

16) Léon Duguit, Leçons de droit public général, faites à la faculté de droit de l'Université égyptienne pendant les mois de Janvier, Février et Mars 1926, E. de Boccard, Paris, 1926, p.115 참조.

17) Léon Duguit, op. cit.(supra note 15), p.19 참조.

18) 여기서 뒤기가 언급하는 'l'État' 개념은 영어로는 'State'로 국민, 주권, 영토의 3요소를 갖춘 국가를 의미하고, 'la nation' 개념은 민족적 동일성을 가진 집단으로서 국민을 의미한다. 국내에서 통상 'la nation'은 국민으로 번역되나('la souveraineté nationale' 개념은 국민 주권으로 번역되고 있다는 점에서도 그러하다), 그렇게 하면 본문의 해당 부분에서 민족적 동질성을 갖는 집단이라는 'la nation' 개념의 특징적 의미가 잘 드러나지 않으므로 본 논문의 해당 부분에서는 문맥상의 의미를 부각하기 위하여 'la nation'을 '민족적 동일성을 갖는 국민'으로 번역하고자 한다. 본 논문의 다른 부분(프랑스 인권선언문 전문에

실제로 국가와 민족적 동일성을 갖는 국민의 개념이 반드시 일치하지 않을 수 있다는 현실을 간과하고 있다는 점을 지적하는데, 예를 들어, 보헤미아의 체코인들, 오스트리아의 독일인들, 트렌토와 이스트라 반도의 이탈리아인들, 갈리아의 폴란드인들, 보스니아의 세르비아인들은 다른 민족적 동일성을 갖는 국민(la nation)이고, 아일랜드인들이 영국이라는 국가(l'État)의 구성원이지만, 영국이라는 하나의 민족적 동일성을 갖는 국민으로 존재하는 것은 아니라는 것이다.[20] 두 번째로 국민 주권의 개념상 정의에 따르면, 주권은 하나이고, 불가분의 것이어야 하지만, 실제로 분권화된 국가들과 연방국가들이 존재하고, 식민지에 대한 중앙국가의 통치를 예로 들면 프랑스의 여러 식민지에 사는 사람들은 프랑스 본국 정부의 통치를 받지만, 프랑스의 민족적 동일성을 갖는 국민으로서 시민은 아닌 점을 지적한다.[21]

이상을 종합하면, 뒤기는 기존의 주권 개념과 맞지 않는 위와 같은 현실적 증거들을 토대로 주권 개념이 소멸하였다는 자신의 주장을 전개하는데, 이러한 그의 태도는 현재까지도 견고한 이론으로 확립된 국민주권 원리를 정면으로 비판한다는 점에서 매우 급진적인 이론으로 볼 수 있고, 어떤 면에서는 공역무 개념과 주권 개념이 병존하는 오늘날의 현실에 비추어 공역무 개념이 주권 개념을 완전히 대체하였다는 그의 주장은 완전히 관철되지는 못했다는 평가를 내릴 수도 있을 것이다. 그러나 앞에서 언급한 바와 같이 뒤기의 이론은 공고한 것으로 여겨지던 기

등장하는 'la nation' 등)에서 등장하는 'la nation'은 'la souveraineté nationale' 개념을 국민 주권으로 번역하는 일반적인 용례에 따라 '국민'으로 번역하였다.
19) 전통적으로 프랑스에서 국가는 국민(la nation)의 법적인 표현으로 간주되었다고 하는 문헌으로 장-마리 퐁띠에(Jean-Marie Pontier), "La conception française du service public"(공역무의 프랑스적 개념), 공법학연구 제8권 제1호, 2007, 136면 참조.
20) Léon Duguit, Les transformations du droit public, 2ᵉ tirage, Librairie Armand Colin, Paris, 1921, pp.19-20 참조.
21) Ibid., p.20 참조.

존 견해의 모순점을 지적함으로써 이를 만연히 받아들였던 당시의 세태에 경종을 울리고, 논의의 장을 더욱 풍성하게 하는 한편 당면한 문제점을 해결하기 위한 노력을 기울이게 했다는 점에 그 의의가 있으므로 이하에서는 그가 주장했던 당시 주권 개념의 모순점이 구체적으로 무엇이었는지 살펴본다.

다. 지방분권화 및 연방주의와의 모순

주권은 단일의, 불가분한 권리로서 국가는 마치 사람과 같이 그와 같은 주관적 권리를 향유한다. 1791년 헌법 제3편 전문의 제1조에서 "주권은 단일하고, 불가분의, 양도불가능한 것이며, 시효에 걸리지 않는 것이다. 주권은 국민에 속한다. 인민 중 어떤 부류도, 어떤 개인도, 주권의 행사를 자기 것이라 할 수 없다."고 정하고 있는데, 뒤기는 이 조항에서 표현된 단일성, 불가분성, 양도불가능성 등을 주권의 개념적 징표로 이해한다.[22] 그러나 이러한 주권의 개념은 프랑스 제3공화정 당시 활발하게 이루어졌던 지방분권화의 바람과 당시 미국, 영국 등에서 등장하던 연방주의와는 상충되는 모습을 보였다. 뒤기는 이를 놓치지 않고 포착하여 주권 개념을 비판한다.

'지방분권화'(la décentralisation)라 함은 지방자치단체가 중앙 정부의 통제를 최소한으로 받으면서 자신의 조직과 공무원들을 직접 자율적으로 관리 운영하는 등 독립된 권한을 갖는 것을 의미한다. 당시 프랑스의 경우 지방분권화가 그 어느 나라에서보다도 활발하게 이루어지고 있었는데, 특히 꼬뮌(la commune)의 경우에는 경찰을 조직하고 별도의 세금을 걷을 수 있었으며 수용권도 가지고 있어 꼬뮌의 공무원들과 기관들은 이러한 권한을 행사하면서 꼬뮌을 대표했다.[23] 이러한 현상은 위에

---

22) 레옹 뒤기(Léon Duguit)(이광윤 역), 일반 공법학 강의, 민음사, 1995, 100-102면 참조.
23) Léon Duguit, Les transformations du droit public, 2ᵉ tirage, Librairie Armand Colin,

서 언급한 단일하고, 불가분하며 양도불가능한 주권의 개념적 징표와는 정면으로 배치되는 성질의 것이었다. 뒤기는 이에 대하여 주권을 자발적으로 '특허'(la concession)한 것으로 설명하려 한 시도가 있었으나 이는 순수하게 이론적인 접근 방식에 불과하다고 비판한다.[24]

연방주의와 관련하여 뒤기는 단일하고 불가분한 주권 개념은 미국, 스위스, 독일 등과 같은 연방주의 국가 체제를 설명할 수 없다고 주장하면서, 독일의 라반트(Laband)와 옐리네크(Jellinek) 등을 비롯한 여러 학자들이 연방주의 국가들을 주권의 개념을 통해 설명하려고 했지만, 주권 또는 공권력이 지방분권화된 영역과 연방국가의 구성국에서 어떻게 세분화되는지를 밝혀내지 못하여 실패했다고 비판한다.[25]

지방분권화와 연방주의를 근거로, 국가가 아닌 다른 단체에 독립적인 권력을 인정하는 것이 단일한 개념으로서 주권 개념과 모순된다고 주장한 뒤기의 견해는 주권 개념을 엄격하게 생각했을 때 타당한 비판이라고 생각된다. 결국 그는 주권 개념으로는 실제로 사회에서 일어나는 확실한 현상과 사실을 제시함으로써 귀납적으로 새로운 공법의 근본 개념을 제시할 수 있는 발판을 마련하였다.

라. 주권 개념의 한계

한편 주권은 현실과 맞지 않는다는 결점 외에 자체 이론적인 한계를 갖는데, 뒤기는 주권 개념의 시초인 루소의 사회계약론을 비판함으로써 그 한계를 지적한다. 루소의 『사회계약론』에 따르면, 인간은 자연 상태에서 태어나면서부터 고립되고 자유로우며 독립적인 존재이나 자발적으로

Paris, 1921, pp.21-22 참조.

24) *Ibid.*, p.22 참조.

25) Léon Duguit, Traité de droit constitutionnel, tome 1, 3e éd., Ancienne librairie fontemoing et Cie, Éditeurs(E. de Boccard successeur), Paris, 1927, pp.640-641 참조.

자신의 독립을 포기하고 안전을 위해 묵시적으로 사회 계약을 맺는데, 이러한 사회계약을 통해 하나의 정신적 단체인 '공동 자아'(le moicommun)가 생겨나고 그 의지로서 '일반 의지'(la volonté général)가 존재한다.[26]

여기서 뒤기는 루소가 언급한 일반 의지를 주권적 의지로 이해하는데, 그에 따르면, 일반 의지라고 하더라도 그것 또한 어디까지나 개인들의 의지일 뿐이고, 개인들의 의지는 모두 동일한 가치를 가지며 어느 한 개인의 의지가 가지는 힘이 다른 개인의 의지가 갖는 힘보다 세거나 약하지 않다는 점에서 일반 의지가 개인의 의지보다 우월하다는 점을 증명할 수 없다고 한다.[27] 그는 현실 속에서 국민 주권의 원리를 선언한 국가에서 선거 또는 국민 투표를 통해 어떤 결정을 내릴 때 결국 다수표에 의해 의사 결정이 내려진다는 점에서, 국민 주권은 단순히 소수의 다수에 대한 복종을 정당화 하는 기재가 될 뿐이라고 비판한다.[28]

루소는 이 점에 관하여, 만약 의회에서 어떤 사람의 견해가 받아들여지지 않았다면 그것은 그의 견해가 잘못되었고 그가 일반 의지라고 생각했던 것이 사실은 일반 의지가 아니었음을 증명하는 것일 뿐이라고 설명한다.[29] 뒤기는 이와 같이 일반 의지에 복종할 때에만 비로소 인간이 자유로울 수 있다고 본 루소의 견해가 현실에서 얼마나 위험하게 쓰일 수 있는지 경고하며, 실제로 루소의 견해는 헤겔의 정치 철학에 영향을 끼쳐, 독일의 철학인 '권력 이론'(doctrine de la force)을 이끌어 냈다고

---

26) 장 자크 루소(Jean-Jacques Rousseau)(박은수 역), 사회계약론 외, 올재 클래식스, 2014, 29-30면 참조.

27) Léon Duguit, Leçons de droit public général, faites à la faculté de droit de l'Université égyptienne pendant les mois de Janvier, Février et Mars 1926, E. de Boccard, Paris, 1926, pp.130-131 참조.

28) 레옹 뒤기(Léon Duguit)(이광윤 역), 일반 공법학 강의, 민음사, 1995, 113면 참조.

29) 실제로 루소는 일반 의지는 늘 공명정대하고 공익을 지향한다고 하면서 일반 의지는 잘못할 수 없고, 일반 의지를 생기게 하는 의결은 언제나 좋은 것이라고 한다. 이에 관한 자세한 논의는 장 자크 루소(박은수 역), 사회계약론 외, 올재 클래식스, 2014, 44-45면 참조.

역설한다.[30]

　이에 더하여, 뒤기는 통치자들의 역할이 국가안보를 위한 군대, 질서 유지를 위한 경찰, 사법정의 실현을 위한 재판을 조직하고 운영하는 데에 한정되어 있을 때에는 주권과 같은 명령적인 힘만으로 그 활동을 설명할 수 있을지 몰라도, 당시 경제와 산업의 발전으로 인하여 복잡해진 사회에서 요구되는 다양한 활동을 이러한 명령적 힘만으로는 설명하기 힘들다고 지적하는데, 여기서 새롭게 요구되는 활동들은 예컨대 우편, 전신, 전화, 철도, 조명 등과 같은 것들을 제공하고 유지하는 활동으로서, 공법을 통해서 규율되는, 국가의 개입으로 이해할 수 있다.[31] 앞에서 살펴본 주권의 개념적 징표에 비추어 볼 때, 이와 같은 통치자들의 활동은 주권 개념으로 설명될 수 없고 이러한 문제를 해결하기 위하여 주권과는 완전히 다른 새로운 개념의 등장이 요구된다는 뒤기의 주장은 이로써 타당성을 갖는다고 볼 수 있다.

2. 공법의 새로운 근본 개념으로서 공역무

가. 공역무 개념의 등장

　뒤기는 국가의 공권력 또는 주권 개념을 부인하였으나 국가가 어떤 물리적인 힘(la force matérielle)을 갖는다는 사실 자체는 인정하였고, 다만 이러한 물리적인 힘은 어디까지나 통치자들이 자신들에게 부과된 의무를 실현하기 위해서만 그 사용이 정당화될 수 있다고 보았는데, 여기서 의무는 사회적 연대를 실현하기 위해 필요한 모든 활동, 즉 공역무를

---

30) Léon Duguit, Traité de droit constitutionnel, tome 1, 3ᵉ éd., Ancienne librairie fontemoing et Cⁱᵉ, Éditeurs(E. de Boccard successeur), Paris, 1927, p.635 참조.
31) Léon Duguit, Les transformations du droit public, 2ᵉ tirage, Librairie Armand Colin, Paris, 1921, pp.30-32 참조.

수행할 의무를 가리킨다.[32] 그에 따르면, 통치자들은 통치를 받는 사람들에 대해 일정한 의무를 부담하며, 통치자들은 오로지 그 의무를 이행하기 위해 필요한 힘을 갖는데, 여기서 뒤기가 언급하는 통치자란 국가와 같은 어떤 단체에 인격을 부여한 것이 아니라, 실제 통치 업무를 하는 사람들, 즉 정치적인 권력을 소유하는 개인들로서 대통령, 상원과 하원의 의원들, 장관들 등을 의미한다.[33]

이러한 전제 하에서 뒤기는 주권 개념을 대체할 새로운 공법의 근본 개념으로서 '공역무' 개념을 주장한다. 공역무 개념은 뒤기 사상의 기초를 이룬 사회적 연대와 인간과 국가에 대한 그의 관점을 생각해보면 쉽게 이해될 수 있다. 뒤기에 따르면, 인간은 사회적 존재로서 인간이 행복한 삶을 영위하기 위해서는 인간의 삶의 터전인 사회가 제대로 유지되어야 하고, 이는 사회적 연대의 실현과 발전을 통해서 가능한 것이므로 통치자를 비롯한 모든 인간들은 사회에서 살아간다는 바로 그 사실만으로 사회적 연대를 실현하고 발전시킬 의무를 갖는다.[34] 그런데 이러한 사회적 연대를 실현하고 발전시킨다는 것의 정확한 의미는 무엇일까? 뒤기는 인간의 상호의존성을 근거로 하여 사회를 구성하는 개인들이 각자 자신의 능력과 재능을 충분히 발휘하여 무언가를 생산해내고 서로 생산한 것들을 교환함으로써 사회적 연대를 실현시킬 수 있다고 보았다.[35] 특히 통치자는 위에서 언급한 바와 같이 물리적인 힘을 갖고 있으므로 사회적 연대를 실현하는 이른바 '일반 이익을 위한 활동'(les

---

32) Léon Duguit, Leçons de droit public général, faites à la faculté de droit de l'Université égyptienne pendant les mois de Janvier, Février et Mars 1926, E. de Boccard, Paris, 1926, p.149 참조.

33) 레옹 뒤기(Léon Duguit)(이광윤 역), 일반 공법학 강의, 민음사, 1995, 126면 참조.

34) Léon Duguit, Leçons de droit public général, faites à la faculté de droit de l'Université égyptienne pendant les mois de Janvier, Février et Mars 1926, E. de Boccard, Paris, 1926, p.149 참조.

35) Léon Duguit, Traité de droit constitutionnel, tome 1, 3e éd., Ancienne librairie fontemoing et Cie, Éditeurs(E. de Boccard successeur), Paris, 1927, p.84 참조.

activités d'intérêt général)을 보장하기 위하여 통치자의 물리적인 힘을 사용하여야 한다.[36]

뒤기는 이러한 공역무 개념이 당시의 정치인들과 공법학자들에 의해서도 인지되었다고 하는데, 특히 공법학자들은 공법 영역에서 일어나고 있는 변화를 인식하였음에도 그것을 인정하는 것에는 상당히 주저함을 보였다고 한다.[37] 뒤기는 프랑스의 대표적인 공법학자인 오류(Hauriou)와 베르텔레미(Berthélemy)의 예를 들면서, 오류의 경우 1909년 저작 『행정법 개설』(Précis de droit administratif)에서 더 이상 주권 개념은 현실적으로 가장 중요한 위치에 있지 않다고 서술하면서 법인격을 갖는 주체로서 국가를 부정하였다고 하고, 베르텔레미 또한 공권력의 존재 자체를 부정하지는 않지만 공권력을 주관적 권리로 이해하지 않았다고 하면서 두 학자 모두 주권적 힘을 명령하는 주관적 권리로 이해하지 않고, 일종의 '기능'(la fonction)으로 이해하였음을 강조한다.[38] 생각건대, 뒤기는 바로 이러한 기능 개념이 그가 주장하는 사회적 연대를 실현하기 위한 목적을 갖는 활동으로서 공역무 개념으로 자연스럽게 연결된다고 이해한 것으로 해석할 수 있다.

나. 일반적 정의

뒤기가 주장한 공역무 개념을 한마디로 정리하면, 통치자들이 사회적 연대의 실현과 발전을 위해 필수불가결한 일반 이익을 위한 활동을 중단 없이 완전하게 보장할 수 있도록 자신의 힘을 개입시켜 규율하고, 보

---

36) Léon Duguit, Leçons de droit public général, faites à la faculté de droit de l'Université égyptienne pendant les mois de Janvier, Février et Mars 1926, E. de Boccard, Paris, 1926, p.150 참조.

37) Léon Duguit, Les transformations du droit public, 2ᵉ tirage, Librairie Armand Colin, Paris, 1921, p.37 참조.

38) Ibid., pp.38-40 참조.

장하고, 통제하는 모든 활동으로 정의할 수 있다.[39] 뒤기는 이러한 공역무가 지속적으로 수행되어야 마땅한 것으로, 만약 공역무의 운영이 중단된다면 이는 사회적으로 큰 손실을 야기하게 될 것이므로 통치자들은 앞서 언급한 바와 같이 공역무를 중단 없이 실행하기 위하여 물리적인 힘을 사용할 의무가 있다고 보았다.[40]

　뒤기는 위와 같은 정의 외에 공역무에 관한 일반적인 기준을 제시하지는 않았는데, 제4장 제1절에서 후술하는 바와 같이, 뒤기가 정의하는 공역무의 개념은 통치자들이 국민을 위해 수행하는 모든 활동으로서, 그 활동에는 단순히 국민들에게 서비스를 제공하는 활동도 있으나 그보다 넓은 의미에서 공역무를 수행하기 위해 필요한 법률을 조직하고 구성하는 활동까지 포함하고, 그 법률은 일반 국민이 아닌 공무원들만을 적용 대상으로 할 수 있다는 점에서 포괄적인 의미를 갖는다고 해석할 수 있다. 그렇다면 뒤기가 주장한 공역무 개념의 정의에는 오늘날 우리의 관점에서 볼 때 행정 내부를 규율하는 조직법이나 절차법적인 측면이 포함된다고 이해할 수 있고, 재판제도와 일정한 제도를 정립하는 데 필요한 행정 활동까지도 포함한다고 이해할 수 있다.

다. 비판과 그에 대한 검토

　이러한 뒤기의 주장에 대하여 당시 가장 많이 제기되었던 비판은 그의 공역무 개념이 애매모호하고 추상적이라는 것이었는데, 뒤기 또한 이러한 비판을 의식하여 공역무의 범위나 수는 경제상황과 사회에 따라 변화하는 것이지만 그렇다고 하여 그 개념 자체가 애매한 것은 아니라는 반론을 전

---

39) Léon Duguit, Les transformations du droit public, 2ᵉ tirage, Librairie Armand Colin, Paris, 1921, p.51 참조.
40) 레옹 뒤기(Léon Duguit)(이광윤 역), 일반 공법학 강의, 민음사, 1995, 126-128면 참조.

개하였다.[41] 예를 들어, 뒤기에 따르면, 전통적으로 공역무는 국민을 전쟁의 위협 및 외부의 적으로부터 보호하는 군대를 조직·관리하는 활동, 국가 내부의 질서와 안녕을 유지하기 위한 경찰을 조직·관리하는 활동, 재판 등 사법기능을 통하여 사회 정의를 실현하는 활동에 국한되었으나, 이러한 공역무의 내용과 수(數)는 사회가 발전하고 특히 경제의 발달로 인하여 교육, 통신, 수도, 전기, 철도 등 다양한 영역에서 변화하고 증가해 왔고, 앞으로도 계속하여 변화하고 증가한다는 것이다.[42]

그는 어떤 활동이 인간의 사회생활에 있어서 필수불가결하고 중요하여 단 한 순간도 중단되면 안 되는 성질을 갖는 경우를 상정하는 것, 즉 공역무의 개념을 정의하는 것은 실제로 애매한 것이 아니라 매우 단순하고 명료한 일이지만, 이러한 성격을 갖는 활동의 구체적인 내용이 무엇인가에 대해서는 사회가 어떤 상황에 놓여있는지에 따라서 매우 다양한 형태로 나타날 수 있다는 점을 이해해야 한다고 지적한다.[43] 이러한 맥락에서 뒤기는 국가의 역할이나 기능은 당시 그 국가가 처한 시대적 상황과 사회적 맥락에 따라 달라질 수밖에 없고 또 달라져야 하는 것으로, 국가가 개입해야 하는 상황에 대한 일반적인 원칙은 정립할 수 없고 정립해서도 안 되는 것이라고 설명한다.[44]

사견으로, 인간이 살아가는 사회는 정치적, 경제적 상황에 따라 변화하는 것이 당연하고 그에 따라 정부의 역할도 달라질 수밖에 없으므로 공역무의 범위 또한 사회의 변화에 맞추어 변화할 수밖에 없다는 뒤기

---

41) Léon Duguit(translated by Ernest G. Lorenzen), The concept of public service, Yale Law Journal, Vol. 32, No. 5, March, 1923, pp.425-435, p.432 참조.

42) Léon Duguit, Traité de droit constitutionnel, tome 2, 3ᵉ éd., Ancienne librairie fontemoing et Cⁱᵉ, Éditeurs(E. de Boccard successeur), Paris, 1928, p.64 참조.

43) Léon Duguit(translated by Ernest G. Lorenzen), op. cit.(supra note 41), p.432 참조.

44) Léon Duguit, Leçons de droit public général, faites à la faculté de droit de l'Université égyptienne pendant les mois de Janvier, Février et Mars 1926, E. de Boccard, Paris, 1926, p.155 참조.

의 주장은 타당하다고 생각한다. 결국 뒤기가 주장한 바와 같이 공역무 개념은 일반적 정의를 내릴 수 있다고 하더라도 그 내용에 있어서는 일정한 정도의 개방성을 띤다고 해석할 수 있다. 이러한 공역무 개념의 개방성은 뒤기 이론이 시대와 장소를 불문하고 보편적으로 적용가능하다는 사실을 대표적으로 보여준다고 하겠다.

라. 공법의 정점으로서 공역무

뒤기는 공역무 개념이 당시 공법의 근본 개념이자, 공법상의 모든 개념들의 '정점'(le point culminant)을 이룬다고 주장하였다.[45] 공법이 더 이상 명령하는 주관적 권리, 즉 주권을 부여받은 통치자와 피치자들 사이에 적용되는 규칙들의 총체가 아니라, 공역무를 조직하고, 정상적으로 기능하도록 관리, 보장하는 규칙들의 총체로서 객관법으로 변화하였다는 뒤기의 주장은 실로 당시 공법 개념의 근간을 흔드는 혁신적인 발상의 전환이었다.[46]

공역무가 공법의 정점을 이룬다는 말의 뜻은 공법상의 여러 개념들이 공역무 개념과 상당히 밀접한 연관성을 가지고 있음을 의미하는데, 뒤기는 특히 공역무의 객관적 성격, 통치자들에게 부과된 공역무를 실행하는 데 필요한 법률, 공역무의 수행이라는 공통의 목적을 가지는 행정행위 사이의 유기적 연결성을 강조하였다.[47] 우선, 뒤기는 공역무와 법률의 관계에 관하여 과거 법률은 국가의 명령내지 통치자의 주권적이고 우월한 의지의 표현으로 이해되었으나, 주권 개념이 소멸하면서 공역무를 조직하고 그 기능을 보장하기 위해 만들어진 산물로 변화하였다고

---

45) Léon Duguit, Traité de droit constitutionnel, tome 2, 3e éd., Ancienne librairie fontemoing et Cie, Éditeurs(E. de Boccard successeur), Paris, 1928, p.59 참조.
46) Léon Duguit, Les transformations du droit public, 2e tirage, Librairie Armand Colin, Paris, 1921, p.52 참조.
47) Léon Duguit, Les transformations du droit public, 2e tirage, Librairie Armand Colin, Paris, 1921, p.54 참조.

주장하면서, 국가의 통치자들은 공역무의 조직과 기능을 보장하기 위해 일반적인 효력을 갖는 규범으로서 법률을 제정하였다고 한다.[48]

　다음으로, 다양한 행정행위들은 모두 공역무의 수행이라는 공통의 목적을 갖는다는 점에서 공역무와 행정행위는 밀접한 관련을 갖는데, 이러한 인식은 행정의 행위를 권력행위와 관리행위로 나누는 견해에 대하여 비판적인 태도를 갖도록 했다.[49] 그에 따르면, 통치자와 그의 임무를 수행하는 사람들은 더 이상 사람들에 대하여 주권적 권력을 강제하는 지도자와 명령을 행하는 단체의 기관들이 아니라, 단체의 모든 일들을 관리하는 사람들로, 그들이 행하는 모든 일들은 공역무를 이행하기 위한 것들로서 모두 관리행위에 해당한다는 것인데, 결국 뒤기는 행정행위를 권력행위와 관리행위를 구별하는 이론은 특별한 근거가 없고 현실에 맞지 않다고 지적한다.[50] 권력행위와 관리행위를 구별함이 없이 모두 넓은 의미의 행정행위 개념으로 포섭할 수 있다는 것이다.

　한편 통치자들이 공역무를 이행할 의무를 부담하기 위하여 법률을 제정하면 사회의 구성원으로서 똑같이 그 법률의 적용을 받는데, 이는 곧 그들이 법률에 따라 공역무를 이행하지 않았을 때 국민은 이에 대해 월권소송을 제기할 수 있고, 국가는 일정한 책임을 져야 한다는 결론으로 이어진다.[51] 이러한 내용을 종합하여 살피건대, 뒤기는 주관주의에 대항하여 객관주의적 관점에서 공역무를 행정법 이론의 기본 개념으로 삼은 후, 이를 바탕으로 법률과 행정행위, 행정소송, 국가배상책임의 영

---

48) Léon Duguit, Traité de droit constitutionnel, tome 2, 3e éd., Ancienne librairie fontemoing et Cie, Éditeurs(E. de Boccard successeur), Paris, 1928, pp.71-72 참조.
49) Léon Duguit, Les transformations du droit public, 2e tirage, Librairie Armand Colin, Paris, 1921, p.54 참조.
50) Léon Duguit(translated by Ernest G. Lorenzen), The concept of public service, Yale Law Journal, Vol. 32, No. 5, March, 1923, pp.425-435, p.433 참조.
51) Léon Duguit, Les transformations du droit public, 2e tirage, Librairie Armand Colin, Paris, 1921, p.62 참조.

역에서 공역무를 중심으로 각각의 영역이 공역무와 어떤 관계를 맺고 있는지, 그리고 공역무 개념이 각각의 영역에서 어떤 영향을 미치는지를 중심으로 논의를 전개했다는 평가를 내릴 수 있다.

III. 구성 요소와 대상

1. 구성 요소

앞서 본 바와 같이 뒤기는 공역무를 사회적 연대를 실현하기 위하여 통치자들이 자신이 가지는 물리적인 강제력을 사용하여 제공해야 하는 일반 이익을 위한 국가의 모든 활동이라고 정의하는데, 여기서 통치자에게 부과된 공역무를 중단 없이 수행할 의무는 도덕적 의무가 아니라 '법적 의무'(l'obligation d'ordre juridique)를 의미한다.[52] 이하에서는 이러한 공역무 수행의무와 함께 그에 대한 법적 근거, 공역무 수행의 목적의 순서로 뒤기가 주장했던 공역무 개념의 주요 구성 요소들에 대하여 살펴본다.

가. 통치자의 강제력과 공역무 수행의무

뒤기는 공역무를 구성하는 주요 요소 중 첫 번째로 통치자의 강제력을 통해 실현되는 공역무 수행의무를 들었다.[53] 먼저 통치자에게 공역무를 수행할 의무가 있다고 할 때, 그 통치자는 정확히 무엇을 의미하는가? 통치자는 특정한 조직을 의미하는가 아니면 특정한 조직을 구성하는 사람들을 의미하는가? 아니면 어떤 특정한 행위를 하는 사람들을 의미하는가?

---

52) *Ibid.*, p.41 참조.
53) Léon Duguit, Les transformations du droit public, 2ᵉ tirage, Librairie Armand Colin, Paris, 1921, p.41 참조.

필자는 여기서 뒤기가 통치자들을 지칭할 때 그것이 어떤 특정한 단체를 지칭하는 것이 아니었음을 강조하고자 한다. 뒤기는 앞서 언급한 바와 같이 주관주의적 관점을 배척하므로 어떤 경우에도, 그것이 사단이든, 조합이든, 재단이든, 국가이든, 어떤 특정한 단체가 법인격을 갖거나 권리의 주체가 될 수 있다고 생각하지 않았다.54) 따라서 뒤기가 통치자라고 칭하는 사람들은 현실에서 실제로 존재하는 사람들을 의미하는데, 이는 통치에 관련된 업무에 종사하는 사람들로서 대통령, 상원과 하원의 의원, 장관 등과 같이 어떤 정치적인 권력을 소유하는 개인을 의미한다.55)

다음으로 통치자들이 가지고 있는 강제력의 성격에 관하여 살펴건대, 뒤기는 앞에서 본 바와 같이 통치자들은 주권을 가지는 단체적 인격의 대표자가 아니라 역사적, 경제적, 사회적 이유로 사실상 어떤 행위를 강제할 수 있는 힘 또는 '강제력'(la puissance de contrainte)을 갖는 사람들을 의미한다고 보았다.56) 필자는 몽테스키외가 그의 저서 『법의 정신』에서 실정법에 관하여 설명하면서 통치자가 갖는 일반적인 힘에 관해 서술하고 있는 것처럼,57) 역사적·귀납적 관점에서 통치자들은 일정한 힘을 부여받는다는 사실에 동의한다. 이러한 사실을 발견하는 것은 그리 특별한 일은 아니라고 생각될 수도 있다. 그런데 뒤기의 생각이 특별한 이유는 뒤기가 이러한 통치자의 힘을 주관적 권리 개념으로 이해하지 않고, 의무에 기초한 '사실적 가능성'(la possibilité de fait)으로 보았다는 점에 있다.58) 즉, 뒤기는 통치자들에게 주어진 힘은 오로지 공역무를 수

---

54) Léon Duguit, Leçons de droit public général, faites à la faculté de droit de l'Université égyptienne pendant les mois de Janvier, Février et Mars 1926, E. de Boccard, Paris, 1926, pp.96-97 참조.

55) Ibid., p.149 참조.

56) Léon Duguit, op. cit.(supra note 53), p.41 참조.

57) 몽테스키외(Montesquieu)(이명성 역), 법의 정신, 홍신문화사, 중판, 2016, 15면 참조.

58) Léon Duguit, Les transformations du droit public, 2ᵉ tirage, Librairie Armand Colin, Paris, 1921, p.42 참조.

행한다는 사실과 목적에 의해서만 정당화될 수 있다고 보는 것이다.[59] 이러한 뒤기의 생각은 오늘날의 관점에서 보면 특별한 것이 아닐지도 모르나, 오래전부터 굳어진 주권 개념과 프랑스 혁명 이후 개인주의적 관념이 지배하던 19세기 후반의 경우에는 그야말로 혁명적인 전환이었을 것이라 생각한다.

나. 법적 근거를 부여하는 공동체의 인식

공역무 개념을 구성하는 두 번째 주요 요소는 위와 같은 통치자에 대한 공역무 수행 의무의 근거를 어디에서 찾을 것인가의 문제이다.[60] 일반적으로 우리가 어떤 의무가 있다고 말할 때 그 의무는 반드시 법적 의무를 의미하는 것은 아니다. 때로는 법적으로 강제할 수는 없는 의무로서 도덕적 또는 도의적 의무도 존재한다. 그렇다면 뒤기가 언급하는 통치자들에게 부과된 공역무 수행 의무의 성격은 무엇으로 보아야할까? 이 문제는 국가 권력에 대한 제한과도 관련 있는 것으로, 만약 통치자의 공역무 수행 의무가 법적 의무라면 통치자의 활동에 대하여 법적 제한을 가할 수 있다는 결론에 이르게 된다. 통치자와 국민 사이의 관계를 규율하는 공법의 영역에서 이 문제는 본질적으로 공법의 존재 필요성 또는 의의와도 맞닿아 있다는 점에서 중요한 문제라 할 것이다.

결론부터 이야기하면, 뒤기는 통치자들의 공역무 수행의무는 도덕적인 의무가 아니라 법적인 의무로 보아야 한다고 한다.[61] 뒤기의 이러한 태도는 국가를 법규범과 분리되는 것으로 이해하고 국가 또한 법규범의 구속을 받는다고 본 그의 국가관을 기반으로 하는 것으로 판단된다. 그

---

59) 레옹 뒤기(Léon Duguit)(이광윤 역), 일반 공법학 강의, 민음사, 1995, 120면 참조.
60) Léon Duguit, *op. cit.*(supra note 58), p.43 참조.
61) Léon Duguit, Traité de droit constitutionnel, tome 2, 3e éd., Ancienne librairie fontemoing et Cie, Éditeurs(E. de Boccard successeur), Paris, 1928, p.60 참조.

는 당시의 혼란스러운 현실 속에서 국가를 아무런 제한도 없는 무소불
위의 권력, 자의적 권리를 갖는 존재로 상정할 수 없고 상정해서도 안
된다고 분명하게 선을 그으면서, 국가보다 상위에 법규범이 존재하고 존
재하여야 하며, 국가는 법에 종속되기 때문에, 그에 따른 제한을 받는다
고 한다.[62] 이러한 뒤기의 태도는 앞서 제1절 객관주의 Ⅱ. 다.에서 사회
구성원들의 인식과 정의 감정에 의해 법규범이 생긴다고 보았던 그의
견해와 맥을 같이 한다고 평가할 수 있다.

생각건대, 통치자들에게 부여된 공역무 수행 의무가 법적 의무라고 할 때
그 실천적 의미는 만약 통치자들이 의무를 이행하지 않는다면 법적인 제재
를 받는다는 것을 뜻한다고 해석할 수 있다. 뒤기는 공역무 수행의무의 법적
근거를 구성함에 있어 이를 개인주의 이론으로부터 찾으려고 시도하는 것을
매우 경계하는데, 개인주의 이론은 허술한 형이상학적인 가설로, 그 내용의
본질적 특성상 통치자들에게 누군가가 다른 사람의 자유를 침해하는 경우에
그것을 하지 못하게 하는 소극적인 의무만을 부여할 뿐 그 어떠한 적극적인
의무도 부여하지 못한다는 한계를 지니기 때문이라 하였다.[63]

뒤기는 통치자들에게 법적 의무가 존재하는 근거는 바로 당시의 사
람들이 갖는 '사상'(l'esprit)과 '인식'(la conscience)에 있다고 한다.[64] 평균
적인 사람들의 일반적인 생각에 비추어 그 의무가 법적 의무가 아니라
고 한다면 오히려 이상하다고 판단되는 경우에는 그 의무는 법적 의무
여야 한다는 주장이다.[65] 이러한 뒤기의 주장은 사람들의 인식을 판단

---

62) Léon Duguit, Leçons de droit public général, faites à la faculté de droit de l'Université égyptienne pendant les mois de Janvier, Février et Mars 1926, E. de Boccard, Paris, 1926, pp.253-254 참조.

63) Léon Duguit, Traité de droit constitutionnel, tome 1, 3e éd., Ancienne librairie fontemoing et Cie, Éditeurs(E. de Boccard successeur), Paris, 1927, pp.211-212 참조.

64) Ibid., p.176 참조.

65) Léon Duguit, Les transformations du droit public, 2e tirage, Librairie Armand Colin, Paris, 1921, p.44 참조.

의 기준으로 삼는다는 점에서 사회규범이 어떻게 법규범의 지위를 획득하는지에 관한 그의 설명과 같은 맥락에서 이해할 수 있다고 생각한다. 사회 구성원들의 공통된 인식을 객관적으로 존재하는 사실로서 인정할 수 있는 시점을 판단하는 것은 쉬운 일은 아닐 것으로 보이나, 만약 그 시점을 제대로 판단할 수 있다면 그때부터 구성원들은 통치자들의 의무 위반이 발생한 경우 그에 대한 책임을 추궁할 수 있을 것이다.

뒤기는 이와 같은 책임을 추궁하는 효과적인 방법으로 월권소송을 들었는데, 국민들은 월권소송을 통해 통치자들이 법률을 위반하는 경우에 그의 결정을 취소할 수 있도록 함으로써 통치자들로 하여금 자신의 행위가 법률에 위반되지 않도록 주의하도록 하고, 만약 위법한 결정이 내려졌다면 이를 취소함으로써 법질서를 보호할 수 있다.[66] 이러한 월권소송과 같은 제도의 출현은 선거에 더하여 통치자들을 통제하는 수단으로 활용할 수 있었다. 특히 국가와 국민 사이에 어떠한 주관적 법적 관계가 존재하지 않음에도 불구하고 공역무를 규율하는 일반법의 존재만으로 국민이 국가의 위법한 행위에 대해 취소를 구할 수 있다는 점에서 객관적 성격을 갖는 동시에 소송을 제기하는 절차가 간편하다는 점에서 개인을 효과적으로 보호하는 수단이라고 보았다.[67] 월권소송에 관한 자세한 논의는 제5장 제1절에서 후술한다.

다. 사회적 연대의 실현 목적

뒤기는 공역무의 주된 구성 요소로서 공역무 수행의 목적을 사회적 연대의 실현으로 보았다.[68] 이는 사회적 존재인 인간이 살아가기 위해

---

66) *Ibid.*, p.59 참조.

67) Léon Duguit, Leçons de droit public général, faites à la faculté de droit de l'Université égyptienne pendant les mois de Janvier, Février et Mars 1926, E. de Boccard, Paris, 1926, pp.280-281 참조.

필수불가결한 조건인 사회의 안정을 위해 사회를 구성하는 모든 사람들이 연대하여 사회를 유지해 나간다는 것을 의미한다.[69] 인간은 사회에서 자신의 삶을 영위하면서 서로의 필요를 충족시키기 위해 호혜적 관계를 형성하는데, 이러한 상호의존성에 기반을 둔 연대가 바로 사회적 연대 개념으로서, 뒤기는 이러한 사회적 연대를 실현하는 것이 공역무 수행의 목적이라고 이해했다.[70]

뒤기는 당시 사람들이 이러한 점을 명확하게 이해하고 인식하고 있다고 지적하면서, 문명화된 사회에서는 왕이든, 대통령이든, 군주든, 장관이든 권력을 소지한 사람들은 누구나 자신의 이익을 위해서가 아니라 통치를 받는 사람들을 위해 권력을 행사하도록 요구받으며, 실제로 자신들이 그렇게 생각하지 않더라도 겉으로는 국민들을 위하여 통치한다는 점을 피력하기 위해 애쓴다고 보았다.[71] 이러한 뒤기의 분석은 오늘날의 관점에서 현실을 보아도 상당히 유사하다는 점에서 흥미롭다.

생각건대, 이처럼 뒤기가 공역무 개념의 구성 요소로서 공역무 개념의 목적으로 사회적 연대를 주장한 것은 앞서 제1절 Ⅱ. 3.에서 객관법을 목적적 규범으로 이해한 점과 연관성을 갖는다. 이는 그가 주장한 공역무 개념이 객관주의적 관점을 바탕으로 하여야만 제대로 이해될 수 있다는 점을 방증하는 것으로, 이러한 그의 태도를 통해 객관주의와 공역무 개념이 논의의 평면을 같이한다고 해석할 수 있을 것이다.

---

68) Léon Duguit, Traité de droit constitutionnel, tome 1, 3ᵉ éd., Ancienne librairie fontemoing et Cᵉ, Éditeurs(E. de Boccard successeur), Paris, 1927, p.60 참조.

69) Léon Duguit, Les transformations du droit public, 2ᵉ tirage, Librairie Armand Colin, Paris, 1921, pp.44-45 참조.

70) Léon Duguit, op. cit.(supra note 68), pp.84-85 참조.

71) Léon Duguit, op. cit.(supra note 69), p.46 참조.

2. 대상

가. 전통적인 공역무의 대상

뒤기에 따르면, 공역무 수행의 대상이 되는 활동은 일반적으로 정해질 수 없다. 그는 그의 저서 『헌법논설』에서 통치자들의 의무를 다해야 하는 활동이 구체적으로 무엇인지에 대해서는 고정된 답이 없다고 밝히고 있는데, 공역무는 그 개념의 성질상 시대와 장소에 따라 계속해서 변화하는 것이므로 이를 일률적으로 정하기는 매우 어렵다는 것이다.[72] 앞서 공역무의 일반적 정의에 관한 검토 부분에서 언급한 바와 같이, 공역무는 소위 열린 개념으로서, 오히려 그 개방성 덕분에 프랑스뿐만 아니라 다른 사회와 국가에도 적용 가능하다고 평가된다.

뒤기는 전통적으로 공역무로 인정되어 왔던 국가의 활동을 크게 세 가지로 나누어 설명하였는데, 외부의 적으로부터 영토와 집단을 보호하고 그에 대항하기 위하여 군대를 조직·관리하는 활동, 국가 내부의 질서와 안전을 유지하기 위하여 경찰을 조직하고 관리하는 활동, 재판을 통해 사회에서 일어나는 다양한 분쟁을 해결하여 사법 정의를 실현하는 활동이 이에 해당한다.[73] 이러한 군사의 조직과 운영, 국내 질서유지를 위한 각종 조치, 사법 기능을 통한 정의의 실현은 개인의 힘으로는 할 수 있는 일이 아니었고, 통치자가 가지는 권력을 통해 해결할 수밖에 없는 영역으로서, 전통적으로 통치자가 피치자들을 위하여 행하는 활동으로 이해되었다.[74]

---

72) Léon Duguit, Traité de droit constitutionnel, tome 2, 3ᵉ éd., Ancienne librairie fontemoing et Cⁱᵉ, Éditeurs(E. de Boccard successeur), Paris, 1928, pp.62-63 참조.
73) 레옹 뒤기(Léon Duguit)(이광윤 역), 일반 공법학 강의, 민음사, 1995, 127면 참조.
74) Léon Duguit, Les transformations du droit public, 2ᵉ tirage, Librairie Armand Colin, Paris, 1921, pp.47-48 참조.

나. 대상 범위의 확대

국가의 역할과 기능은 시대와 국가의 상황에 따라 필연적으로 달라질 수밖에 없는데, 특히 경제와 산업의 발달로 사회가 빠른 속도로 변화하면서 국가가 수행하여야 하는 역할과 기능도 그만큼 증가하였고 이는 곧 통치자가 수행해야 하는 공역무의 증가로 이어져 이전보다 국가가 국민의 일상생활에 개입하는 일이 더욱 자주 발생하게 되었다.[75] 뒤기는 이러한 사실을 근거로 더 이상 위와 같은 군대, 경찰, 재판의 역무만으로는 국민들의 수요를 충족할 수 없게 되었다고 보았는데, 당시 그는 우편, 통신, 트램과 철도 등과 같은 교통수단, 전기 등은 일상생활에 필수적인 역무라고 하면서 그 중에서도 특히 우편과 통신에 관한 역무는 특히 무역, 여행 등 국제 교류가 활발해짐에 따라 국내에서 뿐만 아니라 국제적으로도 중요성이 매우 커졌다고 진단하였다.[76] 이러한 현상에 대해 뒤기는 그의 관찰에 따르면, 당시 그 시대를 살아가는 사람들의 일반적인 인식 속에는 이미 교육이나 복지와 같은 역무까지 국가가 제공해야 하는 역무로 이해되고 있었다고 하였다.[77] 그의 표현을 빌리자면, 이러한 공역무들은 고통과 좌절을 경감하고 개인의 지적·정신적 발달을 보장하기 위해 생겨난 역무들이었다.[78]

한편 이와 같은 뒤기의 견해에 대해서는, 공역무의 수가 증가하면 그 공역무들를 수행하는 국가의 개입이 지나치게 커져서 개인의 자유로운 경제활동을 저해하는 등 불합리한 상황이 발생하게 되는 것은 아닌가 하

---

75) Léon Duguit, Traité de droit constitutionnel, tome 2, 3ᵉ éd., Ancienne librairie fontemoing et Cⁱᵉ, Éditeurs(E. de Boccard successeur), Paris, 1928, p.63 참조.

76) Léon Duguit, op. cit.(supra note 74), pp.49-50 참조.

77) 레옹 뒤기(Léon Duguit)(이광윤 역), 일반 공법학 강의, 민음사, 1995, 214-215면 참조.

78) Léon Duguit(translated by Ernest G. Lorenzen), The concept of public service, Yale Law Journal, Vol. 32, No. 5, March, 1923, pp.425-435, p.432 참조.

는 비판이 제기될 수 있다. 이러한 비판은 통치자가 갖는 힘이 커짐으로써 효율적인 행정과 개인의 자유 보장 등이 중요시되는 현대 사회에서, 뒤기의 견해가 자칫 국가와 행정의 비대화를 긍정하여 효율성을 감소시키고 개인의 자유를 억압하는 데 악용될 수 있다는 문제의식의 발로이다.

분명히 국가가 지나치게 비대해지는 상황은 경계해야 한다는 점에서 위와 같은 비판은 경청할 가치가 있다. 국가 또는 행정의 몸집이 거대해지면 그에 따라 행정 조직 내 비효율성이 증가할 우려가 있고, 국가의 과도한 개입으로 인하여 개인의 자유로운 활동에 많은 제한이 가해질 수 있으며, 국가의 역할이 증가함에 따라 국민들의 세금 부담도 그만큼 늘어날 것이기 때문이다. 사회 전반의 모든 영역에 국가가 개입하는 것은 불가능하고, 비효율적이며, 바람직하지도 않다.

그러나 그럼에도 불구하고 오늘날 여전히 국가의 개입이 필요한 영역과 상황이 존재한다. 사회적 약자들에 대한 복지, 교육, 국민의 생명과 건강이 직결된 영역 등이 대표적이다. 최소한의 개입 또는 소극적인 개입만으로는 특히 경제적·사회적 양극화가 심화되고 있는 오늘날 국민을 효과적으로 보호할 수 있는 수단을 마련하기 힘들다는 점, 현실적으로 사회 구성원들 사이에 도움이 필요한 사람들에게는 국가가 적절한 도움을 제공해야 한다는 사회적 공감대가 형성되어 있다는 점을 고려하면 뒤기의 주장이 오늘날에도 여전히 설득력을 갖는다고 볼 수 있다. 뒤기는 국가에게 사회의 질서와 안전을 해치는 행위를 금지하고, 개인의 능력을 지속적으로 발전시키기 위해 필요한 최소한의 교육을 제공하며, 노동능력이 있는 사람들에게 노동을 할 수 있도록 일자리를 제공하고 지원할 의무가 있다고 주장하였다.[79] 이러한 뒤기의 혜안은 오늘날의 관점에서 사회국가 또는 복지국가의 등장과도 밀접한 관련성을 갖는다고 생각한다.

---

79) 레옹 뒤기(Léon Duguit)(이광윤 역), 일반 공법학 강의, 민음사, 1995, 214-215면 참조.

IV. 평가와 영향

레옹 뒤기는 공역무 학파의 창시자로서, 공역무 개념이 프랑스 행정법의 핵심적 위치에 뿌리 깊이 자리 잡는 데 절대적으로 기여하였다. 그는 공역무의 개념을 통치자들이 '일반 이익'을 위한 활동을 중단 없이 완전하게 보장할 수 있도록 자신의 힘을 개입시켜 규율, 보장, 통제하는 모든 활동으로서 사회적 연대의 실현을 목적으로 한다고 개방적으로 정의하면서 그 구체적인 내용은 시대와 장소에 따라 변화하는 것이라고 설명하였다.[80] 이러한 그의 개념 정의는 오늘날까지도 공역무가 프랑스 사회에서 확장·발전할 수 있는 이론적 기초를 마련하였다고 평가할 수 있다.

공역무 개념은 실제로 뒤기 사후에도 그 내용을 계속 확장하여 뒤기가 예측했던 바와 같이 교육과 근로 영역에서의 공역무가 실현되었고, '행정적 공역무'(le service public administratif)와 '상공업적 공역무'(le service public industriel et commercial)로 분화되었으며, '문화적 공역무'(le service public culturel)[81]를 비롯하여 도시정책과 사회보장 시스템에 관하여도 공역무 개념이 확장되었다.[82] 뒤기가 살았던 시대에는 전혀 예측하지 못했던 공역무 개념들이 발생하였고, 현재에도 계속해서 증가하고 있다는 점은 뒤기의 예측과 정확히 일치한다는 점에서 그의 혜안을 확인할 수 있다. 또한 이후 공역무 법제와 관련된 원칙을 체계화 한 루이스 롤랑(Louis Rolland)의 이름을 딴 롤랑의 법칙은 계속성의 원칙, 평등성의 원

---

80) Léon Duguit, Les transformations du droit public, 2ᵉ tirage, Librairie Armand Colin, Paris, 1921, p.51 참조.

81) 문화적 공역무라는 용어가 최초로 등장하는 것은 도팽(Dauphin)판결(CE 19 mars 1948 Société Les amis de l'Operrette)이었는데, 이에 관한 자세한 설명을 다룬 문헌으로 강지은, "프랑스 행정법상 공역무 개념의 변천에 관한 연구", 서울대학교 석사학위논문, 2008, 77-78면 참조.

82) 전 훈·장-마리 퐁띠에(Jean-Marie Pontier), 공공서비스법 -프랑스 행정법 연구-, 한국학술정보, 2008, 161면 참조.

칙, 적응성의 원칙을 공역무의 기본적 원칙으로 제시하였는데,[83] 이는 뒤기가 주장한 공역무 개념의 영향을 받은 것으로 평가할 수 있다.

그러나 한편으로는 경제적 성격을 갖는 공역무가 증가하고, 국가가 수행하는 공역무가 다양해지면서 공역무 개념은 한계를 드러내기 시작했다. 국가 또는 행정이 수행하는 공역무가 점차 사인에게 맡겨짐으로써 공역무 개념은 조직적 개념과 기능적 개념으로 분화되었는데, 이는 곧 공법으로서 행정법의 독점적인 적용영역을 설정하였던 공역무 개념의 도그마틱적 특수성이 희미해지게 되었다는 것을 의미한다. 이는 결국 공역무 개념의 위기론으로까지 이어졌다.

최근 프랑스에서는 유럽 공동체법의 영향으로 '공역무의 프랑스적 개념' 또는 '프랑스식의 공역무'(la conception française du service public)가 등장하고 있는데, 이는 자유경쟁의 원칙을 근간으로 하는 유럽 공동체법과 프랑스의 전통적인 공역무 개념을 구별하고자 하는 이론적 시도로 이해된다.[84] 흥미로운 사실은 이러한 프랑스만의 고유한 공역무 개념이 주목받게 되면서 공역무 개념을 최초로 주장했던 뒤기의 이론이 오늘날 다시금 주목받게 되었다는 점이다. 유럽 공동체법상 개념과의 비교를 계기로 시작된 프랑스적 공역무 개념의 본질에 대한 탐구는 결국 공역무 개념에 내포된 '프랑스적 가치' 또는 '프랑스의 정신'을 재발견하고자 하는 시도였으며, 그 끝에는 뒤기가 존재한다는 것이다.

장-마리 퐁띠에 교수는 공역무의 프랑스적 개념의 두 가지 특징으로

---

83) 계속성의 원칙은 공역무가 계속적으로 제공되어야 함을 의미하고, 평등성의 원칙은 공역무가 모든 사람들에게 평등하게 주어져야 하며, 적응성의 원칙은 공역무는 일정한 공공의 필요에 따라 변화함을 의미한다고 한다. 이에 관한 자세한 논의를 담은 문헌으로 전 훈·장-마리 퐁띠에(Jean-Marie Pontier), 공공서비스법 -프랑스 행정법 연구-, 한국학술정보, 2008, 90-104면 참조.

84) 강지은, "프랑스 행정법상 공역무 개념의 변천에 관한 연구", 서울대학교 석사학위논문, 2008, 75면 참조; 전 훈·장-마리 퐁띠에(Jean-Marie Pontier), 전게서, 73면 참조.

공권력의 개입에 관한 특권적 표현이라는 점과 사회적 연대를 실현하기 위한 수단이라는 점을 들었는데,[85] 특히 후자의 경우 뒤기의 사상과 정확히 일치함을 확인할 수 있다. 전자인 공권력의 개입에 관한 특권적 표현의 의미는 공권력의 개입을 정당화하는 수단으로서 공역무를 뜻하는 것으로 해석할 수 있는데, 이러한 분석은 뒤기가 공권력 개념을 부인하였다는 점에서 뒤기의 견해와 완전히 일치하지는 않지만, 통치자들이 갖는 사실상의 권력을 인정하고 이를 공역무 수행이라는 방식을 통해서만 정당화한 뒤기의 이론과 같은 맥락에서 이해할 수 있다고 생각한다.

한편 뒤기가 주권 개념이 소멸하였음을 근거로 공역무 개념이 등장하였음을 주장하고 있는 점에 대해 주권의 자리를 공역무가 대체할 논리 필연적 관계가 없다는 비판이 가능하다. 물론 이러한 비판도 타당한 면이 있다고 생각하나, 뒤기가 주장한 공역무 개념이 위에서 본 바와 같이 프랑스 행정법의 독창적인 개념으로 발전하도록 기여하고 세계 여러 나라의 학자들에게 영감을 주었다는 것 또한 분명한 사실이다. 실제로 공역무 개념은 프랑스에서 행정재판소의 관할을 인정하는 주요한 기준으로 작용하고 있고, 프랑스 행정법의 독창적 산물로 존재해왔다. 또한 뒤기는 당대 절대적인 이론적 권위를 확립하고 있었던 주권 개념 또는 공권력 개념을 부정하면서 당시 사람들이 무비판적으로 받아들였던 이론의 결점과 한계를 지적함으로써 공법 이론에 관한 논의를 확장시키고 발전시키는 데 기여했다는 점에서도 그 학문적 가치를 인정할 수 있다.

이와 같은 공역무 개념은 우리나라에서도 여러 학자들에 의해 소개되었는데, 전통적 의미의 공역무 개념부터 상공업적 공역무, 문화적 공역무 등으로 변천해가는 현대의 공역무 개념에 관한 논의와 더불어 공역무의 수행방식과 위임 등에 관한 전반적인 논의를 폭넓게 담고 있다.[86] 프랑스의 저명한 행정법학자 로바데르(Laubadère)는 뒤기의 학문적

---

85) 장-마리 퐁띠에(Jean-Marie Pontier), "La conception française du service public"(공역무의 프랑스적 개념), 공법학연구 제8권 제1호, 2007, 118면 참조.

영향에 관해 다음과 같이 언급한다. "뒤기 이후, 그 이전에 우리가 공부했던 것처럼 국가를 공부하는 것은 더 이상 불가능하다"[87] 공역무 개념을 모든 현대 국가에서 공법 개념들의 정점이자 그 시작과 끝으로 이해한 뒤기의 견해는,[88] 오늘날 우리나라 행정법에도 적지 않은 영감을 주어 우리 행정법의 발전에 기여할 것으로 기대된다.

---

86) 김동희, "공역무론", 서울대학교 법학 제18권 제1호, 1977; 박 민, "프랑스 행정법상의 공역무에 관한 연구", 연세대학교 석사학위논문, 1989; 이광윤, "공역무와 직접경제간섭기관으로서 영조물과 공기업", 공법연구 제18집, 1990; 이광윤, "공역무개념의 변천과 공기업 및 특허기법", 성균관법학 제4호, 1992; 김동희, "공역무제도에 관한 연구", 서울대학교 법학 제35권 제2호, 1994; 전 훈, "프랑스행정법상 공역무이론", 경북대학교 석사학위논문, 1995; 강운산, "프랑스 행정법상의 '공역무 위임'에 관한 연구-PFI 제도를 중심으로-", 법제 2003년 11월호, 법제처, 2003; 이광윤, "공공서비스 개념의 범세계화에 관한 연구", 토지공법연구 제21집, 2004; 장-마리 퐁띠에(Jean-Marie Pontier)(전 훈 역), "프랑스 행정법에서의 공역무의 개념", 경희법학 제39권 제1호, 2004; 박균성, "프랑스 행정법상 공익개념, 서울대학교 법학 제47권 제3호, 2006; 김영규, "프랑스 행정법상의 공역무이론에 관한 연구", 고려대학교 석사학위논문, 2007; 전 훈·장-마리 퐁띠에(Jean-Marie Pontier), 공공서비스법 -프랑스 행정법 연구-, 한국학술정보, 2008; 강지은, "프랑스 행정법상 공역무 개념의 변천에 관한 연구", 서울대학교 석사학위논문, 2008; 이순우, "프랑스의 공공서비스에 대한 연구", 토지공법연구 제43집 제3호, 2009; 이승민, "프랑스법상 '경찰행정'에 관한 연구 -개념, 근거, 조직, 작용을 중심으로-", 서울대학교 박사학위논문, 2010(특히 84-90면에서 공역무와 경찰행정의 관계에 관하여 다룬다); 박우경, "프랑스 행정법상 공역무 수행방식에 관한 연구-우리나라 행정사무 수행방식과의 비교를 중심으로-", 이화여자대학교 박사학위논문, 2017; 전주열, "프랑스 공공서비스법의 공법적 함의", 토지공법연구 제87집, 2019 등에서 공역무 개념을 소개하고 있다.

87) André de Laubadère, L'influence des idées de L. Duguit sur la doctrine du droit administratif, Revue juridique et économique du Sud-Ouest, série juridique 10e année: congrès commémoratif du centenaire de la naissance du doyen Léon Duguit, (Bordeaux, 29-30 mai 1959), Imprimerie Bière, Bordeaux, 1959, pp.171-180, p.180.

88) Léon Duguit, Les transformations du droit public, 2e tirage, Librairie Armand Colin, Paris, 1921, p.278 참조.

제4장
법률과 행정행위

기존의 통설은 법률과 행정행위를 주관주의적 관점에서 법률은 주권의 의지의 표현으로, 행정행위는 주권적 집행권의 행사로 이해했다. 이러한 주권은 절대적이고 단일하고 불가침의 권리로서, 당시 법률과 행정행위에 대해서는 그 누구도 함부로 비판하거나 문제로 삼을 수 없다는 인식이 확고했다. 뒤기는 형이상학적인 주관주의를 배척하는 입장에서 위와 같은 견해에 대해 강한 의문을 제기하였고 법률과 행정행위를 객관주의적 관점에서 새롭게 바라볼 것을 주장했다.[1)

제1절 법률의 개념

I. 법률에 대한 새로운 이해

앞에서 언급하였듯이 뒤기는 19세기 후반 사회와 경제적 환경의 급격한 변화를 계기로 하여 공법의 근본 개념이 주권 개념에서 공역무 개념으로 전환되었다고 평가하였다.[2) 그는 법률에 대하여도 이와 같은 맥락에서 인식의 전환이 이루어지고 있다고 보았는데, 즉 당시까지 전통적으로 인정되었던 주관주의적 주권 개념에 터 잡아 이해되어 온 법률 개념을 객관주의적 관점에서 '공역무'라는 개념을 매개로 하여 새롭게 이해

---

1) Léon Duguit, Les transformations du droit public, 2ᵉ tirage, Librairie Armand Colin, Paris, 1921, p.71, p.145 참조.
2) Léon Duguit, Traité de droit constitutionnel, tome 1, 3ᵉ éd., Ancienne librairie fontemoing et Cⁱᵉ, Éditeurs(E. de Boccard successeur), Paris, 1927, p.59 참조.

하고자 시도한 것이다. 이하에서 법률에 대한 기존의 견해를 살펴본 후, 뒤기가 제시하는 새로운 주장을 검토한다.

1. 법률에 대한 기존의 견해

주권 개념에 기초한 당시의 공법 체제 하에서 법률은 전형적인 주권의 표현으로서 인식되었고, 특히 국가법인설의 관점에서 국가는 주권을 갖는 주체로, 법률은 그러한 주권을 가진 국가 의지의 명령적 표현으로 이해되어 국가와 법률이 동일시됨으로써, 국가가 법률의 지배를 받는 상황은 상정할 수 없고, 오로지 법률은 국가의 배타적인 창조물로만 이해되었다.[3]

뒤기는 법률에 대한 루소의 견해를 비판하였는데, 루소에 따르면, 법률은 일반 의지의 표현으로서 주권 행위에 의한 산물에 해당하므로 법률은 제한 없는 명령권을 갖고, 결코 부당할 수 없으며 사람들은 무조건적으로, 유보 없이 법률에 복종해야한다.[4] 뒤기는 이러한 루소의 사상은 사람들로 하여금 법률을 맹목적으로 숭배하도록 만들었고, 법률에 대해 그 누구도 이의를 제기할 수 없도록 했다고 비판하면서, 이러한 맥락에서 법률에 대한 합헌성 심사는 이루어질 수 없었고, 법률을 제정하는 국가의 책임을 추궁할 수도 없었다고 한다.[5]

뒤기는 이와 같이 법률을 주권적 권력의 발현으로서 명령 개념으로 이해하는 공법 체제 하에서는 다음과 같은 네 가지 도그마를 도출할 수 있다고 한다. 첫째, 법률은 오로지 인민들 또는 그들의 대표자들만으로부터 나올 수 있는 결정이고, 둘째, 법률은 국가의 주권적 의지의 표현으

---

3) Léon Duguit, Les transformations du droit public, 2ᵉ tirage, Librairie Armand Colin, Paris, 1921, p.73 참조.

4) 장 자크 루소(Jean-Jacques Rousseau)(박은수 역), 사회계약론 외, 올재 클래식스, 2014, 42면 참조.

5) 레옹 뒤기(Léon Duguit)(이광윤 역), 일반 공법학 강의, 민음사, 1995, 208-209면 참조.

로서, 그것을 탄핵하는 심판(소송)의 대상이 될 수 없고, 더 나아가서 그에 대한 손해배상청구소송을 할 수 없으며, 셋째, 법률은 국가의 주권적 의지의 표현으로서 주권과 마찬가지로 단일·불가분의 것이므로, 한 나라에서는 지역이나 집단에만 적용되는 개별적인 법률들은 존재할 수 없고, 넷째, 법률은 명령적이므로 항상 일방적인 행위이고 법률과 협약은 서로 상반되는 개념으로, '협약법률'[6](la loi-convention)과 같은 개념은 상정할 수 없다는 것이다.[7]

2. 공역무를 조직하는 법률

뒤기는 과거 공법의 근간을 이루었던 주권 개념이 사라지고 공역무가 공법의 기초를 이루게 된 현실 속에서 더 이상 위와 같은 기존의 견해는 유지될 수 없다고 하면서, 우선 인민 또는 그들의 대표자들이 만들지 않는 여러 법률들이 존재하고, 법률들은 비판적 쟁송의 대상이 될 수 있으며 그에 대한 국가의 손해배상책임도 인정될 수 있고, 지방의 법률과 집단의 법률, 법률과 같은 효력을 갖는 협약법률들도 존재한다고 보았다.[8] 결국 뒤기는 위와 같은 사실들을 통해 현대사회에서 더 이상 주권 개념은 실존하는 것이 아니라 형이상학적이고 허구적인 관념일 뿐, 현실에서 일어나는 다양한 상황들을 설명할 수 없다는 점을 증명하려고 했던 것이다.

뒤기는 현실을 객관적으로 관찰했을 때 주권 개념과 같은 형이상학적인 관념을 모두 소거하고 나면, 단순히 군주, 의회 등과 같이 그 법률

---

6) 협약법률은 법률적 효력을 갖는 협약이라는 뜻으로, 이에 관한 자세한 논의는 이하 제2절 V. 2. 협약법률 부분에서 후술한다.

7) Léon Duguit, Les transformations du droit public, 2e tirage, Librairie Armand Colin, Paris, 1921, p.85 참조.

8) *Ibid.*, pp.85-86 참조.

을 만든 사람들의 의지만이 남는다고 보았는데, 예를 들어, 프랑스의 경우 법률은 보통 상하원의 다수를 이루는 200명의 상원들과 350명의 하원들의 의지의 표현이라고 설명했다.9) 이렇게 만들어진 법률은 앞에서 언급한 바와 같이 공역무와 밀접한 관련성을 갖는 것으로, 뒤기는 대부분의 법률들이 공역무를 조직하고 공역무의 기능을 보장하기 위하여 제정되었다고 이해했다.10)

생각건대, 뒤기의 견해처럼 법률을 이해하면 더 이상 국민의 입, 주권자로서의 입으로서 의회의 권위는 무색하게 된다. 법률은 그저 법률을 만드는 업무를 수행하는 사람들이 사회 내에서 받아들여지는 법규범인 이른바 객관법을 발견한 것으로, 사회적 연대의 실현이라는 궁극적인 목적을 달성하기 위한 일종의 수단으로 기능하게 된 것이다. 이는 법률의 기능적 측면을 강조함으로써 결국 법률을 만드는 사람들도 주권을 대표하거나 위임받은 절대적 존재가 아니라 평범한 사람들이고, 법률은 일반적 효력을 가지므로 그들 또한 국민으로서 법률의 적용을 받는다고 할 수 있다. 이러한 뒤기의 태도는 이후 월권소송이라는 수단을 통해 이루어지는 행정에 대한 합법성 통제를 가능하게 했다는 점에서 의의가 있다고 하겠다.

---

9) Léon Duguit, Les transformations du droit public, 2ᵉ tirage, Librairie Armand Colin, Paris, 1921, p.75 참조.

10) Léon Duguit, Traité de droit constitutionnel, tome 2, 3ᵉ éd., Ancienne librairie fontemoing et Cⁱᵉ, Éditeurs(E. de Boccard successeur), Paris, 1928, p.71 참조.

II. 성질과 종류

1. 의무를 부과하는 성질

뒤기는 법률에 통치자를 비롯한 모든 사람들에게 '의무를 부과하는 성질'(le caractère obligatoire)이 있다고 하면서, 그 근거는 주권적 명령이나 선험적 권위에 있지 않고 사회적 연대의 실현이라는 큰 목적에 있다고 하였다.[11] 이러한 그의 태도는 법률의 강제력을 사실적인 필요에 의한 일종의 당위로 이해하였던 것에서 비롯된다. 즉, 법률의 강제력은 모두의 이익을 위한다는 목적에 의해 정당성을 획득한다는 것이다.

현실의 세계에서 인간은 사회 안에서 태어나는 순간부터 사람들과 관계를 맺고 서로 의존하면서 살아갈 수밖에 없으므로, 인간의 삶에서 사회의 안정과 평화는 필수적인 것인데, 이를 위해서는 사회를 구성하는 사람들 모두가 함께 연대하여야 한다.[12] 결국 모든 사람들은 사회 속에 존재한다는 그 사실로부터 사회적 연대를 실현하고 발전시킬 일종의 의무를 갖게 되고, 이러한 의무들은 크고 작은 규칙들을 만들어 내는데, 이러한 규칙들이 모여 법을 이룬다.[13]

---

11) Alfred Fouillée, Léon Duguit, René Demogue and Arthur W. Spencer(translated by Mrs. Franklin W. Scott and Joseph P. Chamberlain), Modern french legal philosophy, The Macmillan Company, New York, 1921, p.251 참조.

12) Léon Duguit, Leçons de droit public général, faites à la faculté de droit de l'Université égyptienne pendant les mois de Janvier, Février et Mars 1926, E. de Boccard, Paris, 1926, p.36 참조.

13) Léon Duguit, Les transformations du droit public, 2e tirage, Librairie Armand Colin, Paris, 1921, pp.76-77 참조.

2. 종류

가. 규범적 법률

뒤기는 법률의 개념을 설명하면서 '규범적 법률'(la loi normative)과 공역무를 '구성하는 법률'(la loi constructive) 또는 '조직하는 법률'(la loi organique)로 나눈다.[14) 우선 규범적 법률은 앞에서 본 바와 같이 인간이 사회에서 살아가기 때문에 따라야 하는 사회적 규율이 법규범으로 표명된 것으로서, 이러한 규범적 법률은 개인과 공무원들 모두에게 적용되는 일반적인 법규범에 해당한다.[15) 즉, 규범적 법률은 모든 사회의 구성원들이 따라야 하는 것으로, 행위 규범적 성질을 갖는 법률이라고 해석할 수 있다.

뒤기는 규범적 법률의 대표적인 예로 형법과 민법의 규정을 예로 드는데, 형법에서 사람을 살인한 자는 사형에 처한다고 규정하면 살인을 금지하는 부분은 모든 사람들에게 공통적으로 적용되고, 민법에서 프랑스 민법전 1382조에서 정한 손해배상에 관한 일반원칙에 따르면, 어떤 사람이 타인에 대하여 과실로 인하여 손해를 가했을 때 그 손해를 배상할 의무가 있다고 한 부분 또한 모든 사람들에게 공통적으로 적용되어 규범적 법률에 해당한다고 보았다.[16)

---

14) 뒤기는 제니(Gény)도 그의 저서 『실정 사법에 있어서 과학과 기술』(Science et technique en droit privé positif)에서 "donné"와 "technique" 또는 "construit"라는 개념을 사용하여 이와 유사한 구별을 하였다고 한다. 이에 관한 상세한 논의는 Léon Duguit, Leçons de droit public général, faites à la faculté de droit de l'Université égyptienne pendant les mois de Janvier, Février et Mars 1926, E. de Boccard, Paris, 1926, p.48 참조.

15) Léon Duguit, Traité de droit constitutionnel, tome 1, 3e éd., Ancienne librairie fontemoing et Cie, Éditeurs(E. de Boccard successeur), Paris, 1927, pp.105-106 참조.

16) Léon Duguit, Les transformations du droit public, 2e tirage, Librairie Armand Colin, Paris, 1921, p.77 참조.

한편 위와 같은 규범적 법률은 개념상 관습법과는 구별된다. 뒤기에 의하면, 규범적 법률은 사회를 구성하는 사람들이 어떤 규칙을 누군가 위반했을 때 그에 대한 제재를 가하는 것이 정당하다는 인식을 공유하게 될 때 법규성을 획득하기 때문에, 구성원들의 인식과 관행을 통해 형성되는 관습법의 생성과정과 일정한 유사성을 갖는다.[17] 그러나 규범적 법률이 명확한 규정을 통해 직접적으로 표현되는 데 반해 관습법은 그렇지 않으므로, 형식적인 표현의 정도가 양자에 있어 완전히 다르다.[18]

나. 공역무를 구성·조직하는 구성적·조직적 법률

뒤기는 20세기에 들어서면서 규범적 법률보다 공역무를 구성하는 '구성적 법률' 또는 공역무를 조직하는 '조직적 법률'의 개념이 더욱 중요한 의미를 갖게 되었다고 하는데 공역무를 구성하는 구성적 법률 또는 공역무를 조직하는 조직적 법률, 줄여서는 구성적 법률 또는 조직적 법률이란 말 그대로 공역무가 제대로 구성·조직되고 기능할 수 있도록 통치자들이 개별적인 결정을 행할 때 준수해야 하는 법률을 의미한다.[19] 이러한 공역무를 구성하고 조직하는 내용의 일반적 법률을 제정하는 이유는 바로 국가 또는 행정의 자의적인 힘의 행사로부터 개인을 가장 효과적으로 보호하기 위해서이다.[20] 구성적 또는 조직적 법률들은 규범의 실행 또는 집행을 보장하기 위하여 존재하므로 일반 국민들이 아니라

---

17) Léon Duguit, Leçons de droit public général, faites à la faculté de droit de l'Université égyptienne pendant les mois de Janvier, Février et Mars 1926, E. de Boccard, Paris, 1926, p.46 참조.

18) Léon Duguit, Les transformations du droit public, 2ᵉ tirage, Librairie Armand Colin, Paris, 1921, p.79 참조.

19) Léon Duguit, Traité de droit constitutionnel, tome 2, 3ᵉ éd., Ancienne librairie fontemoing et Cⁱᵉ, Éditeurs(E. de Boccard successeur), Paris, 1928, pp.185-188 참조.

20) Léon Duguit, op. cit.(supra note 18), p.81 참조.

공무원, 판사 등에게 적용되는데, 뒤기는 모든 법률이 공역무의 구성적 법률이라고 할 정도로 이러한 구성적 또는 조직적 법률들이 당시 법률의 대부분을 차지한다고 보았다.[21]

주관주의적 관점에서는 국가가 스스로에게 명령을 할 수 없기 때문에 구성적 법률이라는 개념이 성립할 수 없지만, 객관주의적인 관점에서 보면 공역무가 제대로 수행되기 위해서는 공역무를 수행하는 자들을 규율하는 구성적 법률 또는 조직적 법률이 필요한데, 뒤기는 심지어 주권 개념과 개인주의적 이론을 대표적으로 표현하는 프랑스 인간과 시민의 권리선언과 그 이후의 헌법들도 개인의 자유와 소유권에 관한 원칙들을 정함으로써 통치자들에게 국민들의 자유와 소유권을 보호하기 위한 공역무를 창설할 의무가 있다는 사실을 확인하는 것이 아닌지 반문한다.[22]

뒤기는 규범적 법률 개념을 설명할 때와 마찬가지로 형법과 민법을 예로 들어 구성적 또는 조직적 법률 개념의 설명을 시도한다.[23] 우선 형법은 위에서 언급한 규범적 법률의 성격을 갖는 부분을 제외하고 단순히 법률에 규정된 요건에 맞는 사실관계가 존재할 때 재판부가 행위자에 대하여 어떤 벌을 선고할지에 대해 미리 정하고 있다는 점에서 이는 판사에게만 적용되는 구성적 법률로 볼 수 있다. 민법의 경우에도 당사자들 사이에 체결한 계약이 없거나 그 의미가 모호한 경우에는 판사들이 보충적으로 그 규정들을 적용하여 문제를 해결할 수 있도록 한 임의규정의 경우에는 문제 상황이 발생했을 때 판사들에게 적용되는 구성적 법률의 성질을 갖는다고 한다.[24]

---

21) Léon Duguit, Leçons de droit public général, faites à la faculté de droit de l'Université égyptienne pendant les mois de Janvier, Février et Mars 1926, E. de Boccard, Paris, 1926, p.48 참조.

22) Léon Duguit, Les transformations du droit public, 2ᵉ tirage, Librairie Armand Colin, Paris, 1921, pp.82-83 참조.

23) 레옹 뒤기(Léon Duguit)(이광윤 역), 일반 공법학 강의, 민음사, 1995, 45면 참조.

24) 이 경우 임의규정이 아니라 공서양속 등과 관련한 강행규정의 경우에는 판사

위의 내용을 종합하면, 뒤기가 구상하는 법률 개념은 모두 사회 내의 질서 유지와 재판 등을 통한 사회 정의의 실현을 위하여, 즉 공역무를 수행하기 위하여 통치자들이 입법을 통해 제공하는 활동으로서 모두 공역무를 수행하기 위해 구성되고 조직된 개념이라는 것이다.25) 이러한 뒤기의 태도에 비추어 볼 때, 공역무라는 개념은 국민들을 향하여 일방적인 서비스를 제공하는 것 외에 공역무를 수행하는 공무원들이 직무수행 절차나 환경을 조직하고 구성하는 한편, 공역무가 수행되는 한 사회의 체제 또는 제도를 구성하고 조직하는 내용까지 포함하는 것으로 이해할 수 있다.

III. 행정명령에 관한 이론

1. 기존 견해의 한계

당시 주로 인정되었던 권력분립원칙에 입각하면 오직 의회와 같은 입법기관만이 법률을 제정할 수 있다는 결론이 도출된다.26) 뒤기에 따르면, 1791년 헌법 제3편 전문의 제3조는 "입법권은 인민에 의해 자유롭게 선출된, 임기가 정해진 대표자들로 구성된 국민의회에 위임되고..."라고 규정하고, 같은 법 제3편 제3장 제1절 제1조는 "헌법은 입법부에 다음의 권한과 기능을 배타적으로 위임한다. 법률을 제안하고 공포하는 것,

---

들에게만 적용되는 것이 아니라 모든 사람들에게 적용되므로 규범적 법률이라고 할 수 있을 것이다. 이에 관한 상세한 논의는 레옹 뒤기(Léon Duguit)(이광윤 역), 일반 공법학 강의, 민음사, 1995, 45-46면 참조.

25) Léon Duguit, Traité de droit constitutionnel, tome 2, 3ᵉ éd., Ancienne librairie fontemoing et Cⁱᵉ, Éditeurs(E. de Boccard successeur), Paris, 1928, p.185 참조.

26) 몽테스키외(Montesquieu)(이명성 역), 법의 정신, 홍신문화사, 중판, 2016, 49면 참조.

왕은 입법부에 대하여 오로지 그 목적을 고려하도록 촉구할 수 있을 뿐이다...”라고 규정하고 있어, 법을 만드는 권한이 국가를 대표 또는 대리하는 자들에게 배타적으로 부여된 일종의 특권처럼 이해되었다고 설명한다.[27] 이는 오직 입법기관만이 법률을 제정할 수 있다는 것을 헌법에 천명함으로써 권력분립원칙을 그대로 전승한 것으로 해석할 수 있다.

이와는 반대로 ‘행정명령’(le règlement)[28]에 대해서 1791년 헌법 제3편 제4장 제1절 제6조에서는 “집행권은 비록 잠정적인 것이라도 어떤 법률도 만들 수 없다. 다만, 법률의 집행을 명령하거나 따르기 위해 법률에 맞는 선언(la proclamation)[29]을 하는 것을 할 수 있다.”고 규정하고, 같은 맥락에서 공화력 3년 헌법은 “법률은 시민의 다수 또는 그들의 대표자의 다수가 표명한 일반의사이다.”라고 정하고 있는데, 이들 규정은 왕의 행정입법권을 부정하는 취지로 이해되어 행정명령은 법률이 아닌 것으로 이해하는 단초를 제공하였다.[30]

2. 뒤기의 주장과 검토

그러나 뒤기는 위와 같은 규정에도 불구하고 18세기 5인의 집정관들(Le Directoire) 시대에는 법률에 따른 선언(la proclamation)만 하는 것이 아니라 아레떼(l'arrêté)[31]의 이름으로 많은 행정명령이 내려졌고, 이러한

---

27) Léon Duguit, Les transformations du droit public, 2ᵉ tirage, Librairie Armand Colin, Paris, 1921, p.86 참조.
28) ‘행정명령’(le règlement)은 정부가 독자적으로 형성하는 일반 규정을 의미한다. 이는 의회가 모든 일반 규정을 표결하는 것이 물리적으로 불가능하다는 문제의식에서 출발한 것으로 법률을 보충하는 명령, 법률의 세부사항을 정하는 명령, 독립명령 등이 있다.
29) 여기서 ‘선언’(la proclamation)은 법률의 해석·적용에 관한 설명을 제공하는 것을 의미한다.
30) Léon Duguit, Traité de droit constitutionnel, tome 2, 3ᵉ éd., Ancienne librairie fontemoing et Cⁱᵉ, Éditeurs(E. de Boccard successeur), Paris, 1928, p.216 참조.

명령들은 일반적인 법률과 마찬가지로 사법부와 행정부에 적용되었다고 하면서, 입법부가 제정하는 법률과 행정부가 내리는 명령은 전혀 다른 성격을 가지는 것으로 설명하는 엄격한 권력분립원칙의 의미와 모순되는 현실이 발견되었다고 지적한다.[32] 그에 따르면, 집정체재(le Consulat)와 제1제정(Le Premier Empire) 시기에 많은 수의 일반 조항들이 정부에 의해 만들어졌고, 결국 공화력 8년 헌법은 제44조에서 "정부는 법률을 제안하며, 법률의 집행을 확보하기 위해 필요한 행정명령(le règlement)들을 제정한다"고 규정하기에 이르렀는데, 점차 복잡해지는 현실 속에서 행정명령은 계속해서 증가할 수밖에 없고 그 중에는 법률의 집행과 직접적인 관련이 없는 행정명령들도 다수 만들어지게 되었다고 설명한다.[33]

국가의 원수 또는 대통령은 형식적 법률에 관한 행정명령 뿐만 아니라 형식적 법률과 관계없는 독립적인 명령을 만들 수 있었고, 이러한 행정명령들은 일반적으로 유효한 것으로 받아들여졌다.[34] 물론 대통령이 모든 사안에 대해 행정명령을 발할 수 있는 것은 아니고, 입법자들만이 법률을 제정할 수 있는 의회유보사항이 존재하였지만, 뒤기는 이러한 사실은 권한 분배의 문제일 뿐 법률과 행정명령 사이의 본질적 차이는 전혀 아니므로 법률과 행정명령 사이에는 실질적 차이가 없다고 주장했다.[35]

이러한 뒤기의 주장은 입법 개념을 기능적으로 이해한 것으로, 법률과 행정명령이 실질적으로 다르지 않다고 주장함으로써 행정명령에 대한 월권소송이나 '위법성 항변'(l'exception d'illégalité)[36]과 같은 적법성 통

31) '아레떼'(l'arrêté)는 각 부의 장관, 도지사, 시장 등 집행기관이 제정한 명령 또는 규칙을 의미한다.

32) Léon Duguit, Les transformations du droit public, 2ᵉ tirage, Librairie Armand Colin, Paris, 1921, p.87 참조.

33) *Ibid.*, p.88 참조.

34) Léon Duguit, Traité de droit constitutionnel, tome 2, 3ᵉ éd., Ancienne librairie fontemoing et Cⁱᵉ, Éditeurs(E. de Boccard successeur), Paris, 1928, p.210 참조.

35) Léon Duguit, *op. cit.*(supra note 32), p.89 참조.

36) 이를 직역하면 '위법성의 예외'가 될 것이나, 'l'exception d'illégalité' 개념은 당

제가 활발하게 이루어지고 있었던 당시 프랑스의 현실 속에서 법률에 대해서까지도 사법 심사가 가능하다고 주장하기 위한 논리적 전제를 마련한 것으로 해석할 수 있다. 실제로 뒤기는 아래 규범통제에 관한 이론에서 후술하는 바와 같이, 법률에 대해서도 쟁송적인 방법에 의한 통제가 이루어져야 함을 주장하였는데, 이하에서는 이에 관하여 보다 자세히 살펴본다.

Ⅳ. 규범통제에 관한 이론

1. 기존 견해의 한계

법률을 주권적 의사의 표명으로 이해하는 당시의 통설을 견지하면 법률은 주권적 의지의 표현으로서, 법원을 포함하여 그 어떤 기관도 법률에 대해 판단할 수 없다는 결론에 도달하지만, 뒤기는 이러한 기존의 견해에 대해 비판하면서, 우선 영국, 미국, 프랑스의 예를 통해 각 나라가 법률에 대한 위헌 심사가능성에 관하여 어떤 제도를 마련하고 또 어떤 입장을 취하고 있는지에 대해 먼저 살펴본다.[37] 우선 그는 영국의 경우 "영국의 의회는 남자를 여자로 바꾸는 것을 제외하고는 무엇이든지

해 행정입법에 기해 내려진 행정의 결정에 대해 다투는 소송에서 소송당사자가 그 행정입법이 위법하다고 주장하는 상황에서 사용하는 용어이므로, 소송 중 당사자의 방어 수단으로서 행정입법의 위법성을 항변사유로 주장한다는 실질적 의미를 강조하기 위해 '위법성 항변'이라고 번역하였다. 이러한 '위법성 항변'은 우리나라의 개념상으로는 구체적 규범통제와 유사한 의미를 갖는다. 동일한 취지의 설명을 통해 이를 '위법성 항변'으로 번역한 문헌으로 박정훈(朴正勳), 행정법연구2-행정소송의 구조와 기능, 박영사, 2006, 120면 참조.

37) Léon Duguit, Les transformations du droit public, 2e tirage, Librairie Armand Colin, Paris, 1921, pp.91-92 참조.

할 수 있다"는 의회 주권에 관한 다이시(Dicey)의 유명한 말처럼 법률에 대한 위헌심사를 전혀 하지 않는다고 분석한다.[38)39)]

그러나 미국과 프랑스의 경우에는 이와 달리 중대한 변화가 포착된 다고 하는데, 바로 18세기 후반 미국과 프랑스에서 헌법률(la loi consti-tutionnelle)과 보통법률(la loi ordinaire) 구분의 등장이다.[40)] 여기서 헌법률은 보통법률보다 상위에 있는 법률들로서, 의회가 함부로 폐지하거나 수정할 수 없는 법률을 의미한다. 다시 말해, 헌법률은 보통법률에 의해서는 개정되거나 폐지될 수 없고, 헌법률 또는 헌법률이 정하는 절차에 따라서만 개정되거나 폐지될 수 있다.[41)]

뒤기는 프랑스의 경우에는 공화력 8년 헌법 제21조와 1852년 헌법 제29조에서 상원(sénat)에게 위헌여부를 심사하는 권한을 부여했다고 하면서도, 현실적으로는 이러한 권한이 행사되지 않았지만, 미국의 경우에는 보다 활발한 위헌심사가 이루어졌다고 하였다.[42)] 당시 미국의 법원은 소송 중 재판의 전제가 된 법률에 대하여 당사자가 법률이 위헌이라는 항변을 하는 경우 당해 법률이 위헌이라는 판단이 들면, 법률 자체를 취소할 수는 없어도 그 법률을 재판에 적용하는 것을 거부할 수 있었다.

법률보다 높은 개념인 헌법률 개념을 인정하면서 법률에 대한 사법

---

38) 레옹 뒤기(Léon Duguit)(이광윤 역), 일반 공법학 강의, 민음사, 1995, 233면 참조.

39) 영국의 경우 전통적으로 누구든지 정규의 법에 의해서만 규율된다는 것을 주요 내용으로 하는 법의 지배 원리가 작용하는데, 이러한 법의 지배 개념은 다이시에 의해 체계화되었다. 이에 관한 자세한 설명을 다룬 문헌으로 안동인, "영미법상의 공·사법 이원체계에 관한 연구 -사법심사청구제도와 관련하여-", 서울대학교 박사학위논문, 2009, 12-17면 참조.

40) Léon Duguit, Traité de droit constitutionnel, tome 2, 3e éd., Ancienne librairie fontemoing et Cie, Éditeurs(E. de Boccard successeur), Paris, 1928, p.230 참조.

41) Léon Duguit, Leçons de droit public général, faites à la faculté de droit de l'Université égyptienne pendant les mois de Janvier, Février et Mars 1926, E. de Boccard, Paris, 1926, pp.283-284 참조.

42) Léon Duguit, Les transformations du droit public, 2e tirage, Librairie Armand Colin, Paris, 1921, p.94 참조.

심사를 인정하는 미국의 사법 제도는 뒤기에게 매우 매력적인 해결책이 되었음이 분명하다. 그는 주권 개념이 소멸한 현실에서 더 이상 법률은 사법심사의 대상에서 제외될 수 없다는 점에서 프랑스에서도 미국에서처럼 법률에 대한 사법심사가 이루어져야 한다는 주장을 펼치기 때문이다. 이하에서 이를 살펴본다.

2. 뒤기의 주장과 검토

프랑스의 경우 당시 법원은 소송 중 당사자가 당해 법률이 헌법률에 위반한다고 주장하는 '위헌성 항변'(l'exception d'inconstitutionnalité)[43]을 받아들이지 않았고, 형식적 법률이 위헌이라는 판단이 들어도 그 법률을 적용하는 것을 거부할 수 없다는 것이 일종의 도그마처럼 존재해 왔으나, 19세기 후반 이후 점차 위헌심사를 하기 위해 노력해 왔다고 주장된다.[44] 뒤기는 앞서 언급한 도그마가 권력분립의 원칙에 기초한 것으로 종종 설명되지만 그것은 사실이 아니라고 지적하는데, 진정한 권력분립 원칙에 따르면, 입법권과 사법권이 분리되어야 하고, 사법권을 행사하는 법원은 법률이 위헌이라는 판단이 들면 그 법률의 적용을 거부할 권한을 가질 수 있다고 보기 때문이다.[45] 만약 법원이 위헌 법률의 적용을 거부한다고 하더라도 법률은 그대로 존재하고 법률이 개정되거나 폐지

---

43) 이를 직역하면 '위헌성의 예외'가 될 것이나, 앞의 각주 36에서 언급한 바와 같은 맥락에서 'l'exception d'inconstitutionnalité' 개념은 당해 법률에 기해 내려진 행정의 결정에 대해 다투는 소송에서 소송당사자가 그 법률이 위헌임을 주장하는 상황에서 사용하는 용어이므로, 소송 중 당사자의 방어 수단으로서 법률의 위헌성을 항변사유로 주장한다는 실질적 의미를 강조하기 위해 '위헌성 항변'이라고 번역하였다.

44) 레옹 뒤기(Léon Duguit)(이광윤 역), 일반 공법학 강의, 민음사, 1995, 230면 참조.

45) Léon Duguit, Les transformations du droit public, 2ᵉ tirage, Librairie Armand Colin, Paris, 1921, p.96 참조.

되는 것과 같은 효력이 발생하는 것이 아니기 때문에 입법권을 침해하는 것이 아니라는 것이 뒤기의 생각이다.[46]

　사법권에 법률의 위헌심사권을 포함시키지 않은 이유는 사법권을 입법권보다 열등한 것으로 보는 의회중심주의적 태도에 기인한 것으로, 뒤기는 이러한 의회중심주의 태도를 배척하였다고 해석할 수 있다. 뒤기는 법률이 국가의 주권적 의사의 표현이므로 그 어떤 제한도 받지 않아야 한다는 기존의 통설은 법원에게 법률에 대한 위헌성 심사권한을 인정하지 않았으나, 법원도 법률의 위헌성을 심사할 수 있어야 한다고 주장하였고, 이는 프랑스의 오류와 베르텔레미와 같은 학자들과 독일의 여러 학자들의 학설 및 노르웨이, 루마니아 등 유럽 여러 나라의 판례를 통해서도 지지되었다.[47] 따라서 뒤기는 프랑스와 외국의 현실을 모두 고려할 때, 가까운 미래에 프랑스에서도 헌법률을 기준으로 법률에 대한 쟁송적 심사가 활발히 이루어질 것이라 예측하였다.[48]

　19세기 말 프랑스는 루소와 프랑스 혁명의 영향으로 완전무결하고 절대로 복종해야 하는 일반 의지의 표현인 법률은 잘못 만들어질 수도 없고, 국민의 기본권을 침해할 수도 없다는 의회주권주의 사상이 뿌리 깊었으나 제5공화국에 이르러 위헌법률심판제도가 도입되는 등 변화를 맞이하였다.[49] 이러한 관점에서 보면 역사적 사실에 기초했을 때 뒤기에게 미래를 예측하는 상당한 혜안이 있었다고 할 수 있다.

---

46) 레옹 뒤기(Léon Duguit)(이광윤 역), 일반 공법학 강의, 민음사, 1995, 236면 참조.
47) Léon Duguit, Les transformations du droit public, 2ᵉ tirage, Librairie Armand Colin, Paris, 1921, pp.97-103 참조.
48) Léon Duguit, Les transformations du droit public, 2ᵉ tirage, Librairie Armand Colin, Paris, 1921, pp.102-103 참조.
49) 전학선, "프랑스의 법령체계 및 법치주의에 관한 연구", 공법학연구 제12권 제1호, 2011, 222면 참조.

제2절 특별한 법률의 유형

I. 특별한 법률의 존재 의미

주권 개념을 근간으로 하는 당시 기존의 통설에 따르면, 법률은 단일하고 불가분한 주권적 의사의 표현으로서, 하나의 영토에는 하나의 주권만이 있을 뿐이어서 주권의 표현인 법률도 하나이며, 그 영토에 사는 사람들 모두에게 적용된다. 이러한 사상은 1791년 헌법 제3편 전문의 제1조에서 잘 드러나는데, 이 조항에 따르면, 주권은 단일하고, 불가분한 것이며, 국민에 속하여 인민 중 어떤 부류도, 어떤 개인도, 주권의 행사를 자기 것이라 할 수 없다고 규정한다. 이는 주관주의적 태도가 반영된 대표적인 예이다.

주관주의적 관점에서 법률을 이해하는 견해의 논리적 귀결은 다음과 같이 한 문장으로 정리할 수 있다. 법률은 단일의 불가분한 주권의 표현으로서, 한 영토에는 하나의 법률만이 존재할 수 있을 뿐이고, 국민들은 그 법률만을 따를 뿐이며, 지방의 법률이나 단체의 법률은 존재할 수 없다. 그러나 뒤기는 위와 같은 주관주의적 관점에서 내릴 수 있는 결론과는 달리 현실에서는 이와 상반되는 사회 현상이 일어나고 있으며, 이러한 현상이야말로 당시 사회에서 일어나는 가장 크고 심오한 변화라고 진단한다.[1] 그 변화의 중심에 지방법과 단체법 등으로 대표되는 바로 특별한 법률들의 등장이 존재한다. 이하에서는 뒤기가 언급한 특별한 법률의 유형과 그 존재 의미에 대해 더욱 자세히 알아본다.

---

1) Léon Duguit, Les transformations du droit public, 2e tirage, Librairie Armand Colin, Paris, 1921, pp.104-105 참조.

II. 지방법

1. 지방의 분권화 경향

주권 중심의 공법 사상 하에서는 연방주의라는 개념 자체가 성립할 수 없다. 뒤기는 과거 공법 사상의 근간을 이루던 주권 개념이 소멸하였음을 주장하면서, 이에 대한 증거로 연방주의와 지방에만 적용되는 법률의 증가를 들었다. 제3공화국 당시 프랑스는 연방국가가 아니라 단일국가이지만 '분권화'(la décentralisation)라는 이름으로 연방주의 경향이 나타나는데, 이는 데파르트망(le département)[2]이나 꼬뮌(commune)[3]이라고 불리는 지역 구획에서 어느 정도의 차이는 있지만 그 지역만의 관할 사항에 대해서는 자율적으로 통치하는 형태의 체제를 의미한다.[4]

뒤기는 1871년부터 프랑스에서는 이러한 분권화의 문제가 끊임없이 논의되어 왔음을 지적하면서, 사실상으로도 법적으로도 몇몇 큰 꼬뮌들은 고유의 법을 갖게 되었으며 이들은 국가의 법률과는 완전히 구분된다고 하였다.[5] 이러한 지방자치체제는 국가의 법률에 의해서 창설된 것이고, 지방이 갖는 독립성도 마찬가지로 국가에 의해 부여된 것이어서 이론적으로 국가는 다시 지방의 자치권을 회수하는 것도 가능할 것이라고 해석되었으나, 뒤기는 이미 관습적으로 지방의 자율성과 독립성이 점차 증가, 확대되고 있는 현실을 고려할 때 자치권을 완전히 회수하는 것은 불가능할 것이라고 예상하였다.[6]

---

2) 우리법상 개념에 따르면, 도(道)와 같은 광역지방자치단체로 이해할 수 있다.

3) 우리법상 개념에 따르면, 기초지방자치단체로 이해할 수 있다.

4) 윤기석, "프랑스 공화주의와 지방분권: 제3공화정 시기 지역주의(Régionalisme)의 생성과 한계를 중심으로", 국제학논총 제16집, 2011, 108면 참조.

5) Léon Duguit, Traité de droit constitutionnel, tome 3, 2ᵉ éd., Ancienne librairie fontemoing et Cⁱᵉ, Éditeurs(E. de Boccard successeur), Paris, 1923, p.76 참조.

6) Léon Duguit, Les transformations du droit public, 2ᵉ tirage, Librairie Armand Colin,

2. 지방법으로서 행정명령

당시 지방분권화의 경향은 특정한 분야에서 더욱 심화되는 경향을 보였는데, 가장 대표적인 영역은 꼬뮌의 질서유지에 관한 사항과 꼬뮌의 역무를 조직하는 사항으로 시장들은 행정명령(le règlement)의 이름으로 꼬뮌에 적용되는 법규들을 만들 수 있었다. 뒤기의 견해에 의하면 이러한 행정명령들은 꼬뮌에 살고 있는 모든 사람들에게 적용되는, 꼬뮌의 객관법이었다.[7] 당시 프랑스에는 중앙정부로부터 파견된 국가의 공무원으로서 '도지사'(le préfe-t)[8]가 존재했으나, 도지사는 시장의 행정명령이 법률을 위반한 경우에만 그것을 취소할 수 있을 뿐이었고, 행정명령 자체를 수정할 권한은 갖고 있지 않았다.[9] 오히려 시장이 도지사가 한 월권행위에 대해 그 결정의 취소를 구하는 월권소송을 제기할 수 있었다.[10]

뒤기는 이러한 꼬뮌의 행정명령들을 국가의 법률들과 별개의 효력을 갖는 법률로서, 국가의 법률과 병렬적으로 존재하는 것으로 이해한 것으로 볼 수 있다. 예를 들어, 질서유지에 관한 사항에 대해 정한 꼬뮌의 행

Paris, 1921, p.108 참조.

7) *Ibid.*

8) 'le préfet'는 국내에서 주로 도지사로 번역되므로 본 논문에서도 도지사로 번역하였다. 'le préfet'는 라틴어 'praefectus'를 어원으로 하는데 이는 우두머리, 수령. 변경 지방의 관찰사 등을 뜻한다. 로마제국에서 시작된 도지사 제도는 프랑스에서는 2세기부터 존재하여 국가의 단일성을 보장하는 기능을 담당하였다. 이에 관한 상세한 논의를 다룬 문헌으로 왕승혜, "프랑스법상 국가와 지방자치단체 간의 사무위임에 관한 연구", 행정법연구 제53호, 2018, 119면 참조.

9) 1982년 이전에는 이처럼 도지사가 시장의 행정명령에 대해 그 위법을 이유로 곧바로 취소할 수 있었으나, 그 이후에는 행정재판소에 제소하여 판결을 받도록 함으로써 직접 취소할 수 없도록 변경되었다. 이에 관한 상세한 논의를 다룬 문헌으로 배준구, "프랑스의 중앙과 지방정부간 관계", 사회과학연구 제13집, 1997, 60면 참조.

10) Léon Duguit, Les transformations du droit public, 2ᵉ tirage, Librairie Armand Colin, Paris, 1921, p.109 참조.

정명령은 국가의 법률이 규정한 의무를 직접 수정할 수는 없었지만 당해 꼬뮌에 한해서는 원래 국가법상 의무에 더하여 꼬뮌의 행정명령이 규정하는 의무를 추가할 수는 있었다고 한다.[11] 즉, 뒤기는 꼬뮌의 행정명령을 일반 법률과 마찬가지의 법적 효력을 갖는다고 함으로써 그것을 위반하는 행위는 취소소송이나 손해배상책임소송의 대상이 된다는 주장으로 이어지는 이론적 기틀을 형성했다.

III. 공역무의 분권화에 관한 법규

1. 공역무의 분권화 현상

뒤기는 공역무에 관한 법률들도 역무에 따라 점차 분권화되는 경향을 보이고 있으며, 이러한 경향이야말로 현대 사회에서 일어나는 가장 흥미로운 법적 현상 중에 하나라고 평가했다.[12] 여기서 공역무의 분권화란 여러 가지 종류의 공역무들이 제대로 수행되고 기능할 수 있도록 특정 공역무에 대해서는 독립된 재산이 할당되고 그와 관련된 업무를 수행하는 공무원들은 정부의 감독 하에 그 재산에 대한 관리를 위임받아 업무를 수행하는 것을 의미한다. 이 때 정부의 감독은 주로 해당 공역무를 수행하는 데 필요한 재산에 관해 이루어지는데, 뒤기는 당해 공역무를 담당하는 공무원들이 독립된 재산을 가지고 업무를 수행한다는 사실을 바탕으로 공역무의 분권화는 필연적으로 공무원들 개인의 책임 문제와 밀접한 관련성을 갖는다고 분석하였다.[13]

---

11) Léon Duguit, Traité de droit constitutionnel, tome 3, 2ᵉ éd., Ancienne librairie fontemoing et Cⁱᵉ, Éditeurs(E. de Boccard successeur), Paris, 1923, p.83 참조.

12) Léon Duguit, Le droit social, le droit individuel et la transformation de l'État, Félix Alcan, Paris, 1908, p.139 참조.

이러한 공역무의 분권화 현상은 세계대전이라는 당시 상황과도 일정한 연관성을 갖는 것으로 이해된다. 당시 국가는 전쟁으로 인하여 많은 인적·물적 자원을 투입하였기 때문에 그 외의 공역무에 대해서는 일정 부분 민간 부분으로 대체할 수밖에 없었던 것이다. 이러한 맥락에서 공역무의 분권화 현상이 기술적인 부분에 대해서만 이루어지고 전쟁과 외부의 적으로부터 국민을 보호하기 위해 군사를 조직하거나 재판 등을 통해 사법정의를 실현하는 것과 같이 그 성질상 중앙 정부에 의해 직접 실행되어야 하는 공역무에 대해서는 일어나지 않고 있었던 당시 상황을 이해할 수 있다.

특히 공역무의 분권화 현상이 일어나는 가장 대표적인 예로는 영조물(l'établissement public)[14]의 성립을 들 수 있다. 뒤기는 특히 1896년 7월

---

13) Léon Duguit, Les transformations du droit public, 2e tirage, Librairie Armand Colin, Paris, 1921, p.111 참조.

14) 우리나라에서 'l'établissement public' 개념은 영조물법인 또는 영조물로 번역되어 소개되거나(김동희, "프랑스 행정법상 영조물법인과 공공기업에 관한 소고", 서울대학교 법학 제33권 제2호, 1992; 이광윤, 일반행정법, 법문사, 전면개정판, 2012, 510면 참조), 공공시설법인으로 소개된다. 'l'établissement public' 개념은 독일의 오토 마이어가 사용한 '공영조물'(öffentliche Anstalt) 개념에서 기인한 것으로서, 사실 오토 마이어는 당시 프랑스의 '공역무'(le service public) 개념을 번역하기 위해 공영조물 개념을 만들었고 여기에는 기능·활동의 의미가 내포되어 있었으므로 'les établissements publics'을 '공법인'으로 번역하여야 한다는 견해(이상덕, "영조물에 관한 연구 -공공성 구현단위로서 '영조물' 개념의 재정립-", 서울대학교 박사학위논문, 2010, 174면, 181면 참조), 우리나라의 통설은 행정적 목적의 비영리사업을 행하는 협의의 영조물 개념을 수용하므로 영조물이라고 번역하면 프랑스의 'l'établissement public' 개념 보다 지나치게 좁은 의미를 갖게 되고, 공법인이라고 번역하면 '공익단체'(le groupement d'intérêt public)까지 포괄하는 넓은 개념으로 오해를 살 수 있어서 '공공시설법인'으로 번역하는 것이 타당하다는 견해(박우경, "프랑스 행정법상 공역무 수행방식에 관한 연구 -우리나라 행정사무 수행방식과의 비교를 중심으로-", 이화여자대학교 박사학위논문, 2017, 52면 참조) 등이 있다. 생각건대, 뒤기는 단체의 법인격을 부인하는 입장을 취하므로 'l'établissement public'을 '법인'으로

10일 법률에 의해 창설된 대학(l'université)을 전형적인 영조물의 예로 들면서, 대학은 독립된 재산을 가지고 국가의 감독을 받고, 당해 대학의 동료들이 선출한 교수들로 구성된 위원회에 의해 운영된다고 한다.[15] 프랑스의 대학은 전통적으로 자율성과 독립성을 바탕으로 교육에 관한 역무를 제공하는데, 만약 국가가 대학을 직접 운영하고 교수도 직접 임명하는 구조였다면 이러한 방식의 공역무 수행은 불가능했을 것이다.

2. 공역무의 분권화에 따른 공무원의 지위 보장

뒤기는 위와 같은 공역무의 분권화 현상이 각각의 공역무에 대한 독립적인 조직화 경향을 보여줄 뿐만 아니라, 특정 업무를 담당하는 공무원의 특별한 지위를 보장하려는 경향으로도 나타났다고 분석한다.[16] 공역무를 수행하는 공무원들은 자의적인 조치를 받지 않도록 보호를 받게 되는데, 그 내용에는 안정적인 지위와 정상적인 승진을 보장하고, 정치로부터 영향을 받지 않도록 하는 것이 포함된다. 뒤기는 공무원에게 이러한 지위가 보장되는 이유는 바로 공무원에게 부여된 공역무를 제대로 실현하기 위함이라고 설명한다.[17] 즉, 공무원 개인의 이익을 위해서 공무원의 지위를 보장하는 것이 아니라, 공무원의 지위를 보호함으로써 공무원이 안정적으로 공역무를 제공할 수 있는 환경을 조성하고, 공역무가 더욱 잘 기능할 수 있도록 한다는 것이다. 뒤기의 이러한 견해는 사회적 연대의 실현이라는 목적을 달성하기 위해 공역무의 기능이 강력히 보호

번역하는 것은 그의 이론상 논리적으로 맞지 않는다는 점을 고려하여 본 논문에서는 '영조물'로 번역하였다.

15) Léon Duguit, Les transformations du droit public, 2e tirage, Librairie Armand Colin, Paris, 1921, p.112 참조.

16) Léon Duguit, Le droit social, le droit individuel et la transformation de l'État, Félix Alcan, Paris, 1908, p.141 참조.

17) Léon Duguit, *op. cit.*(supra note 15), p.113 참조.

받아야 한다는 생각을 밑바탕으로 한다고 볼 수 있다.

한편 뒤기는 이러한 공무원 지위의 보장이 모든 공무원에게 공통되는 일반 법률에 의해서 이루어지기는 어렵다고 보았다.[18] 그는 프랑스의회에서 그러한 시도가 없었던 것은 아니지만 실현되지 않았음을 지적하면서, 공역무의 다양성을 이유로 공통되고 일반적인 공무원의 지위를 설정하는 것은 현실적으로 무리가 있다고 한다.[19] 따라서 그가 제시하는 해결책은 각각의 공역무에 적합한 고유한 지위를 설정하는 것으로, 이는 지휘부(la direction)와 직원 대표자들 사이에서 이루어지는 합의를 통해 정해진다고 보았다.[20] 이렇게 정해진 합의는 각각의 공역무에 대한 개별 법률을 구성하였고, 각각의 개별 법률은 국가의 법률과는 완전히 별개로 존재했다는 점에서 단일한 주권의 의사표시로서 법률은 오직 하나의 형태로만 존재하여야 한다고 본 종래의 통설적 견해로는 설명할 수 없는 현실적 증거가 되었다.

3. 분권화된 공역무에 관한 법규

분권화된 공역무는 행정적으로도 재산적으로도 독립성을 갖는 '법적 조직'(l'organisme juridique)을 형성하였고, 그 기관은 고유의 규칙 내지 법규를 가질 수 있었으며, 그 궁극적인 목적은 분권화된 해당 공역무의 조직과 기능을 규율하기 위한 것이었다.[21] 뒤기에 따르면, 이러한 분권화된 공역무에 관한 법규는 특히 영조물에서 많이 나타났다고 하는데, 앞에서 언급한 대학이나 의료행정(l'administration hospitalière)이 그것이

---

18) Léon Duguit, Traité de droit constitutionnel, tome 3, 2ᵉ éd., Ancienne librairie fontemoing et Cⁱᵉ, Éditeurs(E. de Boccard successeur), Paris, 1923, p.96 참조.

19) Léon Duguit, Les transformations du droit public, 2ᵉ tirage, Librairie Armand Colin, Paris, 1921, p.113 참조.

20) *Ibid.*

21) Léon Duguit, *op. cit.* (supra note 18), p.103 참조.

다.[22] 이들 영조물은 공역무의 관리에 관하여 독자적으로 많은 법규를 제정하였고, 이러한 법규에 위반한 행위들은 월권소송의 대상이 될 수 있었다. 예를 들어, 대학의 경우 1811년 11월 15일 칙령 제157조는 어떤 경찰이나 사법관리도 대학의 구성원이나 학생에 대해 범죄사실을 검증하거나 영장을 집행하거나 체포하기 위해 대학에 들어갈 수 없다고 규정하였는데, 이는 사법경찰권 개입만을 규정하고 있지만 당시 관습적으로는 대학 내부의 질서유지는 필수적인 경우를 제외하고는 대학 당국이 책임지도록 인정되었다.[23]

국가의 법률은 전체 국가의 공역무에 관한 사항들에 대해 의회가 제정하는 것인데, 분권화된 공역무에 관한 법규는 국가의 법률과는 그 목적이나 기원, 그리고 제정주체 면에서 구별될 수밖에 없었다.[24] 다만 그 효력 면에 있어서는 분권화된 공역무에 관한 법규도 일반 법률과 동일하였으므로 각 공역무에 대한 개별 법규에 위반한 행위에 대해서는 법적인 제재를 가할 수 있었으며, 특히 이해관계인은 그 위반 행위에 대하여 월권소송을 제기할 수 있었다.[25]

---

22) Léon Duguit, Les transformations du droit public, 2e tirage, Librairie Armand Colin, Paris, 1921, p.115 참조.

23) 이광윤, 신행정법론, 법문사, 2007, 510면.

24) Léon Duguit, Traité de droit constitutionnel, tome 3, 2e éd., Ancienne librairie fontemoing et Cie, Éditeurs(E. de Boccard successeur), Paris, 1923, p.83 참조.

25) Léon Duguit, op. cit.(supra note 22), p.114 참조.

IV. 공무원 징계법

1. 공무원의 지위와 징계

공역무의 분권화는 공역무를 보다 잘 수행하기 위하여 공역무의 특성에 따라 특정 공역무의 경우에는 독립적인 조직이 이를 담당하도록 한 것이었다. 그리고 위에서 언급한 바와 같이 각각의 공역무가 독립적으로 잘 기능할 수 있도록 그 공역무를 수행하는 공무원들에게 특별한 지위를 부여하는 법률이 제정되었다.[26] 여기서 지위라 함은 어떤 사람이 그 단체에 소속되어 있다는 사실만으로 그 사람에게 부여되는 일반적인 법적 상황 내지 그 양태를 의미하므로 공무원들의 지위에 관한 법률은 각각의 공무원들에게 객관적 법적 상황을 창출하는 객관적 법규범으로 기능했다고 볼 수 있다.[27]

공무원의 특별한 지위에는 안정적으로 공무수행을 할 수 있도록 보장하고 정기적인 승진이 가능하도록 보장하는 등의 내용은 물론 징계에 관한 내용도 포함된다. 공무원의 징계에 관한 법률에 관해서는 여러 논의가 있었으나 당시 많은 공법학자들의 관심을 끌었던 것은 그것의 법적 기초 또는 법적 성격에 관한 문제였다. 특히 독일과 프랑스의 학자들이 징계법과 일반 형법을 어떻게 이해할 것인가에 관하여 현실적으로 많은 논의들이 이루어졌는데, 이하에서는 이에 관해 보다 자세히 살펴본다.

---

26) Léon Duguit, Le droit social, le droit individuel et la transformation de l'État, Félix Alcan, Paris, 1908, p.142 참조.

27) Léon Duguit, Traité de droit constitutionnel, tome 3, 2ᵉ éd., Ancienne librairie fontemoing et Cⁱᵉ, Éditeurs(E. de Boccard successeur), Paris, 1923, p.147 참조.

2. 징계법의 성격

가. 법적 성질에 관한 논의

당시 대다수의 공법학자들은 공무원에 대한 징계에 대해 형법상의 처벌과는 완전히 다른 법적 기초 또는 별개의 성격을 갖고 있는 개념으로 이해한 것으로 보인다. 독일의 학자 옐리네크는 국가법인설의 관점에서 형법은 국가의 명령권에서 유래한 것인 반면, 징계는 국가의 명령이 아니라 국가와 구별되는 교회나 꼬뮌, 회사, 가족, 영조물 등과 같은 단체에 속하는 징계권으로부터 유래한 개념이라 보았다.[28] 즉, 옐리네크의 견해는 형법과 징계법이 전혀 다른 기원을 갖는다는 분석에 기초하는데 후술하는 뒤기의 견해와는 정반대의 입장이다.

반면, 프랑스의 보나르(Bonnard)는 일반적으로 범죄와 형벌을 정한 법을 형법이라고 개념 정의했을 때, 징계법은 바로 국가가 아닌, 다른 어떤 특정한 조합(la corporation)의 형법으로 이해하면서 형법과 징계법에 대해 그 근원은 동일하나, 적용되는 영역이 전혀 다르다고 이해하였다.[29] 뒤기에 따르면, 보나르는 위 주장에 더하여 현대에 이르러 공무원 제도(la fonction publique)가 일종의 조합의 형태로 운영되려는 움직임을 보인다는 점을 지적하면서 공무원에 대한 징계에 관한 법률은 말하자면, 공무원 조합의 형법이라고 설명한다고 한다.[30]

---

28) 게오르그 옐리네크(Georg Jellinek)(김효전 역), 일반국가학, 법문사, 2005, 647면 참조.
29) Léon Duguit, Les transformations du droit public, 2ᵉ tirage, Librairie Armand Colin, Paris, 1921, p.118 참조.
30) *Ibid.*, pp.117-118 참조.

나. 뒤기의 견해

뒤기는 위 보나르의 주장에 대하여 보나르가 징계법을 형법과 같다고 설명하면서도 징계에 관한 법률을 지나치게 좁게 설정한 점과 무조건 공무원제도가 조합의 형태로 조직되고 운영되려는 경향을 보인다고 한 점에 대해서는 비판적인 태도를 보였다.[31] 확실히 징계법은 국가의 법과는 완전히 다른 종류의 법이었고, 국가와는 완전히 다른 어떤 독립된 집단에서만 적용되는 형법이었다.[32] 국가의 형법은 국가 내에서 개인의 안전을 보호하기 위해 만들어진 법인 반면, 징계법은 당해 집단을 위태롭게 하는 모든 행위를 처벌할 필요성에 따라 조직화된 법으로 볼 수 있기 때문이다. 국가의 형법은 국민 모두에게 적용되는 반면, 징계법은 관련된 공역무를 수행하는 집단에 속해 있는 공무원들에게만 그 강제적 효력을 미친다.

그렇다면 특정한 공역무를 수행하는 공무원이 불법적인 행위를 하여 형법과 징계법의 적용을 동시에 받게 될 위험이 존재하는 경우는 이중 제재에 해당하여 오늘날의 관점에서 보면 일종의 이중위험금지원칙에 반하는 것이 아닌가 의문이 들 수 있다. 이에 대하여 뒤기는 양자의 규율 영역이 다르므로 중첩적으로 적용되어도 문제가 없다고 본다.[33] 그리고 중첩적인 적용을 받는다고 하여서 꼭 양 법률에 기한 처벌을 모두 받아야 하는 것은 아니라고 볼 수 있다. 즉, 공무원은 자신의 행위에 대해서 형법이나 징계법 어느 하나의 법에 정해진 처벌만을 받을 수도 있고, 형법과 징계법 모두에 의해 처벌을 받을 수도 있다는 것이다.

---

31) Léon Duguit, Les transformations du droit public, 2ᵉ tirage, Librairie Armand Colin, Paris, 1921, p.118 참조.

32) Léon Duguit, Traité de droit constitutionnel, tome 1, 3ᵉ éd., Ancienne librairie fontemoing et Cⁱᵉ, Éditeurs(E. de Boccard successeur), Paris, 1927, p.403 참조.

33) Léon Duguit, Traité de droit constitutionnel, tome 3, 2ᵉ éd., Ancienne librairie fontemoing et Cⁱᵉ, Éditeurs(E. de Boccard successeur), Paris, 1923, p.258 참조.

결국 뒤기의 이러한 현실 분석은 주권의 개념을 기초로 하는 단일한 법률 개념과 완전히 반대되는 것으로, 공법의 근본으로서 주권 개념은 소멸하고 공역무 개념이 그것을 대체했다는 그의 주장을 뒷받침한다. 징계법은 공역무를 조직하는 객관법의 일부를 이루고, 징계법의 존재는 더 이상 주권적 의사 표시로서 일원론적인 법 개념은 현실에서 존재하지 않는다는 것을 반증하는 증거가 되었던 것이다.

V. 단체의 법규

1. 단체의 법률

과거 프랑스는 1791년 6월 르샤플리에(Le Chapelier)법에 의해 전문가 집단의 단결권을 인정하지 않았고, 형법을 통해, 20명 이상이 모인 모든 단체를 처벌하였다.[34] 르샤플리에법은 개인의 자유를 침해하는 모든 행위를 배척하는 1789년 프랑스 혁명 정신에 기초하여 특정 집단이 계층을 형성하는 것을 경계함으로써 제정되었다. 이는 전문가 집단의 결성이 국가 전체의 통일성을 깨뜨린다는 사상에 기초한 법으로, 전문가 집단의 결성은 곧 헌법의 근본을 이루는 자유의 원칙을 침해하는 것으로 이해되었던 것이다. 따라서 같은 직업을 가진 사람들끼리 모여서 소위 공통의 이해관계에 기해 규범을 만드는 것은 철저히 금지되었다.[35] 그러나 이러한 법 규정은 현실의 변화를 막지 못했는데, 프랑스에서는 산업 혁명 이후 경제와 산업의 급격한 발달로 노동자들과 자본가들 사이에 첨

---

34) 전학선, "프랑스 헌법상 단결권·단체교섭권 제한의 법리와 실제", 조선대학교 법학연구원, 법학논총, 제17권 제3호, 2010, 133면 참조.

35) Léon Duguit, Les transformations du droit public, 2ᵉ tirage, Librairie Armand Colin, Paris, 1921, p.122 참조.

예한 대립과 갈등이 이어지면서 노동조합을 중심으로 한 사회 개혁운동인 혁명적인 조합주의(syndicalism)가 유행하였고, 다양한 종류의 단체들이 생겨나기 시작했다.[36] 여기서 단체는 공통의 목적을 추구하는 개인들의 집합체를 의미한다.

이러한 단체들은 자신만의 고유한 법을 제정하였는데, 그 법은 단체를 구성하는 구성원들에게만 적용된다는 점에서 국민 모두에게 적용되는 국가의 법과는 그 효력범위와 성질이 전혀 다른 것이었다. 이러한 현실은 주관주의적 관점에서는 상정할 수 없는 것이었는데, 주관주의적 관점에서는 국가의 법만이 개인의 자유를 지켜줄 수 있고, 개인이 국가의 법외에 다른 법의 적용을 받는 것은 불가능한 일이었기 때문이다. 주관주의적 관점에서 단체가 정한 모든 규정들은 법률이 아니라 단순히 단체를 구성하는 구성원들이 주관적 의사에 기해 체결한 개별적인 계약의 조항들의 합일뿐이었다. 그러나 객관주의적 관점을 따르는 뒤기의 견해에 의하면, 단체가 스스로 정한 고유한 법규는 그 단체의 구성원들에게 일반적, 항구적으로 적용되는 객관적 법이었고, 결코 주관적이고 일시적인 상태를 창설하는 계약과 같은 성질을 갖지 않았다.[37]

계약은 두 사람 또는 두 집단의 사람들 사이에 의사의 합치가 있을 때 성립하는 것으로, 로마법에서 유래하여 나폴레옹 법전 제101조에 채택되어 명시되었다.[38] 뒤기에 따르면, 이러한 계약은 전적으로 주관주의적인 관점에 기인한 것으로 당사자들은 계약에 기하여 상호간 채권, 채무관계와 같은 주관적 법적 상황을 발생시켰다.[39] 반면, 단체에서는 여

---

36) 이용재, "생디칼리슴의 국제적 비교연구", 프랑스사 연구 제21호, 2009, 117-118면 참조.

37) Léon Duguit, Les transformations du droit public, 2ᵉ tirage, Librairie Armand Colin, Paris, 1921, pp.123-125 참조.

38) Léon Duguit, Leçons de droit public général, faites à la faculté de droit de l'Université égyptienne pendant les mois de Janvier, Février et Mars 1926, E. de Boccard, Paris, 1926, p.91 참조.

러 사람들이 동일한 목적을 추구하면서 일반적이고 항구적인 규칙을 정
하는 행위는 객관적인 법적 상황을 야기하는데 이는 계약과는 달리 일
종의 단체행위(l'acte collectif), 합동행위(la collaboration)에 해당한다.[40]

뒤기는 단체의 법률은 계약이 아니라 이와 같은 단체행위 또는 합동
행위의 결과물로서, 계약과 같이 당사자들에게 개별적이고 일시적인 주
관적 법적 상황을 야기하는 것이 아니라, 일반적으로 그 단체의 구성원
들 모두에게 항구적으로 적용되는 것으로 이해했다.[41] 따라서 단체의
구성원들이 부담하는 의무는 계약에 기한 의무가 아니라 그 단체에 속
해 있다는 사실 만으로 준수하여야 하는 객관법상의 의무인 것이다. 뒤
기는 그 예로, 단체의 법률에 의하여 단체의 구성원들에게 일정한 분담
금이 부과된다면 이는 일종의 세금과 같은 것으로 볼 수 있는데, 만약
그 분담금이 단체의 총회(l'assemblée général)에 의해 증액된다면, 구성원
들은 그 분담금에 이의가 있어도 그것을 납부할 의무를 부담한다는 것
을 들었다.[42] 결국 단체의 법률은 실질적인 의미에서 법률에 해당한다
고 볼 수 있고, 이는 기존의 통설에 기한 법률의 정의와는 상반되는 것
으로 뒤기의 주장을 뒷받침하는 증거로 활용된다.

---

39) Léon Duguit, Les transformations du droit public, 2ᵉ tirage, Librairie Armand Colin,
   Paris, 1921, pp.123-125 참조.
40) Léon Duguit, Leçons de droit public général, faites à la faculté de droit de l'Université
   égyptienne pendant les mois de Janvier, Février et Mars 1926, E. de Boccard, Paris,
   1926, p.92 참조.
41) 레옹 뒤기(Léon Duguit)(이광윤 역), 일반 공법학 강의, 민음사, 1995, 79면 참조.
42) Léon Duguit, Les transformations du droit public, 2ᵉ tirage, Librairie Armand Colin,
   Paris, 1921, p.125 참조.

2. 협약법률

가. 의의

19세기 말부터 20세기 초 뒤기가 살았던 시기의 공법 현실에서 두드러지는 특징 중 하나는 여러 종류의 단체들이 증가하고 있다는 것이었다. 이전에는 존재하지 않았던 단체들, 단체들의 연합체, 노동조합, 광산·금융·보험 등 각종 산업과 관련된 상업 회사들 등 다양한 단체들이 나타나기 시작했다. 이러한 단체를 규율하는 법률은 일종의 '협약'(la convention)으로 이해되었는데, 여기서 협약이라 함은 계약과는 구별되는데 둘 또는 그 이상의 집단들 사이에서 형성되는 것으로 협약의 당사자들은 어떤 주관적 법률관계를 창설하기 위한 의사 대신 객관적인 법질서 또는 규범을 설정하려는 의사를 갖고 있었다.[43] 만약 일정한 협약이 체결되면 그 협약의 규정들은 당시 그 집단들에 속해 있던 사람들뿐만 아니라 그 이후에 그 집단에 속하게 되는 사람들은 물론 제3자들에 대해서도 효력이 있었다. 뒤기는 이러한 형태의 협약을 법률과 협약이 결합된 형태로 이해하여 '협약법률'(la loi-convention)이라고 칭했다.[44]

이러한 협약법률은 주권 개념과는 전혀 맞지 않았다. 즉, 법률을 주권적 의사의 표시라 이해하면 그 법률은 일방적인 의사의 표현으로서 통치자인 주권적 주체가 피치자들에게 가하는 일종의 명령과도 같은데,

---

43) Léon Duguit, Traité de droit constitutionnel, tome 1, 3ᵉ éd., Ancienne librairie fontemoing et Cⁱᵉ, Éditeurs(E. de Boccard successeur), Paris, 1927, p.404 참조.

44) 뒤기의 표현인 'loi-convention' 개념을 문언 그대로 번역하면 법률-협약 또는 법률적 협약이라고 해야 정확할 것이나, 뒤기가 사용하는 법률-협약 또는 법률적 협약(loi-convention)의 개념은 법률적 효력을 갖는 협약을 뜻하는 것으로 오늘날의 협약법률(convention-loi)과 동일한 의미인 점을 고려하면 협약법률이라고 번역하는 것이 더 자연스럽다고 판단되어 본 논문에서는 협약법률이라 번역하였다.

본질적으로 협약은 그 개념상 당사자들 상호간의 의사 교환을 전제로 하기 때문이다. 뒤기는 현대 사회에서 더 많은 사회적 관계들이 일방적인 법률에 기하여 정해지기보다 계약 당사자들의 의지에 따라서 규율된다는 점을 강조하면서, 협약법률의 증가는 바로 현대 공법의 중요한 변화를 잘 보여주는 사례라고 보았다.[45] 특히 당시 프랑스의 대표적인 협약법률의 사례로는 노동단체협약과 공역무의 특허[46]를 들 수 있는데 이하에서 이에 관하여 검토한다.

나. 협약법률의 대표사례

(1) 노동단체협약

프랑스의 노동운동은 뒤기가 살았던 19세기 후반부터 20세기 초반 사이에 완성된 형태로 존재한 것은 아니었고, 한창 그 형성이 진행 중인 단계로 19세기 중반 산업화와 도시화가 진행되면서 함께 성장하여 19세기 후반에 이르러 노동자수가 급증하면서 본격적으로 활성화되었다.[47] 특히 노사관계를 규율하는 '노동단체협약'(le contrat collectif de travail)은 고용주들의 집단과 노동자들의 집단 사이에서 체결된 규약으로서, 그 산업에 종사하는 근로자들과 사측의 개별 계약들의 조건을 정하는 것을 목적으로 하였다. 일반적으로는 임금, 근로시간, 작업환경 등 노동자들의 노동 조건이 단체협약의 주된 내용이었다.

이러한 단체협약은 고용주들의 집단과 노동자들의 집단 사이에 체결된 일종의 합의이나, 두 집단 사이에서 어떤 권리의무관계를 창설하는

---

45) Léon Duguit, Les transformations du droit public, 2ᵉ tirage, Librairie Armand Colin, Paris, 1921, p.131 참조.
46) 공역무 특허의 개념과 번역에 대해서는 이하 각주 50에서 후술한다.
47) 전현중, "프랑스 노동조합의 구조와 위기요인 분석", EU연구 제28호, 2011, 252면 참조.

주관적 법적 상황을 발생시키는 것을 목적으로 한 것이 아니라 일반적
이고 항구적으로 적용되는 어떤 규칙을 설정하는 것으로 이해되었다.[48]
따라서 단체협약은 그 자체로 규범적 효력이 인정되었다. 이를 구체적으
로 말하면, 당시 교섭에 참여한 노동자 집단의 구성원들은 물론이고, 이
후에 그 노동자 집단에 소속될 미래의 노동자들에게도 해당 단체협약이
적용된다는 것이다. 따라서 뒤기의 관점에 따르면, 노동에 관한 단체협
약은 의사의 합치라는 점에서는 계약과 유사한 점이 있지만, 이는 어디
까지나 객관적 법적 상황을 야기하는 항구적이고 일반적인 객관법에 해
당하고, 이러한 단체협약의 체결은 산업의 발전에 따라 점차 확대되고,
발전할 것으로 전망했다.[49]

(2) 공역무 특허

노동에 관한 단체협약 외에 대표적인 단체협약의 하나로 '공역무 특
허'(la concession de service public)[50]가 있다. 공역무 특허는 오늘날로 치

---

48) Léon Duguit(translated by Ernest G. Lorenzen), Collective acts as distinguished from
   contracts, Yale Law Journal, Vol. 27, No. 6, April, 1918, pp.753-768, p.765 참조.
49) Léon Duguit, Les transformations du droit public, 2ᵉ tirage, Librairie Armand Colin,
   Paris, 1921, p.133 참조.
50) 'la concession de service public'의 번역은 국내에서 조금씩 다르게 소개되고 있
   는데, 공역무의 양여(레옹 뒤기(Léon Duguit)(이광윤 역), 일반 공법학 강의, 민
   음사, 1995, 80면 참조), 공역무 특허(강운산, "프랑스 행정법상의 '공역무 위임'
   에 관한 연구 -PFI 제도를 중심으로-", 법제 2003년 11월호, 법제처, 2003, 8면 참
   조; 김동희, "공역무제도에 관한 연구", 서울대학교 법학 제35권 제2호, 1994,
   131면 참조; 송시강, "행정법상 특허에 관한 연구 -유형론적 고찰을 중심으로-",
   서울대학교 박사학위논문, 2010, 11면 참조), 공익사업의 특허계약(한국법제연
   구원, 프랑스 법령용어 해설집, 2006, 90면 참조) 등이 그 예시이다. 뒤기가 'la
   concession'의 개념에 관하여 설명할 때는 공역무의 수행을 보장하기 위해 국
   가, 지방, 도시 등 공공단체가 사인과 부관명세서로 불리는 협약을 체결하는
   행위를 뜻하므로, 본 논문에서는 이를 공역무 특허로 번역하였다. 물론 우리
   나라에서는 강학상 '특허'가 독일의 공기업 특허와 같이 행정청의 일방적인

면 일종의 행정계약으로, 공역무의 운영조건에 관하여 정한 조항들의 총체를 의미한다. 뒤기에 의하면, 공법의 개념으로서 '특허'(la concession)는 종종 다른 의미로 사용될 때가 있어 혼동을 유발할 때가 있으나, 본래 특허의 고유한 의미는 국가, 지방, 도시, 식민지와 같은 공공단체가 개인에 대하여 공역무의 기능을 수행하고 보장하게끔 하는 행위를 의미한다고 한다.[51] 프랑스에서는 그와 관련된 조건들이 소위 부관명세서(le cahier des charges)에 의해 정해진다.

공역무 특허가 이루어지는 분야는 세부적으로는 다르지만 본질적으로는 어느 정도의 공통되고 일반적인 성격을 갖고 있는데, 주로 철도, 트램, 버스와 같은 운송에 관한 공역무와 가스와 전기를 통해 이루어지는 도시의 조명에 관한 공역무가 그에 해당한다.[52] 이러한 공역무들은 모두 국민들의 생활에 필수불가결한 것으로서, 그 기능과 수행이 정상적으로 중단 없이 이루어질 것이 요구되는 활동이다.

공역무 특허는 협약의 형식으로 이루어지는데 행정과 '공역무특허사업자'(le concessionnaire)는 협의를 거친 후 여러 조건들에 관하여 조항들

의사표시에 기하여 행해진 행위로 이해되고, 행정계약으로는 인식되지 않는 경향이 있으나 특허의 사전적 의미는 특별히 허락한다는 뜻으로(표준국어대사전 "특허" 정의1, 국립국어원, 표준국어대사전, https://stdict.korean.go.kr/search/searchView.do?word_no=496057&sort=asc&searchKeywordTo=3&searchKeyword=%ED%8A%B9%ED%97%88%ED%95%98%EB%8B%A4&fileType=&fileField=&fileUseType=&fileUseContent=&downloadType=Excel, 검색일 및 최종접속일: 2019.12.22) 원래는 국가의 업무인 공역무를 사인에게 특별히 허락하여 수행하도록 한다는 취지를 살릴 수 있다는 점, 일반적으로 프랑스의 'la concession de service public' 개념이 국내에 소개될 때 공역무 특허로 소개되고 있고, 소개될 때 이는 일방적 행정행위가 아니라 행정계약임이 명시되고 있는 점에 비추어 본문에서도 공역무 특허로 번역하는 것이 무난하다고 판단된다.

51) Léon Duguit, Les transformations du droit public, 2e tirage, Librairie Armand Colin, Paris, 1921, p.134 참조.

52) Léon Duguit, Traité de droit constitutionnel, tome 3, 2e éd., Ancienne librairie fontemoing et Cie, Éditeurs(E. de Boccard successeur), Paris, 1923, p.9 참조.

을 정하며 조건의 내용과 성질에 따라 부관명세서의 일부 조항들의 법적 성격에도 차이가 존재할 수 있다. 예를 들어, 이자의 보증, 보조금의 지급 등 금전상의 조건들에 관한 조항들은 채권자, 채무자 관계와 같은 주관적 법적 상황을 야기하는 계약과 같은 성격을 갖는다.[53] 그런데 이러한 조항들은 현실적으로 큰 중요성을 갖는 것은 아니고, 오히려 부관명세서의 대부분 조항들은 공역무를 제대로 기능하게 하는 조건들을 규율하는 것을 대상으로 한다.[54] 예를 들어, 철도나 트램에 관한 공역무를 특허 받은 민간사업자는 선로들과 기차들의 수, 탑승객들의 안전을 보장하기 위해 필요한 조치들, 기차표의 가격, 최소 임금이나 근로 시간과 같은 노동 조건에 관한 조항에 관하여 조항들을 두는데, 이러한 조항들은 모두 객관적 법적 상황을 구성한다.[55]

위 내용을 종합하면, 공역무 특허에 관한 부관명세서에는 계약적 조항도 존재하지만, 특히 공역무의 기능에 관한 대부분의 조항들은 직접적인 협약의 당사자들이 아닌, 앞으로 그 공역무를 담당하게 될 다른 사람들이나 승객 등과 같은 제3자들에게도 효력을 미치는 일반적인 법률과 같은 성격을 갖는다고 할 수 있다.[56] 이는 의회만이 법률을 제정할 수 있다는 형식적인 관점을 제거한 것으로, 뒤기가 기능적·실질적 관점에서 입법 작용을 이해하고 있었음을 확인할 수 있는 대목이다.

---

53) Léon Duguit, op. cit.(supra note 51), pp.134-135 참조.
54) Léon Duguit, Traité de droit constitutionnel, tome 3, 2ᵉ éd., Ancienne librairie fontemoing et Cⁱᵉ, Éditeurs(E. de Boccard successeur), Paris, 1923, p.19 참조.
55) Léon Duguit, Les transformations du droit public, 2ᵉ tirage, Librairie Armand Colin, Paris, 1921, p.135 참조.
56) Ibid., p.136 참조.

다. 법적 성격과 위반 시 효과

위와 같이 행정과 공역무특허사업자 사이에 이루어지는 협약은 주관적 당사자들 사이에만 효력을 미치는 민법상 계약과는 완전히 다른 개념이다. 행정과 공역무특허사업자 사이에 이루어지는 협약은 협약을 체결하는 당사자들은 물론이고 실제로 미래에 그 공역무를 담당하게 될 사람들과 공역무 사업의 혜택을 받는 제3자들에게도 효력을 미친다는 점에서 법률과 같은 효력을 갖는다고 볼 수 있다. 즉, 뒤기의 표현을 따르면, 협약법률은 공역무를 잘 수행하기 위하여 조직되고 구성된 객관법에 해당한다.[57]

위와 같이 협약법률의 법률적 성격을 이해하고 나면 그것을 위반했을 때의 효과에 대해서도 예상이 가능하다. 뒤기는 협약법률도 법률적 성격을 갖기 때문에 일반 법률을 위반한 때와 마찬가지로 협약법률을 위반한 행정행위는 무효가 되어야 하며, 그에 대해 이해관계를 갖는 자는 그 행위에 대하여 월권소송을 제기할 수 있다고 보았다.[58] 이는 꽁세이데따의 판례에 의해서도 지지되었는데, 뒤기는 처음에는 꽁세이데따가 이러한 협약법률의 법률로서의 성격을 인정하는 데에 주저하는 것처럼 보였지만, 1907년 철도회사와 체결한 협약법률의 조항들이 법률적 성격을 갖는다고 인정한 이후 1912년 1월 19일 마크(Marc) 사건에서 부관명세서 조항들의 법률적 성격을 인정하였다고 한다.[59]

---

57) Léon Duguit, Traité de droit constitutionnel, tome 1, 3ᵉ éd., Ancienne librairie fontemoing et Cⁱᵉ, Éditeurs(E. de Boccard successeur), Paris, 1927, p.427 참조.

58) Léon Duguit, Traité de droit constitutionnel, tome 3, 2ᵉ éd., Ancienne librairie fontemoing et Cⁱᵉ, Éditeurs(E. de Boccard successeur), Paris, 1923, p.417 참조.

59) Léon Duguit, Les transformations du droit public, 2ᵉ tirage, Librairie Armand Colin, Paris, 1921, p.139 참조.

제3절 행정행위의 개념

뒤기는 어떠한 경우이든 공역무 수행의 목적을 달성하기 위해 공무원이 결정을 내리면 그 행위는 행정행위로 이해하여야 한다고 주장하며 행정행위를 광의로 이해하고자 한다.[1] 이러한 그의 견해는 결국 공역무를 수행하는 모든 활동을 행정행위라는 개념으로 인정함으로써, 행정의 계약과 나아가 행정법상 사실행위에 대해서도 행정행위의 개념으로 포괄한다.

이는 결국 행정행위에 대한 쟁송적 심사가 가능하도록 만들기 위한 것으로 보인다. 이하에서는 먼저 뒤기가 이해하는 광의의 행정행위 개념을 먼저 살펴보고, 기존의 주관주의적 주권 개념으로는 설명하기 어려웠던 여러 유형의 작용들을 행정행위의 영역으로 포섭한 후 그에 대한 심사 가능성을 인정할 수 있는지 검토한다.

Ⅰ. 행정행위에 대한 새로운 이해

1. 행정행위의 성격

당시의 통설이었던 주관주의적 관점에 따르면, 행정행위는 법률과 마찬가지로 일종의 주권적 의사표시의 하나로 이해되었다. 법률이 단일하고 불가분의 주권을 갖는 주권자의 의사를 의회가 정하는 일반적인 조항들의 형식으로 표현한 것이라면, 행정행위는 행정을 집행하는 권한을

---

1) Léon Duguit, Les transformations du droit public, 2ᵉ tirage, Librairie Armand Colin, Paris, 1921, p.156 참조.

갖는 공무원들의 개별적인 행위에 의해 이루어졌다. 본질적으로 행정행위와 법률은 모두 주권이라는 개념에 동일한 근거를 둔 것이었다. 이러한 관점에서는 행정행위라는 개념 자체가 매우 특별하고 독특한 성격을 갖는 것으로 이해되었는데, 특히 공권력의 행사가 법률에서 정한 일정한 제한을 받기는 하지만, 일반재판소에 의한 사법 심사는 받지 않았다는 점에서 그러했다.[2]

뒤기는 이러한 주관주의적 견해가 당시 프랑스 전반에 여전히 스며들어 있다고 분석하면서도, 주권의 개념이 점차 소멸되고 있는 현대의 공법의 현실과는 맞지 않는 것으로 보았다.[3] 그는 법률과 행정행위 모두 주권에 근거를 둔 것으로 이해해서는 안 되고, 공역무의 실행이라는 동일한 목적에 기하여 존재하는 개념으로 설명되어야 한다고 보았다. 즉, 법률은 공역무를 제대로 조직, 운영, 관리하기 위해 구성되는 일반적인 규범으로, 행정행위는 공역무를 제대로 실행하기 위해서 행해지는 개별적인 행위로 이해되어야 한다는 것이다.[4]

2. 행정행위의 종류

가. 권력행위와 관리행위 구별론

행정행위의 종류에 관한 전통적인 구별방식은 라페리에르에 의해 처음 제안된 것으로, 행정행위의 종류를 권력행위(l'acte d'autorité) 또는 공권력행위(l'acte de puissance publique)와 관리행위(l'acte de gestion)로 구별

---

2) Léon Duguit, Les transformations du droit public, 2ᵉ tirage, Librairie Armand Colin, Paris, 1921, p.146 참조.

3) Léon Duguit, Traité de droit constitutionnel, tome 1, 3ᵉ éd., Ancienne librairie fontemoing et Cⁱᵉ, Éditeurs(E. de Boccard successeur), Paris, 1927, p.25 참조.

4) Léon Duguit, op. cit.(supra note 2), p.147 참조.

하는 것이다.5) 여기서 권력행위 또는 공권력행위는 법률을 집행하고, 공역무를 수행하며, 시민들에게 더 나은 사회 질서를 제공하기 위하여 행정이 공권력 또는 권력에 기한 명령적 행위를 의미이고, 관리행위는 공역무의 수행을 위하여 공적 자금을 관리하고 사용하는 일반적인 행위를 의미한다.6) 라페리에르는 그의 저서 『관할과 소송』(Juridiction et conten-tieux)에서 행정행위를 위와 같이 두 종류로 나누면서, 오직 권력행위만이 행정소송의 대상이 되고, 관리행위의 경우에는 예외적으로 법이 명시하고 있지 않는 한, 원칙적으로 일반재판소의 심판대상이 될 뿐 행정소송의 대상이 되지 않는다고 보았다.7)

나. 뒤기의 주장: 구별론의 부정

뒤기는 위와 같은 라페리에르의 견해에 대하여, 행정행위를 주권적 의사를 표현하고 집행하는 행위로 이해하는 전통적인 주권 사상에 기초한 것으로 행정행위에 대한 재판심사를 축소시키려는 의도를 내포하고 있다고 보았다.8) 행정행위가 특별한 성격을 갖는 것이 사실이지만 그것은 주권 개념이라는 어떤 근거에 의한 것이 아니라, 공역무의 중단 없는 수행이라는 기인한다는 것이다. 그에 따르면, 행정행위에 관한 라페리에르의 견해는 지나치게 모호하고 일반적인 것으로 공법상 제기되는 문제들을 해결하는 데에 도움이 되지 않는다고 보았다.9)

---

5) Léon Duguit, Traité de droit constitutionnel, tome 2, 3e éd., Ancienne librairie fontemoing et Cie, Éditeurs(E. de Boccard successeur), Paris, 1928, p.346 참조.

6) Eduard Lafferrière, Traité de la juridiction administrative et des recours contentieux, tome 1, Berger-Levrault et Cie, Libraires-Éditeurs, Paris, 1887, pp.5-6 참조.

7) Léon Duguit, Traité de droit constitutionnel, tome 3, 2e éd., Ancienne librairie fontemoing et Cie, Éditeurs(E. de Boccard successeur), Paris, 1923, p.36 참조.

8) Léon Duguit, Les transformations du droit public, 2e tirage, Librairie Armand Colin, Paris, 1921, p.152 참조.

9) Léon Duguit, Traité de droit constitutionnel, tome 2, 3e éd., Ancienne librairie

우선 행정행위를 라페리에르와 같이 구별하기 위해서는 양자의 성격을 분명히 밝히고, 그 구별의 기준을 명확하게 제시될 필요가 있었으나 각각의 개념을 명확히 정의하고, 양자의 구별 기준을 정하는 것은 실제로 매우 어려운 일이었다. 뒤기는 라페리에르의 견해가 권력행위와 관리행위의 구체적인 정의를 제공하지도 않을 뿐만 아니라, 구별의 기준도 명확하게 제시하지 못하여 매우 애매모호하다고 지적한다.[10] 그러나 이러한 평가와는 달리 당시 라페리에르는 많은 학자들에 의해 지지를 받는 통설적 지위를 차지하고 있었다. 그는 라페리에르에 대해 반대하는 것에 그치지 않고 그와 유사한 태도를 취하는 베르텔레미의 견해에 대해서도 그 이론의 장점을 인정하면서도 라페리에르 견해와 마찬가지로 명확하지 않다는 이유로 비판적 태도를 견지하였다.[11]

뒤기는 당시 꽁세이데따의 판결들이 행정재판권의 관할을 정함에 있어서 권력행위와 관리행위의 구별에 큰 의미를 두지 않고 있음을 지적하면서, 이러한 구별은 현실에 비추어 보았을 때 사실상 무의미한 것으로 권력행위와 관리행위를 구별할 실익이 없다고 평가하였다.[12] 이와 같은 맥락에서 관할재판소에 제소된 1908년 2월 29일 퓨트리(Feutry) 사건에서 '연구보고관'(le commissaire du gouvernement)[13] 테씨에(Teissier)는

fontemoing et Cie, Éditeurs(E. de Boccard successeur), Paris, 1928, p.347 참조.

10) Léon Duguit, Traité de droit constitutionnel, tome 3, 2e éd., Ancienne librairie fontemoing et Cie, Éditeurs(E. de Boccard successeur), Paris, 1923, p.37 참조.

11) Léon Duguit, Les transformations du droit public, 2e tirage, Librairie Armand Colin, Paris, 1921, p.153 참조.

12) Léon Duguit, Traité de droit constitutionnel, tome 1, 3e éd., Ancienne librairie fontemoing et Cie, Éditeurs(E. de Boccard successeur), Paris, 1927, p.697 참조.

13) 연구보고관은 꽁세이데따의 구성원으로 재판관(le conseiller)의 아래 단계에 있는 직급에 해당한다. 우리나라의 경우와 비교하면 재판연구관과 유사한 개념이다. 과거에는 위와 같이 'le commissaire du gouvernement'으로 불렸고 우리나라에서도 '정부위원'이나 '논고담당관'으로 번역되었다. 그러나 그 이름이 풍기는 분위기와는 달리 연구보고관은 정부의 대리인이나 대표하는 자를 의미하는 것이 아니었고, 꽁세이데따에 제출된 사건 기록을 읽고 쟁점을 분석

의견서에 권력행위와 관리행위의 구별은 아무런 법적 기초가 없고, 관련 사실이 현실에 부합하지도 않는다고 서술한다.[14] 이 판결은 공권력을 통해 실행되는 모든 행위들과 공역무의 관리를 보장하기 위한 공무원들은 결국 법률과 행정명령들의 적용을 받으며 공무원이 수행하는 행위에 대해서는 일반 사법재판소의 관할이 인정될 수 없다는 것을 주요 내용으로 한다.[15] 결국 뒤기는 행정이 공역무를 제대로 보장하기 위하여 어떤 활동을 수행하였다면 그 활동은 행정행위로 이해하여야 한다고 보았고, 행정의 개입이 이루어진 행위를 사적인 영역에서 이루어진 것으로 보아 일반 사법재판소의 관할로 정할 수 없으며, 행정재판소의 관할을 인정하여야 한다고 주장하였다.[16] 이러한 그의 주장은 행정행위를 실질적인 관점에서 이해한 것으로 해석된다.

하여 결론을 내린 후 이를 재판부에 제안하는 직무를 수행하였다. 연구보고관은 자신이 내린 결론을 의견서에 담았고 심리가 종결되면 법정에서 그 의견서를 낭독하였으나, 재판부가 그 의견서에 구속되는 것은 아니었다. 다만 재판부가 판결을 내릴 때 연구보고관의 의견서를 첨부하는 경우가 있었다. 연구보고관의 정의와 기능을 비롯하여 꽁세이데따의 심리와 재판 과정을 상세히 묘사한 문헌으로 Bruno Latour, La fabrique du droit: une ethnographie du Conseil d'État, La Découverte, 2004 참조.

14) TC 29 février 1908, Recueil, p.208.

15) Léon Duguit, Traité de droit constitutionnel, tome 3, 2ᵉ éd., Ancienne librairie fontemoing et Cⁱᵉ, Éditeurs(E. de Boccard successeur), Paris, 1923, pp.47-48 참조.

16) Léon Duguit, Traité de droit constitutionnel, tome 2, 3ᵉ éd., Ancienne librairie fontemoing et Cⁱᵉ, Éditeurs(E. de Boccard successeur), Paris, 1928, p.289 참조.

3. 행정행위의 구성 요소

가. 공무원의 의사표시

뒤기는 행정행위가 공역무의 실행이라는 목적을 달성하기 위하여 행정이 개입하는 것을 의미한다고 하면서도, 그 개입이 항상 같은 방식으로 이루어지는 것은 아니며 사안에 따라 다양한 방식으로 이루어진다고 설명한다.[17]그러나 그 다양성에도 불구하고 모든 행정행위들은 본질적으로 공통적인 성격을 갖고 있는데, 이를 파악하기 위해서는 행정행위를 구성하는 주요 요소들이 무엇인지 파악하는 것이 무엇보다 중요하다. 뒤기는 행정행위의 구성 요소에 관하여 다음과 같이 서술한다.

첫째는 행정행위를 행하는 공무원의 '의사 표시'(la déclaration de volonté)이다. 공역무의 수행은 공무를 집행하는 공무원의 행위에 의해 이루어지는데, 공무원의 행위는 공무원이 공무를 수행하고자 하는 의사가 표현된 것이다. 공무원은 사회의 구성원으로서 공무를 수행함에 있어 당연히 객관법을 준수하여야 하는데, 일정한 영역에서 자신에게 주어진 권한만 행사할 수 있고 만약 법에서 정한 권한 외의 행위를 한 경우에는 무효(la nullité)의 하자가 인정된다.[18] 공무원은 공역무의 수행을 위해 행정이나 행정상대방에 대하여 어떤 구체적인 의무를 부담시킴으로써 주관적 법적 상황을 창설할 수 있는데, 이러한 행위 역시 주관적 법적 상황을 창설하려는 공무원의 의사에 기한 것으로 이해할 수 있다.[19]

---

17) Léon Duguit, Les transformations du droit public, 2ᵉ tirage, Librairie Armand Colin, Paris, 1921, p.156 참조.

18) *Ibid.*, pp.156-157 참조.

19) Léon Duguit, Traité de droit constitutionnel, tome 1, 3ᵉ éd., Ancienne librairie fontemoing et Cⁱᵉ, Éditeurs(E. de Boccard successeur), Paris, 1927, p.350 참조.

나. 공역무 수행 목적

행정행위의 두 번째 구성적 요소는 바로 '목적'(le but)이다. 뒤기에 따르면, 공무원의 행정행위가 법적 효력을 갖기 위해서는 그 행위가 국가의 객관법에 부합하는 사회적 가치를 지니는 목적을 갖고 있어야 할 필요가 있다고 한다.[20] 행정행위는 공역무 수행이라는 목적을 위해 행해지므로, 만약 어떤 공무원이 공역무의 수행과는 관련이 없는 다른 목적을 가지고 행위를 하였다면 그 행위는 권한침탈(l'usurpation de pouvoir)에 해당하고, 행위의 목적은 공역무와 관련이 있으나 그 행위를 할 권한이 없는 자가 행위를 하였다면 그것은 권한의 탈선(le détournement de pouvoir)[21]에 해당한다.[22]

뒤기는 이러한 행정행위의 구성 요소들이 모두 중요하지만, 특히 목적은 행정행위가 갖는 강제력의 정당화 근거가 된다는 점에서 특히 중요하고, 공무원이 수행하는 직무 행위의 목적은 반드시 공역무에 관한 것이어야 한다고 덧붙이는데, 이러한 공역무의 수행은 궁극적으로 사회적 연대의 실현을 위한 것이다.[23] 이러한 그의 주장은 공무원을 그저 한 개인으로 인식하고, 공무원의 의사표시는 개인의 의사표시와 전혀 다를 바가 없다는 생각에 근거한다. 그럼에도 불구하고 공법 영역에서 공무원의 일방적인 의사표시에 기한 행정행위가 특정한 법적인 효력을 갖는

---

20) Léon Duguit, Les transformations du droit public, 2e tirage, Librairie Armand Colin, Paris, 1921, p.157 참조.

21) 'le détournement de pouvoir' 개념은 일반적으로 권한남용이라고 번역하지만(한국법제연구원, 프랑스 법령용어 해설집, 2006, 409면 참조), 여기서는 부당한 목적으로 권한 범위 내의 권한을 행사하는 'l'usurpation' 개념과 구별하여 사용하고 있고 권한을 '벗어났다'는 의미를 명확하게 표현하기 위해 '권한의 탈선'으로 번역하였다.

22) Léon Duguit, Traité de droit constitutionnel, tome 2, 3e éd., Ancienne librairie fontemoing et Cie, Éditeurs(E. de Boccard successeur), Paris, 1928, pp.381-382 참조.

23) Ibid., p.292 참조.

이유는 그 공무원의 의사가 다른 사람들의 의사보다 우월해서가 아니라 그 의사가 바로 공역무의 수행에 관한 것이기 때문이라는 것이 주장의 핵심이다.[24] 이를 종합하면, 행정행위의 구성 요소는 모두 본질적으로 공역무의 수행과 기능에 밀접한 관련성을 가진다고 정리할 수 있다.

II. 행정계약

1. 전통적 견해의 한계

주권 개념을 기초로 하는 당시의 통설적 견해에 의하면, 국가는 성질상 절대적이고 우월한 주권을 소지하는 권리의 주체로서, 계약에 의해서든, 일방적인 행위에 의해서든 외부의 제한을 받을 수 없었기 때문에 국가가 스스로 체결한 계약에 어떻게 구속되는가를 설명하는 것은 쉬운 일이 아니었다.[25] 앞서 언급한 바와 같이 주권은 그 성질상 다른 어떠한 의지에도 종속될 수 없는 절대적인 개념이기 때문이다.

따라서 통설적 견해를 견지하는 입장을 취하는 학자들은 국가 내지 행정이 계약에 구속되는 근거에 관하여 여러 이론들을 구성하게 되었다. 우선 개인주의 이론에 따르면, 국가의 계약이 구속력을 가지는 이유에 관해 비교적 쉽게 설명이 가능한데, 국가의 주권과 개인의 자유권이 서로 대응관계에 있으므로 국가 또는 행정이 국민과 계약을 체결함으로써 국가의 주권이 개인의 자유권에 기한 제한을 받게 된다고 설명한다.[26]

---

24) Léon Duguit, *op. cit.*(supra note 20), p.158 참조.

25) Léon Duguit, Traité de droit constitutionnel, tome 1, 3ᵉ éd., Ancienne librairie fontemoing et Cⁱᵉ, Éditeurs(E. de Boccard successeur), Paris, 1927, p.698 참조.

26) Léon Duguit, Traité de droit constitutionnel, tome 2, 3ᵉ éd., Ancienne librairie fontemoing

다음으로 프랑스의 뒤크로크(Ducrocq)에 의해 강력한 지지를 받은 독일의 '국고이론'(la théorie de l'État fisc)이 있는데, 국고이론은 기본적으로 국가를 공권력의 주체와 재산권의 주체로 구분하여 이중적 지위를 갖는 존재로 이해하는 견해로서, 이 이론에 의하면 국가 내지 행정과 국민 사이에 체결된 계약은 공권력의 주체가 아니라 재산권의 주체인 국가의 행위이므로 그 계약은 구속력을 갖는다고 한다.[27] 또한 독일의 예링이 주창하고 옐리네크가 완성한 국가제한설을 근거로 하여 국가 또는 행정이 국민과의 계약을 통해 스스로를 제한하기 때문에 계약의 구속력이 인정된다고 설명하기도 한다고 한다.[28]

2. 뒤기의 주장과 검토

뒤기는 행정행위의 성격을 공권력 개념을 배제하고 오로지 공역무라는 목적에 근거한 것으로 보면, 국가 또는 행정이 체결한 계약이 갖는 구속적 효력도 쉽게 설명할 수 있다고 보았다.[29] 즉, 국가는 더 이상 고권적 지위에 있는 우월하고 절대적인 존재가 아니라 사회적 연대의 실현을 위해 공역무를 행하는 존재로서, 사인과 마찬가지로 계약을 체결하면 그 계약의 일반적인 구속력에 의해 일정한 의무를 부담한다는 것이다.[30]

계약은 계약을 체결한 당사자들에게 무언가를 하거나 하지 않을 의무를 부과하는 특별한 성질을 갖는 주관적 법적 행위로서 계약의 당사자들을 직접 구속하는데, 19세기 당시 절대적인 힘을 가지고 있다고 여

---

et Cie, Éditeurs(E. de Boccard successeur), Paris, 1928, p.115 참조.

27) *Ibid.*, p.113 참조.

28) Léon Duguit, Les transformations du droit public, 2e tirage, Librairie Armand Colin, Paris, 1921, p.163 참조.

29) *Ibid.*, p.161 참조.

30) Léon Duguit, Traité de droit constitutionnel, tome 2, 3e éd., Ancienne librairie fontemoing et Cie, Éditeurs(E. de Boccard successeur), Paris, 1928, p.112 참조.

겨지던 입법자조차도 행정계약을 뒤집을 수 없었고, 이는 공법상 계약이든, 사법상 계약이든 마찬가지였다.[31] 꽁세이데따 또한 공역무를 제대로 수행하기 위해 국가가 어떤 계약을 체결하면 누구도 계약을 일방적으로 변경할 수 없고, 그 계약의 내용에 따른 의무를 부담한다는 취지의 판결을 내리고 있었다.[32] 이러한 관점에서 계약을 행정행위로 보는 실익은 바로 계약을 행정재판의 대상으로 삼을 수 있다는 것이었다. 즉, 행정계약을 행정행위로 이해함으로써 이를 일반재판소의 관할로 삼지 않고, 완전심판소송의 심판 대상으로 보아 행정재판소의 관할권을 인정할 수 있다는 결론을 내릴 수 있다.

III. 행정법상 사실행위

행정행위를 가장 넓은 개념으로 이해하면 계약이나 일방적 행위에 의한 행정행위 외에도 공역무를 운영하기 위해서 행정의 성격을 가지면서도 법적인 효력은 없는 일련의 사실적인 작용들이 포함되는데, 이를 '행정법상 사실행위'(l'opération matérielle administrative)[33]라고 한다. 이러한 작용들은 현대 사회가 복잡해지면서 급속도로 증가하였는데, 공역무의 관리를 보장하고 특히 산업과 관련 있는 토목공사, 교통·운송, 우편, 전신, 전화 등에 관한 공역무를 관리하기 위해 공무원들이 수 없이 행하는 행위들 중 법적인 성격을 갖지 않는 행위들이 이에 해당한다.[34]

---

31) Léon Duguit, *op. cit.*(supra note 28), p.164 참조.

32) *Ibid.*, pp.164-165 참조.

33) 'l'opération matérielle administrative'을 그대로 직역하면 '행정의 사실적 작용'이라 할 것이나 이와 동일한 개념으로 우리 행정법상 일반적으로 행정목적을 달성하기 위해 행해지는 물리력의 행사를 '행정상 사실행위'로 칭하는 용례를 고려하여, 본 논문에서는 '행정법상 사실행위'라고 번역하였다.

34) Léon Duguit, Traité de droit constitutionnel, tome 2, 3e éd., Ancienne librairie fontemoing

뒤기는 행정법상 사실행위가 그 자체로써 어떠한 법적 상황도 창설하지 않는다는 점에서 법적 성격을 갖는 것은 아니지만, 그 목적이 공역무의 수행과 관련성을 갖는다는 점에서 분명히 법의 지배를 받는다고 한다.[35) 행정법상 사실행위는 법적 성격을 갖는 행정행위에 대한 단순한 준비 행위일 수도 있고, 법적 효력을 갖는 행정행위를 유효하게하기 위한 부분적 행위일 수도 있는데, 이러한 행위들은 모두 행정 또는 공무원들의 손해배상책임을 야기할 수 있다는 점에서 중요한 의미를 갖는다.[36)

공역무의 기능을 보장하기 위해 행하는 공무원의 모든 행위들은 행정행위로서 법을 준수하여야 하고 행정법상 사실행위도 예외일 수 없는데, 이는 공권력 또는 주권의 표현을 행정행위의 개념 요소로 파악하는 전통적 견해로는 설명하기 어렵고, 공역무의 개념을 주축으로 하여 공역무를 수행하기 위해 행정이 행하는 행정법상 사실행위를 가장 넓은 개념의 행정행위로서 새롭게 이해하는 견해를 통해서만 제대로 설명될 수 있다.[37) 뒤기의 이와 같은 견해는 공법의 체계를 구성하는 모든 요소들이 서로 밀접하게 연관되어 있음을 보여준다. 법률은 공역무를 창설하고 그 기능을 조직하고 규율하는 일반조항이고, 행정행위는 공역무의 관리를 위해 필요한 개별적이고 구체적인 행위를 의미하며, 그 밖에도 모든 행정에 관한 작용은 당해 행정행위가 그와 관련된 공역무에 관한 객관법을 준수하여야 한다는 것이다.[38)

그렇다면 문제는 행정이 법률을 위반했을 때 어떻게 되는가의 문제

---

et Cie, Éditeurs(E. de Boccard successeur), Paris, 1928, p.289 참조.

35) Léon Duguit, Les transformations du droit public, 2e tirage, Librairie Armand Colin, Paris, 1921, pp.165-166 참조.

36) Léon Duguit, Traité de droit constitutionnel, tome 2, 3e éd., Ancienne librairie fontemoing et Cie, Éditeurs(E. de Boccard successeur), Paris, 1928, p.358 참조.

37) Léon Duguit, Les transformations du droit public, 2e tirage, Librairie Armand Colin, Paris, 1921, p.167 참조.

38) Léon Duguit, op. cit.(supra note 36), p.59 참조.

로 자연스럽게 연결되는데, 여기서 행정행위를 가장 넓은 개념으로 인정했을 때의 실익은 바로 모든 행정행위를 행정재판의 대상으로 삼을 수 있다는 것이다. 다시 말해, 행정법상 사실행위를 행정행위로 이해함으로써 일반재판소의 관할권 대신 행정재판소의 관할권을 인정하고 완전심판소송으로 손해배상책임을 구하는 소송을 제기할 수 있다.

IV. 행정행위에 대한 통제

행정행위에 관한 사건들은 행정재판소의 관할에 해당하는데, 이는 문제가 된 행정행위가 일방적인 행정행위이든, 계약이든, 행정법상 사실행위든 관계가 없다.[39] 뒤기는 19세기 후반 이론과 판례는 주권 개념에 기초하여 공권력 행위를 신성한 것인 양 취급하여 행정행위의 많은 부분을 심판의 대상으로 삼지 않았다는 점을 비판하면서, 현대의 공법 체계 하에서는 공역무의 실행이라는 공동의 목표를 갖고 있는 행정행위에 대해서는 행정재판소가 심판한다고 보았는데, 특히 그는 과거에 비하여 꽁세이데따가 자의적인 행정으로부터 개인을 보다 효과적으로 보호하는 행정재판소로서 일반 국민들의 신뢰를 얻게 되었고 공역무 개념을 그 관할의 기준으로 삼게 되었다고 하면서 이러한 변화를 보여주는 꽁세이데따의 대표적인 판례들을 간단히 소개한다.[40]

첫 번째 사례는 떼리에(Terrier) 판결[41]이다. 1903년 프랑스의 데파르트망 손에루아르(Saône-et-Loire)의 지방의회(le conseil général)는 독사를

---

39) 일방적 행정행위에 대해서는 월권소송을 제기할 수 있고, 행정계약과 행정법상 사실행위에 대해서는 완전심판소송을 제기할 수 있으며, 행정계약은 이행소송, 행정법상 사실행위는 손해배상청구소송의 심판대상이 된다. Léon Duguit, Les transformations du droit public, 2ᵉ tirage, Librairie Armand Colin, Paris, 1921, p.167 참조.

40) Ibid., p.168 참조.

41) CE 6 février 1903, Recueil, p.94.

죽이면 그에 대한 포상금을 지급하기로 의결을 하였다. 떼리에(Terrier)는
이에 따라 자신이 죽인 독사의 머리들을 가져갔으나, 도지사는 예산 초
과를 이유로 포상금 지급을 거절했다. 이에 떼리에는 데파르트망을 피고
로 꽁세이데따에 소를 제기하였다. 꽁세이데따는 독사를 죽이는 것에 관
한 포상급 지급은 데파르트망의 공역무에 해당하고 공역무에 관련된 모
든 행위들은 행정재판소의 관할에 속하므로 이 사건에 관한 관할을 인
정하였다.[42]

　　뒤기에 따르면, 과거 국가가 담당하는 공역무에 관한 계약과 관련된
사안은 꽁세이데따가 관할권을 가졌으나 지방의 공역무에 관한 계약의
경우에는 관련 사건에 대한 관할권이 지방의 일반재판소에 있었는데, 이
러한 경향은 점차 변화하여 지방의 공역무에 관하여 체결된 계약이 문
제된 사안들에 대해서도 행정재판소의 관할을 인정하게 되었다고 하였
다.[43] 그리고 이를 명확히 나타내고 있는 대표적 사례로서 1910년의 떼
롱(Thérond) 판결[44]을 소개하였다. 이 사건은 떼롱(Thérond)과 몽펠리에
(Montpellier) 시(市) 사이에 죽은 동물의 수거에 관한 계약을 체결한 후
떼롱이 몽펠리에 시의 계약 위반을 이유로 손해배상책임을 구한 사건이
다. 꽁세이데따는 몽펠리에시가 시민들의 위생과 안전을 위해 행동하였
다면 그때부터는 공역무의 보장이라는 목적을 가지고 임무를 수행한 것
이므로 행정재판소의 관할이 인정된다고 보았다.[45]

　　이러한 판례들을 종합할 때, 뒤기는 공역무에 관련된 행정의 행위들
은 모두 행정사건으로서 행정재판소의 관할권이 미친다고 하면서, 이는

---

42) Léon Duguit, Traité de droit constitutionnel, tome 3, 2e éd., Ancienne librairie
　　fontemoing et Cie, Éditeurs(E. de Boccard successeur), Paris, 1923, p.38 참조.
43) Léon Duguit, Les transformations du droit public, 2e tirage, Librairie Armand Colin,
　　Paris, 1921, p.170 참조.
44) CE 4 mai 1910, Recueil, p.193.
45) Léon Duguit, Traité de droit constitutionnel, tome 3, 2e éd., Ancienne librairie
　　fontemoing et Cie, Éditeurs(E. de Boccard successeur), Paris, 1923, p.39 참조.

공역무를 수행하던 중 발생한 사고에 대하여 꽁세이데따의 관할을 인정한 역사적인 판결인 블랑코 판결에서 확연히 드러난다고 설명한다.[46) 블랑코 판결은 판결 당시에는 그다지 주목을 받지 못했지만 뒤기에 의해 재발견된 프랑스 행정법 역사상 기념비적 판결로서,[47) 이에 관하여는 아래 제5장 제2절 국가배상에 관한 부분에서 설명한다.

---

46) Léon Duguit, *op. cit.*(supra note 43), pp.171-172 참조.
47) 전 훈·장-마리 퐁띠에(Jean-Marie Pontier), 공공서비스법 -프랑스 행정법 연구-, 한국학술정보, 2008, 20면 참조.

제4절 평가와 영향

   법률과 행정행위를 객관주의적 관점에서 이해하려고 했던 뒤기의 견해는 공역무 개념을 중심으로 한다고 평가할 수 있다. 이는 국가 또는 행정을 규율하는 상위의 법규범이 존재한다는 법치국가 사상과 밀접한 관련성을 갖는다. 19세기 말 전통적으로 인정되었던 주관주의적 관점과 개인주의 이론은 루소의 사상과 1789년 프랑스 혁명을 통해 당시 사상의 중심적 위치를 차지하면서 의회와 의회가 제정하는 법률을 절대화하여 이른바 의회의 전성기 또는 의회주권의 시대를 열었다. 의회만이 법률을 제정할 수 있었고, 그 법률은 주권자의 의지적 표현이자 신성한 것으로서 법률에 대한 탄핵 가능성은 무력화되었다.

   이러한 현실 속에서 법률은 그것을 만드는 자들의 의지에 따라 제정·개정되고 사회적 연대의 실현이라는 궁극적인 목적을 달성하기 위한 수단인 공역무를 제대로 수행하기 위해 조직되는 도구적 개념일 뿐이라는 뒤기의 주장은 당시의 기준으로는 혁신적인 발상의 전환이었다. 그러나 이러한 그의 주장은 오늘날의 공법 사상과는 상당한 접점을 이룬다. 특히 프랑스는 이후 제5공화국에 들어와서는 위헌법률심판제도를 도입하고 집행권의 자치입법권을 제도화함으로써 의회의 주권을 약화시켰는데,[1] 이러한 역사적 사실은 뒤기 이후의 프랑스 사회와 제도에 그의 선구자적 사상의 영향이 미친 것으로 평가할 수 있다. 또한 최근인 2008년에는 개인에 의한 사후적 위헌법률심사(Question prioritaire de constitutionnalité, QPC) 청구도 인정되었는데, 이러한 측면에서도 뒤기 이론의 영향력이 미쳤다고 평가할 수 있다.[2]

---

 1) 전학선, "프랑스의 법령체계 및 법치주의에 관한 연구", 공법학연구 제12권 제1호, 2011, 222면 참조.
 2) Jean Waline, Droit administratif, 23ᵉ éd., Dalloz, 2010, pp.310-314 참조.

더불어 뒤기는 위와 같은 주장을 전개하는 방식에 있어서 영국과 미국, 루마니아 등의 사례를 예로 들면서 각국이 어떻게 법률에 대한 심사를 행하고 있는지에 관하여 비교법적 연구방식을 택하였는데, 이는 행정법학의 학문성과 과학성을 제고하는 기틀을 마련했다는 점에서도 그 학문적 의의가 크다. 당시 학자들에게 비교법적 연구방법론은 자주 행해지던 것은 아니었고, 오히려 다소 생소한 측면이 있었다. 그러나 오늘날 프랑스를 비롯한 유럽 각국의 법학 영역에서 비교법은 매우 중요한 기능을 담당하고 있다. 특히 EU의 등장과 함께 유럽 전체를 아우르는 새로운 법체계가 형성됨에 따라 여러 지침에 따라 각국의 법률을 재정비하려는 노력이 진행되고 있다는 점에서 비교법적 연구 방법론은 법학 연구에 있어서 필수불가결한 연구방법론으로서 자리 잡았다.

제5장
행정통제

제1절 행정소송

I. 행정소송의 유형론

1. 전통적 분류 방식과 그 한계

프랑스 학자들은 과거부터 지금까지 소송의 유형에 관하여 다양한 학설을 주장하였는데, 법원의 권한에 따른 분류, 주장된 법적 상황에 따른 분류, 소송의 대상에 따른 분류 등이 그것이다.[1] 그 중 뒤기가 살았던 시대에 프랑스의 행정소송을 분류하는 가장 대표적이고 전통적인 분류법으로 인정되었던 방식은 바로 라페리에르(Eduard Laferrière)의 분류 방식이었다.

라페리에르는 행정재판소의 권한을 기준으로 행정소송의 유형을 크게 4유형으로 나누는데, 취소소송(le contentieux de l'annulation), 완전심판소송(le contentieux de pleine jurisdiction), 해석소송(le contentieux de l'interprétation), 처벌소송(le contentieux de répression)이 그것이다.[2] 그 중에서도 완전심판소송(le contentieux de pleine jurisdiction)과 취소소송(le contentieux de l'annulation)을 주된 소송의 유형으로 파악하였다.[3] 라페리에르에 따르면, 완전심판소송이 제기되면 재판소는 광범위하고 완전한 권한을 갖고 사실적 문제와 법적 문제를 모두 다루며 구체적인 내용의 판결을 선고할 수 있었지만, 취소소송에서는 행정의 행위와 결정에 대한

---

1) 박균성, "프랑스 행정소송 제도와 그 시사점", 경희법학 제38권 제1호, 2003, 56-57면 참조.
2) Eduard Laferrière, Traité de la juridiction administrative et des recours contentieux, tome 1, Berger-Levrault et Ce, Libraires-Éditeurs, Paris, 1887, pp.15-21 참조.
3) Léon Duguit, Les transformations du droit public, 2e tirage, Librairie Armand Colin, Paris, 1921, pp.184-185 참조.

취소를 하거나 취소청구를 기각하는 결정만을 할 수 있었다.[4] 취소소송의 대표적인 유형이 바로 월권소송이다.[5]

월권소송의 원인(la cause)으로서 '취소사유'(les cas d'ouverture)는 다음과 같이 총 4가지 사유를 들었는데, 권한법률 위반(la violation d'une loi de compétence), 형식법률 위반(la violation d'une loi de forme), 권한의 탈선(le détournement de pouvoir)[6], 실체법률 위반(la violation d'une loi de fond)이 이에 해당한다.[7] 이 중 실체법률 위반의 경우에는 당해 행위에 의해 주관적 권리를 가진 자에 대해 침익적인 영향을 초래하는 경우에만 소를 제기할 수 있었고, 월권소송은 항상 보충적으로 기능했다.[8]

그러나 뒤기는 이러한 라페리에르의 견해에 대하여 아무런 현실적 근거나 기준이 없다고 비판하였다.[9] 그는 행정행위나 행정소송의 유형에 관한 논의를 진행할 때 라페리에르의 견해를 비교적 자세히 소개하는 모습을 보이는데, 이러한 태도를 통해 알 수 있는 것은 그가 프랑스 행정법에서 라페리에르가 차지하는 권위에 대해서 부정하거나 의문을 갖고 있지는 않았다는 점이다. 그러나 현실과 비교했을 때 라페리에르의 견해는 실제와 일치하지 않는다는 점에서 한계를 갖고 있었다고 생각한 것이다.[10]

---

4) Eduard Lafferrière, Traité de la juridiction administrative et des recours contentieux, tome 1, Berger-Levrault et Cie, Libraires-Éditeurs, Paris, 1887, pp.16-17 참조.
5) *Ibid.*, p.17 참조.
6) 'le détournement de pouvoir'의 번역에 관하여는 제4장 제3절 Ⅰ.3.(2) 각주 21에서 설명한 바와 같이 권한의 탈선으로 번역하였다.
7) Eduard Lafferrière, *op. cit.*, p.17 참조.
8) *Ibid.*, p.640 참조. 여기서 보충적으로 기능했다는 것의 의미는 다른 구제수단이 없을 경우에만 인정되었다는 뜻이다.
9) Léon Duguit, Les transformations du droit public, 2e tirage, Librairie Armand Colin, Paris, 1921, p.185 참조.
10) *Ibid.*

2. 뒤기의 주장과 검토

가. 법적 상황에 따른 분류

뒤기는 라페리에르가 행정소송의 여러 유형 중에서도 왜 완전심판소송과 취소소송을 중요한 두 개의 축으로 구분하고 있는지, 그것이 어떤 근거에 의한 것인지 의문을 제기하고, 어떤 경우에 주관적 권리가 침해당한 사람들만 소송을 제기할 수 있고 어떤 경우에는 이익을 가진 모든 사람들이 소송을 제기할 수 있는지 그 기준에 관한 설명을 제시하고 있지 않다고 지적하면서, 그의 견해를 면밀히 살펴볼수록 불확실성과 모순만을 발견하게 된다고 비판한다.[11]

특히 꽁세이데따의 판례들에 대한 분석을 통해 당시의 공법 발전에 의미 있는 사실을 발견하였는데, 그것은 꽁세이데따가 선고하는 판결들이 현실적 필요에 발맞추어 점차 증가하는 추세에 있었고, 내용면에 있어서도 보다 명확해지고 있다는 점이었다.[12] 후술하는 바와 같이 월권소송은 소송의 편의성과 용이성, 꽁세이데따에 대한 국민들의 높은 신뢰에 힘입어 그 소송건수가 기하급수적으로 증가하는 현상이 나타났던 것이다.[13]

앞서 본 라페리에르의 견해에 따르면, 실체법률 위반 사유로 월권소송을 제기하기 위해서는 다른 구제수단이 없어야 하는 보충성 원리가 적용되는데, 이와 같이 실체법률 위반 사유에서만 결론이 달라지는 실질적이고 논리 필연적인 근거를 찾을 수 없다는 점에서 그의 견해는 현실적인 한계를 내포하고 있었다. 뒤기는 특히 이러한 문제를 해결하는 데

---

11) Léon Duguit, Traité de droit constitutionnel, tome 2, 3e éd., Ancienne librairie fontemoing et Cie, Éditeurs(E. de Boccard successeur), Paris, 1928, p.513 참조.

12) Léon Duguit, Les transformations du droit public, 2e tirage, Librairie Armand Colin, Paris, 1921, pp.184-185 참조.

13) Léon Duguit, *op. cit.*(supra note 11), p.500 참조.

있어서 법적 상황에 따라 소송의 유형을 분류하는 자신의 견해에 실익이 있다고 주장하였는데, 그에 따르면, 월권소송은 보충적 소송이 아니라 객관법의 영역에서만 문제되는 것이며, 주관적인 법적 상황이 문제되는 경우에는 주관소송으로 분류되기 때문에, 행정소송을 주관소송과 객관소송으로 분류하면 월권소송의 보충적 성격에 관한 문제는 제기되지 않는다고 주장했다.[14]

　　법적 상황에 따른 분류에서 법적 상황은 법규범을 통해 보호되는 개인들이 처한 상황으로서 앞의 제3장 제1절 Ⅱ. 3. 가.에서 자세히 살펴본 바 있다. 이를 요약하면, 법적 상황은 어떤 주관적 권리를 필연적 전제로 하지 않고 주관적 권리의 귀속 주체를 상정하지 않는 개념으로서 객관적인 법규범에 기한 사회적 구속을 통해 보호되는 개인의 상황을 의미하는데, 이러한 법적 상황은 문제가 된 당해 상황의 성격에 따라 개별적·일시적인 주관적 법적 상황과 일반적·항구적인 객관적 법적 상황으로 나뉜다.[15] 뒤기는 이러한 법적 상황이라는 개념을 기초로 하여, 주관적 법적 상황에 관한 소송을 '주관소송'(le contentieux subjectif)이라 부르고, 객관적 법적 상황에 관한 소송을 '객관소송'(le contentieux objectif)라 칭한다.[16] 이하에서는 주관소송과 객관소송에 관하여 보다 자세히 살펴본다.

---

14) Léon Duguit, Traité de droit constitutionnel, tome 2, 3ᵉ éd., Ancienne librairie fontemoing et Cⁱᵉ, Éditeurs(E. de Boccard successeur), Paris, 1928, p.500 참조

15) Léon Duguit, Leçons de droit public général, faites à la faculté de droit de l'Université égyptienne pendant les mois de Janvier, Février et Mars 1926, E. de Boccard, Paris, 1926, p.57 참조.

16) Léon Duguit, Les transformations du droit public, 2ᵉ tirage, Librairie Armand Colin, Paris, 1921, p.187 참조.

나. 주관소송과 객관소송

(1) 주관소송

어떤 행정행위가 행해졌을 때, 그 행위로 인하여 개인에 대해 주관적 법적 상황이 발생하거나, 기존에 존재하던 개인의 주관적 법적 상황이 변경 또는 소멸된 경우에는 그 행정행위에 대한 소송은 주관소송에 속한다.[17] 여기서 행정재판소의 역할은 그러한 법적 상황의 존재와 범위를 확인하는 것에 더하여 어느 일방에 대하여 '이행명령판결'(la condamnation)[18]을 선고하는 것이므로 완전심판소송은 대표적인 주관소송에 해당한다.[19]

주관적 법적 상황은 그 개념상 특정한 당사자들에게만 개별적이고 일시적으로 효력이 미치는 법적 상황을 뜻하므로, 소송을 제기할 수 있는 사람은 그 존재와 범위가 다투어지는 주관적 법적 상황의 '수혜자'(le/la bénéficiaire) 또는 당사자(la partie)라고 스스로 주장하는 사람이어야 하고, 판결의 효력 또한 전적으로 상대적인 효력을 가지고 있어 해당자들에 대해서만 개별적인 효력을 갖는다.[20]

(2) 객관소송

반대로 어떤 행정행위가 행해졌을 때, 그 행위가 객관적인 법조항을 위반한 경우가 문제된 경우에는 그 행정행위에 대한 소송은 객관소송에

---

17) Léon Duguit, Traité de droit constitutionnel, tome 2, 3ᵉ éd., Ancienne librairie fontemoing et Cⁱᵉ, Éditeurs(E. de Boccard successeur), Paris, 1928, p.460 참조.

18) 이행명령판결은 완전심판소송에서와 같이 법원에게 단순히 행정결정의 취소하거나 그 거부를 명하는 권한보다 더 넓은 권한이 인정될 때 행해지는 판결로, 이행책임의 귀속과 범위를 명확하게 하는 기능을 한다. 문맥에 따라서는 '배상명령판결'이라고 번역되기도 한다.

19) Léon Duguit, op. cit.(supra note 17), p.355 참조.

20) Léon Duguit, Les transformations du droit public, 2ᵉ tirage, Librairie Armand Colin, Paris, 1921, pp.187-188 참조.

해당한다.21) 여기서 법조항은 일반적인 규정의 형식을 갖는 것이면 그 것이 형식적 법률이든 행정명령이든 불문한다.22) 어떤 행정행위의 위법 성을 이유로 그 행위의 취소를 구하는 이른바 객관소송이 제기되었을 때 판사는 그 행정행위의 위법성 여부만을 판단하면 족한데, 그 행위가 위법하다고 판단되면 당해 행정행위를 취소하고 행위가 위법하다고 판 단되지 않으면 취소 청구를 기각한다.23) 즉, 객관소송에서 판사는 어느 일방에게 이행명령판결을 선고하지 않는다.24)

문제가 된 주관적 법적 상황에 속한 대상자만 소를 제기할 수 있는 주 관소송과 달리, 객관소송은 문제가 되는 객관적 법적 상황에 관해 이해관 계를 가진 사람이면 누구든지 제기할 수 있다. 이때의 이해관계에는, 앞서 언급한 바와 같이 간접적, 정신적 이해관계도 포함된다.25) 객관소송은 일 반 사람들 모두에게 항구적으로 인정되는 객관적 법적 상황에 관한 것이 므로 취소판결이 내려지면 그 효력은 일반적인 효력을 가지는데, 행정행위 의 취소 효력은 행정과 행정상대방을 비롯하여 모든 사람들에게 미친다.26)

주의할 점은 뒤기가 주장한 객관소송의 개념은 '만인소송'(le conten- tieux populaire)을 의미하지 않았고, 직접적, 간접적, 정신적 이해관계 등 과 같이 일정한 정도의 이해관계가 있는 자만이 제기할 수 있는 소송이 었다는 것이다. 여기서 '이해관계'의 의미를 생각해보면, 일반적으로 주 관적 권리보다는 넓은 개념으로 이해할 수 있는데, 권리라는 개념 자체 를 부정하는 뒤기의 표현을 빌리면, 당해 행정행위가 객관적 법적 상황

---

21) Léon Duguit, Traité de droit constitutionnel, tome 2, 3ᵉ éd., Ancienne librairie fontemoing et Cⁱᵉ, Éditeurs(E. de Boccard successeur), Paris, 1928, p.475 참조.
22) Léon Duguit, Les transformations du droit public, 2ᵉ tirage, Librairie Armand Colin, Paris, 1921, p.187 참조.
23) Léon Duguit, op. cit.(supra note 21), p.478 참조.
24) Léon Duguit, op. cit.(supra note 22), p.190 참조.
25) Léon Duguit, Traité de droit constitutionnel, tome 2, 3ᵉ éd., Ancienne librairie fontemoing et Cⁱᵉ, Éditeurs(E. de Boccard successeur), Paris, 1928, p.504 참조.
26) Léon Duguit, op. cit.(supra note 22), p.188 참조.

에 의해 보호되는 개인의 이익에 영향을 미친 경우에 객관소송을 제기
할 수 있다고 보는 것이 타당하다고 하겠다.

다. 객관소송의 인정범위

객관소송은 모든 행정작용에 대해 적용되는 것은 아니다. 행정법상
사실행위의 경우 취소소송에서 취소는 법적 효과를 취소하는 것이지 일
어난 사실 자체를 취소하는 것은 아니기 때문에 취소의 문제가 발생할
수 없어 객관소송이 받아들여지지 않는다. 주관적 법적 상황을 야기하는
행정행위의 경우에도 당해 행정행위가 법에 위반되었는지 여부가 문제
되는 것이 아니라 당해 행정행위로 인하여 당사자들의 주관적 법적 상
황이 발생·변동·소멸되었는지 여부가 문제되는 것이기 때문에 객관소송
은 받아들여지지 않는다.[27]

객관소송은 객관적 법적 상황에 관한 이해관계 있는 자가 제기할 수
있으므로 그 성질상 '행정명령 제정행위'(l'acte réglementaire)와 같이 객관
적 또는 법적 상황을 형성하는 성격을 갖는 행정행위에 대해서 제기될
수 있다고 이해된다. 뒤기는 복잡하고 다양한 행정의 역할이 요구되었던
당시의 사회 분위기 속에서 행정명령의 수는 증가하고 객관주의적 법
개념이 확대됨에 따라 점차 객관적 성격을 갖는 행정행위의 수가 상당
히 많아졌다는 점을 강조한다.[28]

---

27) Léon Duguit, Traité de droit constitutionnel, tome 2, 3ᵉ éd., Ancienne librairie fontemoing
   et Cⁱᵉ, Éditeurs(E. de Boccard successeur), Paris, 1928, p.475 참조.
28) Léon Duguit, Les transformations du droit public, 2ᵉ tirage, Librairie Armand Colin,
   Paris, 1921, p.188 참조.

라. 객관소송의 기능

객관소송은 문제가 된 행정행위의 위법성 여부를 판단의 대상으로 삼는다는 점에서 법치국가의 원리를 실현하고 국가 또는 행정에 대한 통제를 강화하는 중요한 기능을 한다. 실제로 뒤기는 이러한 객관소송의 존재가 공법학의 가장 중요한 문제라고 하면서, 국가 또는 행정에 대해 상위규범을 강제하고 적법성의 원리에 의한 통제를 실현하는 가장 대표적이고 효과적인 방법이 바로 객관소송이라고 보았다.[29]

특히 객관소송의 전형적 예인 월권소송은 당시 공법을 지배하는 영향력 있는 소송으로서, 국가로부터 개인을 보호하기 위하여 프랑스 판례법이 최초로 만들어 낸 위대한 창조물이라는 평가를 받았다.[30] 객관소송으로서 월권소송은 "경탄할 만한 법적 수단"으로 불리며, 그 어느 나라에도 행정의 자의에 대항하여 개인을 보호하는 방식으로서 프랑스의 월권소송보다 더 나은 제도는 없다고 설명하였다.[31] 이러한 객관소송의 적법성 통제 기능은 오늘날까지도 국가와 행정의 자의를 통제하고 국민을 보호하는 중요한 역할을 담당하고 있다.

---

29) 레옹 뒤기(Léon Duguit)(이광윤 역), 일반 공법학 강의, 민음사, 1995, 255면 참조.
30) Léon Duguit, Leçons de droit public général, faites à la faculté de droit de l'Université égyptienne pendant les mois de Janvier, Février et Mars 1926, E. de Boccard, Paris, 1926, pp.280-281.
31) 레옹 뒤기(Léon Duguit)(이광윤 역), 전게서, 230면, 249면 참조.

II. 월권소송

1. 의의와 형성과정

가. 의의

월권소송은 법률 또는 행정명령을 위반한 다양한 행정기관들의 행위 (acte)의 취소를 구할 수 있도록 하는 소송이다.[32] 월권소송은 행정의 결정이 법률 또는 행정명령을 위반한 경우에 그 결정을 취소해 달라는 청구를 할 수 있도록 함으로써 행정의 자의적인 결정으로부터 개인을 효과적으로 보호하고 객관법을 수호하는 법치국가의 실현수단이자 프랑스 판례법에 의해 형성된 소송이라는 역사적 의의를 갖는다.

월권소송의 원고적격에 관하여 살펴보면, 누구든지 권리침해를 주장하지 않고서도 소를 제기할 '특별한 이익'(l'intérêt spécial)을 가진 사람이라면 월권소송을 제기할 수 있었는데, 이러한 이익에는 간접적 이익과 단순한 정신적 이익도 포함되었다.[33] 이러한 비교적 넓은 범위의 원고적격이 인정된 것은 객관적 법적 상황에 관한 객관소송의 특징이 반영된 것이다. 그러나 앞에서 언급한 바와 같이, 모든 사람이 월권소송을 통해 행정행위의 취소를 구할 수 있었던 것은 아니고 어느 정도의 이해관계가 있어야 소를 제기할 수 있었다는 점은 주의를 요한다.

또한 월권소송은 소를 제기하기 위한 절차가 간단하고 비용도 많이 들지 않았는데, 매우 낮은 수준의 인지세만 부담해도 제기할 수 있었고

---

32) Léon Duguit, Traité de droit constitutionnel, tome 2, 3e éd., Ancienne librairie fontemoing et Cie, Éditeurs(E. de Boccard successeur), Paris, 1928, p.495 참조.

33) Léon Duguit, Leçons de droit public général, faites à la faculté de droit de l'Université égyptienne pendant les mois de Janvier, Février et Mars 1926, E. de Boccard, Paris, 1926, p.279 참조.

변호사 강제주의가 적용되지도 않았다. 뒤기에 따르면, 당시 월권소송을 제기하는 건수는 꽁세이데따에 대한 재판당사자들의 신뢰 제고에 발맞추어 더욱 증가했다.[34] 이러한 증가세에 따라 월권소송은 점차 프랑스 행정소송 중 가장 중요한 소송으로 발돋움하게 되었다.

나. 형성과정

월권소송에 관한 주요한 역사적 사실은 그것이 판례법에 의해 형성된 소송제도라는 점이다.[35] 따라서 뒤기는 꽁세이데따의 판결을 분석함으로써 프랑스에서 월권소송이 어떻게 형성되었는지 그 과정을 연구하였다. 이하에서 월권소송의 형성과정을 살펴본다.

(1) 전통적 개념에 기초한 행정소송

과거부터 승인되어 온 주관주의 사상은 국가의 주권 또는 공권력 개념과 개인의 자유권이 서로 대구(對句)를 이룬다고 하면서, 국가는 주권이라는 최고 권력을 갖는 주체로서 법률과 행정작용(l'activité administrative)을 통해 주권적 의사를 표현하는 반면, 개인은 불가침의 자유권과 재산권을 갖는다고 보았다.[36] 이러한 주관주의적 관점에서 국가는 법률이라는 정해진 방식으로 법률에서 정한 조건 하에서만 개인의 자유를 제한할 수 있는데, 이러한 사상 하에서는 판사가 행정행위에 대한 심사를 하더라도 그 행위가 개인의 주관적 권리를 침해하였는지 여부에 초점을 맞추어 진행되었다.[37]

---

34) Léon Duguit, Les transformations du droit public, 2ᵉ tirage, Librairie Armand Colin, Paris, 1921, pp.183-184 참조.
35) 박균성, "프랑스 행정소송 제도와 그 시사점", 경희법학 제38권 제1호, 2003, 57면 각주 1 참조.
36) Léon Duguit, op. cit.(supra note 34), p.182 참조.
37) Léon Duguit, Traité de droit constitutionnel, tome 2, 3ᵉ éd., Ancienne librairie

결국, 과거의 행정소송은 언제나 주관적 권리관계가 문제되었는데, 행정의 경우에는 공권력을 그 권한의 범위 내에서 행사했는가의 문제가 발생하고, 행정상대방의 경우에는 행정에 의해 그의 자유권 또는 재산권이 침해되었는지 여부가 문제되었다. 객관소송에서 행정행위의 취소 또는 취소청구의 기각이라는 결론에 이른다면, 주관소송의 경우에는 어느 한 당사자에 대한 이행명령판결의 선고 또는 청구기각으로 끝난다.38) 뒤기에 따르면, 특히 주관소송에서는 철저히 주관적 권리의 침해 여부가 다루어져야 한다는 점은 뒤크로크(Ducrocq)에 의해 명확하게 표현되었는데, 행정소송은 청구인의 권리가 침해되었다는 주장에 근거하여 제기되어야 하는 것으로 단순한 이익 침해의 주장만으로는 소를 제기하기에 부족하다고 하였다.39)

이렇게 주관주의적 관점을 견지하면, 특히 당해 행정행위에 의해 주관적 권리를 침해당한 자만이 소송을 제기할 수 있다는 점에서 행정을 효과적으로 통제하기 어렵다는 문제가 발생한다. 또한 판결의 효력과 관련해서도 당사자들 사이에서만 판결의 효력이 미친다는 점에서 대외적 관계에서 생기는 문제점을 한 번에 해결하지 못하는 단점이 있다.

(2) 변화하는 현실과 꽁세이데따의 판결

한편 당시 꽁세이데따는 두 가지 형태의 판결을 내리고 있었는데, 하나는 행정행위의 취소판결 또는 취소청구를 기각하는 형식의 판결이었고, 다른 하나는 꽁세이데따가 행정행위의 취소뿐만 아니라 행정이나 행정상대방 개인에게 이행명령판결을 선고하는 것까지 포함하는 형식의 판결이었다. 뒤기는 이처럼 판결의 형태가 두 가지인 이유는 소송의 형태가 두

---

fontemoing et Cie, Éditeurs(E. de Boccard successeur), Paris, 1928, p.485 참조.
38) Léon Duguit, Les transformations du droit public, 2e tirage, Librairie Armand Colin, Paris, 1921, p.183 참조.
39) Ibid., pp.182-183 참조.

가지이기 때문이라고 설명하면서, 꽁세이데따는 오래전부터 취소와 이행 명령판결이 연결된 소송을 '일반소송'(le recours ordinaire)으로, 취소 또는 그 거부만을 판결하는 소송을 '월권소송'으로 사용해 왔다고 한다.[40]

입법자들 또한 이러한 용어를 인정하여, 프랑스 제3공화국의 꽁세이데따를 조직한 1872년 5월 24일 법률 제9조에서 꽁세이데따에 대하여 행정 분쟁 사건에 관한 소송과 다양한 행정기관의 행위의 권한유월에 기한 취소소송에 관한 최종판결을 내릴 권한을 정하였다. 이후 1864년 11월 2일 데크레(le décret)[41]를 통해 인지와 등록비를 제외한 모든 비용이 면제되었고, 변호사강제주의도 면제되었으며, 꽁세이데따에 대한 재판 당사자들의 신뢰가 높아지면서 월권소송은 나날이 증가하였다. 뒤기에 따르면, 학자들은 월권소송과 일반소송을 구분하는 실질적 기준을 발견해야 했지만 이는 쉬운 일이 아니었는데, 그 원인은 학자들이 지나치게 주관주의적 사고에 경도되어 있었기 때문이고, 객관주의적 관점에서 법적 상황의 문제로 소송유형을 구분하면 해결될 문제라고 지적하였다.[42] 이러한 현실을 통해 공권력과 개인의 권리와 같은 주관주의적 개념이 점차 사라졌다는 뒤기의 주장은 보다 설득력을 갖게 되었다.

---

40) Léon Duguit, Les transformations du droit public, 2ᵉ tirage, Librairie Armand Colin, Paris, 1921, p.183 참조.

41) '데크레'(le décret)는 대통령 또는 수상이 발동하는 명령을 의미하는데, 제정절차에 따라 꽁세이데따의 심의를 거친 명령, 국무회의의 심의를 거친 명령, 단순한 명령으로 나눌 수 있고, 개입 영역에 따라 독립명령과 집행명령으로 나눌 수 있다. 이에 관한 자세한 설명을 다룬 문헌으로 전학선, "프랑스의 법령체계 및 법치주의에 관한 연구", 공법학연구 제12권 제1호, 2011, 212-213면 참조.

42) Léon Duguit, op. cit., p.182 참조.

2. 성격과 대상

가. 객관소송의 성격

월권소송은 가장 대표적인 형태의 객관소송이다.[43] 앞서 본 바와 같이 객관소송은 행정에 대한 적법성 통제를 주된 목적으로 하는 소송으로서, 행정행위가 객관적으로 위법한지 여부를 문제 삼는다. 만약 당해 행정행위가 위법하다고 판단되면 그 행위를 취소하는 판결이 선고되고, 취소판결의 효력은 대세효를 갖는데, 객관소송 중에서도 특히 월권소송은 모든 법을 아우르는 소송으로서, 객관소송의 일반적인 총합과도 같다고 한다.[44]

객관소송으로서 월권소송은 다음과 같은 특징을 갖는다. 문제된 행정행위가 객관적 성격을 갖고 있다면, 그것이 대통령의 행위이든 가장 보잘것없는 말단 공무원의 행위이든 간에 이해관계인은 꽁세이데따에 월권소송을 제기하여 그 행위가 위법한지 여부에 대한 판단을 구할 수 있고, 앞에서 언급한 바와 같이, 월권소송을 제기하려는 자는 권리를 원용할 필요 없이 그 소송을 제기하는데 필요한 특별한 이익만 있으면 그것이 정신적 이익이어도 문제 되지 않는다.[45] 또한 월권소송은 위와 같은 광범위한 원고적격 외에도 변호사 강제주의가 적용되지 않아 변호사 없이도 소를 제기할 수 있다는 점, 소장은 한 장의 용지에 작성되어 소액의 인지세만 부담하면 되는 점 등의 장점을 갖는다.[46] 월권소송이 제

43) Léon Duguit, Traité de droit constitutionnel, tome 2, 3ᵉ éd., Ancienne librairie fontemoing et Cⁱᵉ, Éditeurs(E. de Boccard successeur), Paris, 1928, p.495 참조.
44) Léon Duguit, Les transformations du droit public, 2ᵉ tirage, Librairie Armand Colin, Paris, 1921, p.190 참조.
45) Ibid., p.191 참조. 참고로 이러한 월권소송의 특징은 절차의 용이성과 함께 오늘날에도 동일하게 유지되고 있다.
46) 레옹 뒤기(Léon Duguit)(이광윤 역), 일반 공법학 강의, 민음사, 1995, 230면 참조. 이처럼 월권소송을 제기하기 위한 절차가 쉽고 단순하다는 점은 결정적으로 월권소송이 증가하는 계기가 되었다.

기되면 꽁세이데따는 문제가 된 행정행위의 취소 또는 그 취소청구의 거부만을 할 수 있고, 이행명령판결을 선고할 수 없다는 점에서 월권소송은 객관적 성격을 나타낸다.[47] 그리고 취소판결은 행정과 모든 행정 상대방들에 대해 대세적 효력을 갖는다고 한다.[48]

월권소송의 취소사유와 관련하여서도 객관소송의 성격이 그대로 반영되었다. 뒤기에 따르면, 과거에는 권한법률 위반(la violation d'une loi de compétence), 형식법률 위반(la violation d'une loi de forme), 권한의 탈선(le détournement de pouvoir)[49], 실체법률 위반(la violation d'une loi de fond)으로 나누어 심사를 달리한 적도 있었지만, 이러한 구별은 더 이상 무의미하고, 판사는 오로지 법률 위반이 있는지만 심사하며 적법요건 심사도 모두 동일하게 진행한다고 하였다.[50] 이러한 위와 같은 구별이 때로는 여전히 존속하는 것처럼 보였지만 그것은 단순히 습관적으로 사용되는 용어가 잔존하는 것에 불과하고 실질적으로는 구별이 이루어지지는 않는다고 하면서 모든 취소사유에 대한 객관소송을 인정하였다.[51]

---

47) Léon Duguit, Traité de droit constitutionnel, tome 2, 3e éd., Ancienne librairie fontemoing et Cie, Éditeurs(E. de Boccard successeur), Paris, 1928, p.508 참조.

48) Léon Duguit, Les transformations du droit public, 2e tirage, Librairie Armand Colin, Paris, 1921, p.191 참조.

49) 'le détournement de pouvoir'의 번역에 관하여는 제4장 제3절 Ⅰ.3.(2) 각주 21에서 설명한 바와 같이 권한의 탈선으로 번역하였다.

50) Eduard Lafferrière, Traité de la juridiction administrative et des recours contentieux, tome 1, Berger-Levrault et Cie, Libraires-Éditeurs, Paris, 1887, p.17 참조. 특히 실체법률 위반의 사유는 당해 행위에 의해 주관적 권리를 가지는 자에 대해 침익적인 영향을 초래하는 경우에만 소를 제기할 수 있었고 보충성 원칙의 적용을 받아 다른 구제수단이 있을 때에는 소를 제기할 수 없었으나 이후 보충성 원칙도 포기되었다.

51) Léon Duguit, *op. cit.*(supra note 48), p.192 참조.

나. 대상과 그 한계

뒤기는 월권소송을 행정의 자의로부터 개인을 보호하는 효과적이고 발전된 소송이라고 찬양하면서도, 그 범위에 관하여는 아직 완전한 발전 단계에 이르지 못하였다고 지적한다.[52] 이러한 현실 분석은 특히 루소의 일반의지에 기한 법률 개념이나 프랑스 대혁명을 계기로 당시 프랑스 사회 전반을 지배하고 있었던 의회주의와도 관련성을 갖는다.[53] 그는 당시 프랑스의 월권소송은 모든 행정 기관과 공무원들의 객관적 행위에 대해 제기할 수 있었지만, 아직 의회나 재판소 등과 같이 월권소송을 제기할 수 없는 예외적인 경우가 존재한다고 설명하면서 월권소송의 범위는 점차 확대될 것이라고 전망하였는데,[54] 그 주장을 살펴보기에 앞서 이하에서는 19세기 말 뒤기가 살았던 시대에 인정되었던 월권소송의 대상에 관하여 보다 자세히 고찰한다.

먼저, 의회가 내린 결정은 월권소송의 대상이 되지 않았다. 그러나 뒤기는 앞서 법률에 대한 규범통제에 관한 부분에서 언급한 바와 같이, 법률에 대해서도 규범통제가 활발히 이루어져야 한다는 관점에서 이러한 현실을 비판하였다.[55] 그는 의회가 내린 결정에 대해 월권소송을 제기할 수 없는 현실에 관하여, 이는 아직까지도 과거 의회가 주권적 의사를 직접 표현한 것이라고 여겼던 과거 사상의 영향이 잔존하기 때문인 것으로 분석하였다.[56]

반면에 대통령의 결정의 경우에는 원칙적으로 모든 결정에 대해 월

---

52) Léon Duguit, Les transformations du droit public, 2e tirage, Librairie Armand Colin, Paris, 1921, p.192 참조.
53) 전학선, "프랑스의 법령체계 및 법치주의에 관한 연구", 공법학연구 제12권 제1호, 2011, 222면 참조.
54) Léon Duguit, op. cit., p.193 참조.
55) 레옹 뒤기(Léon Duguit)(이광윤 역), 일반 공법학 강의, 민음사, 1995, 233면 참조.
56) Léon Duguit, op. cit.(supra note 52), p.193 참조.

권소송을 제기할 수 있었는데, 과거에는 대통령의 결정 또한 주권의 표현으로 인식되어 월권소송의 대상이 될 수 없었지만, 1875년 이후 대통령의 성격이 점차 주권을 대표하는 통치자로부터 단순히 공무를 수행하는 공무원으로 변화하게 되면서 그의 결정에 대해서도 원칙적으로 월권소송을 제기할 수 있게 되었다.[57] 그러나 이러한 대통령의 결정에 대해서도 예외적으로 월권소송이 인정되지 않는 분야가 있었는데, 의회와의 헌법적 관계에 관한 행위와 외교행위가 그것이다.[58] 의회와의 헌법적 관계에 관한 행위는 예를 들어, 대통령이 의회에 대해 행사하는 행위로서 하원의 해산이나 의회회기의 폐회 등과 같은 행위를 의미한다.[59] 외교행위는 프랑스가 외국과의 관계에서 행하는 선언 등 각종 행위들을 의미하는데, 국가안보와 직접적인 관련을 갖기 때문에 국가안보를 위하여 필수적인 행위까지 소송의 대상으로 삼으면 안 된다는 이유로 월권소송의 대상이 되지 않았다.[60]

3. 대상 범위의 확대 주장

뒤기는 당시 의회의 결정에 대해 월권소송을 제기하는 것이 가능하지 않지만 멀지 않은 미래에는 의회의 결정에 대해서도 월권소송을 제기하는 것이 가능해질 것이라고 예측하였는데, 이처럼 기존에 월권소송의 대상이 되지 못했던 국가의 여러 행위들이 궁극적으로는 사법심사의 대상이 되어야 한다는 주장을 전개한다.[61] 예를 들어, '통치행위'(l'acte

---

57) Léon Duguit, Les transformations du droit public, 2e tirage, Librairie Armand Colin, Paris, 1921, pp.193-195 참조.
58) 레옹 뒤기(Léon Duguit)(이광윤 역), 일반 공법학 강의, 민음사, 1995, 233면 참조. 참고로 프랑스에서 이들 행위는 모두 정부의 통치행위로 분류된다.
59) Léon Duguit, Traité de droit constitutionnel, tome 2, 3e éd., Ancienne librairie fontemoing et Cie, Éditeurs(E. de Boccard successeur), Paris, 1928, pp.310-311 참조.
60) Ibid., pp.341-342 참조.

de gouvernement)62)에 관하여, 이 행위들은 통치자들이 피통치자들의 행복과 부(富)를 보장하기 위해 나라를 다스리는 행위로서 소송의 형태로는 다툴 수 없는 것이라 이해되었기 때문에 과거에는 그 정치적 성격으로 인하여 월권소송의 대상이 되지 못했다고 한다.63) 그러나 뒤기는 현대 공법에서 더 이상 통치행위라는 개념은 존재하지 않는다고 주장하면서 통치행위도 사법심사의 대상이 되어야 한다고 보았다.64)

뒤기에 따르면, 모든 행정작용은 월권소송의 방식을 통한 법적 통제를 받아야 하는데, 이러한 통제는 국가의 공권력에 대항하는 개인의 자연권과 같은 주관적 권리에 근거한 것이 아니라, 적법성의 원리, 객관법, 공역무에 관한 법률과 같은 객관적 법리에 기한 것이었다.65) 사회적 연대를 실현할 의무는 통치자, 공무원, 일반인을 불문하고 갖는 의무이므로, 사회적 연대를 실현하기 위하여 필수적으로 요구되는 사회의 객관법을 준수하는 것은 모든 사람들의 의무로 해석할 수 있다는 것이다.

III. 평가와 영향

라페리에르가 제시한 행정소송의 4유형론에 대항하여 행정소송을 주관소송과 객관소송으로 구분한 뒤기의 견해는 당시 기존의 전통적인 분류방식에 대한 현실적 한계를 포착하고 그 한계를 극복하기 위해 새로운 해

---

61) Léon Duguit, Les transformations du droit public, 2ᵉ tirage, Librairie Armand Colin, Paris, 1921, p.193 참조.
62) 통치행위란 고도의 정치성을 가진 국가기관의 행위를 말한다. 통치행위에 관한 자세한 논의를 다룬 문헌으로 박균성, 행정법론(상), 박영사, 제18판, 2019, 32-34면 참조.
63) Léon Duguit, Traité de droit constitutionnel, tome 2, 3ᵉ éd., Ancienne librairie fontemoing et Cⁱᵉ, Éditeurs(E. de Boccard successeur), Paris, 1928, p.306 참조.
64) Léon Duguit, op. cit.(supra note 61), p.201 참조.
65) Ibid., pp.204-205 참조.

결책을 제시하였다는 점에서 진일보한 이론으로 평가할 수 있다. 특히 객관주의적 관점에서 소송의 유형을 법적 상황에 따라 구분함으로써 당시 일반소송과 월권소송으로 구분하여 판결을 내렸던 꽁세이데따의 판결 태도에 부합하는 이론을 전개한 것은 뒤기의 업적이다. 이러한 뒤기의 견해는 현재까지도 통상적인 소송의 분류방법으로 사용되고 있다.[66]

최근 프랑스에서는 위와 같은 전통적인 소송의 분류 체계에서 벗어나 새로운 행정 현실이 대응하기 위한 새로운 소송의 범주가 등장하였는데, 이는 당사자들의 주관적 법률관계를 규율하는 소송임에도 행위의 공정성 등 객관적 법적용이 요구되는 '객관적 완전심판소송'(le recours objectif de plein juridiction)이 그것이다.[67] 이러한 소송 유형의 등장은 전통적으로 주관소송으로 여겨지던 완전심판소송에 뒤기가 강조했던 객관주의적 관점이 반영된 것으로 이해할 수 있다. 객관적 완전심판소송은 빠르게 변화하는 행정 현실에 적응하기 위해 구축된 소송의 범주로서, 사회를 변화하는 것으로 인식하고 끊임없이 변화하는 사회에 사용할 수 있는 이론을 구축하고자 노력했던 뒤기의 사상과도 일맥상통한다.

한편 당시 월권소송은 행정에 대한 적법성 통제 기능을 효과적으로 수행하여 자의적인 행정으로부터 행정상대방들을 보호하는 한편, 원고 적격이 넓게 인정되고 절차가 까다롭지 않았으며 소송 수행을 용이하게 할 수 있었다는 점에서 현실적으로 많이 이용되었다.[68] 이러한 월권소송의 유행은 꽁쎄이데따에 대한 대중의 신뢰가 높아지면서 더욱 증폭되었는데, 뒤기는 이러한 현실에서 최고 고권으로서 주권 개념을 공법의 기초로 삼았던 기존의 통설을 비판하면서 객관법의 준수를 통해 개인을

---

66) Jean Waline, Droit administratif, 23ᵉ éd., Dalloz, 2010, pp.611-612 참조.

67) 강지은, "프랑스의 객관적 완전심판소송에 관한 소고 -소송의 종류와 법원의 권한을 중심으로-", 공법학연구 제14권 제1호, 2013, 630면 참조.

68) 레옹 뒤기(Léon Duguit)(이광윤 역), 일반 공법학 강의, 민음사, 1995, 230면, 249면 참조.

보호하는 객관소송으로서 월권소송의 의미를 되새기고자 노력하였다. 그리하여 오늘날 프랑스에서 월권소송은 명실상부 행정소송의 여러 유형 중 가장 중요한 소송으로 자리를 차지하고 있다.

이러한 객관소송으로서 월권소송은 우리 행정법학에도 많은 영향을 미쳤는데, 월권소송이 우리나라의 취소소송에 상응하는 소송으로 존재한다는 점에 착안하여 우리나라의 취소소송이 프랑스의 월권소송과 유사하다는 관점에서 취소소송의 성질과 취소판결의 효력 등이 주로 연구의 대상이 되었다.[69] 이러한 연구는 후술하는 바와 같이 우리나라 취소소송의 객관소송으로서 성격을 밝히는 데 영감을 주었다. 뒤기가 살았던 19세기의 프랑스는 민주주의와 법치주의가 성장하면서 공익과 사익이 조화를 이룰 수 있는 토양이 마련되었고 행정소송도 그러한 배경에서 계속하여 판례를 통해 발전하였다는 점에서 오늘날의 우리에게 이론적 영감을 제공한다. 한 예로 의무이행소송에 상응하는, 프랑스의 이행명령(l'injontion) 제도는 월권소송을 보완하는 차원에서 이루어진 제도로서 우리나라에의 도입 논의가 이루어지기도 하였다.[70]

---

69) 박정훈(朴正勳), "취소소송의 성질과 처분개념", 행정법연구2·행정소송의 구조와 기능, 박영사, 2006, 159-160면 참조.
70) 박재현, "프랑스의 월권소송과 한국의 의무이행심판에 관한 연구", 성균관법학 제17권 제2호, 2005, 146면 참조.

제2절 국가배상책임

Ⅰ. 국가배상책임의 의의

오늘날의 관점에서 국가가 일정한 행위에 대한 배상책임을 부담하는 것은 자연스러운 일이지만 뒤기가 살았던 19세기 후반부터 20세기 초반 인정되었던 주관주의적 관점에 따르면 국가배상책임이라는 관념 자체를 상정할 수 없었다. 따라서 국가배상책임의 인정 논의는 국가가 곧 법이라고 본 기존의 사상에 비추어 상상하기 힘든 혁신적인 시도였다. 실제로 뒤기는 국가배상책임의 문제는 당시 공법의 변화하는 현실을 단적으로 보여주는 사례라고 하였다.[1]

주관주의적 관점에 의하면, 법률은 주권적 의사의 표현으로서, 법률을 형성하는 주권적 국가는 그 위반을 이유로 책임을 추궁당하지 않았다.[2] 그러나 뒤기는 국가의 주권의 개념은 소멸했다고 주장하면서, 국가의 책임 또한 점차 인정되고 있다고 하였다.[3] 앞에서 본 바와 같이, 19세기 후반부터 20세기 초반의 공법은 공역무 개념을 중심으로 한 근본적인 변화를 겪고 있었는데, 특히 국가는 주권적 권리를 갖는 권리의 주체가 아니라, 공역무를 수행할 의무를 부담하는 의무의 주체로 인식되었다.[4]

---

1) Léon Duguit, Les transformations du droit public, 2ᵉ tirage, Librairie Armand Colin, Paris, 1921, p.222 참조.

2) 여기서의 주권 개념은 앞에서 언급한 바와 같이 프랑스어로는 'la souveraineté', 독일어로는 'Souveränität'로 최고 고권(高權, 독일어로는 Hoheit)으로 불리는 명령적이고 강제적인 힘을 갖는 주관적 권리를 의미한다. 주권은 독립성, 단일성, 불가분성, 양도불가능성 등을 그 개념적 징표로 한다. 이러한 주권 개념은 오늘날 민주주의와 법치주의의 발전과 함께 국민주권으로 성숙하면서 정치적으로는 과거의 공권력 주체로서의 국가가 갖는 국가주권과는 다른 의미를 갖게 되었다.

3) Léon Duguit, Traité de droit constitutionnel, tome 2, 3ᵉ éd., Ancienne librairie fontemoing et Cⁱᵉ, Éditeurs(E. de Boccard successeur), Paris, 1928, p.40 참조.

국가를 규율하는 상위규범이 존재하므로, 국가는 법의 지배를 받고 국가의 구성원으로서 통치자는 일반 국민들과 마찬가지로 법을 준수할 의무가 있다는 것이다.[5]

이러한 뒤기의 사상은 국가배상책임에 있어서도 그대로 유지되는데, 그는 국가가 명령적 주권을 갖는 주체로서 배상책임을 면제받는다고 보았던 국가의 주권면책 사상을 비판하면서, 공역무 개념을 매개로 국가배상책임에 관한 새로운 이론을 구성하였다. 즉, 사회적 연대를 실현하기 위해 공역무 수행의무를 부담하는 국가는 공역무 수행에 따르는 '사회적 위험'(le risque social)에 대해 '보험'(l'assurance)을 제공하는 지위에 있으므로 공역무 수행과 관련하여 발생한 손해에 대하여 배상책임을 부담한다는 것이다.[6] 여기서 사회적 위험이란 사회의 일반 이익을 위한 활동인 공역무를 수행하면서 필연적으로 수반되는 일반적인 위험을 의미한다.[7] 공역무의 수행 주체인 국가는 공역무로 인하여 개인에게 발생한 손해에 대해 '공적 부담 앞의 평등 원칙'(le principe de l'égalité devant les charges public)에 따른 책임을 부담한다.[8] 그리고 국가의 배상은 공역무의 수행

---

4) Léon Duguit, Leçons de droit public général, faites à la faculté de droit de l'Université égyptienne pendant les mois de Janvier, Février et Mars 1926, E. de Boccard, Paris, 1926, pp.140-141 참조.

5) Léon Duguit(translated by Ernest G. Lorenzen), The concept of public service, Yale Law Journal, Vol. 32, No. 5, March, 1923, pp.425-435, p.431 참조.

6) 뒤기는 공적 부담 앞의 평등 원칙에 기한 사회 보험 사상을 근거로 국가배상책임을 인정한다. 특히 공적 부담 앞의 평등 원칙 외에 사회적 연대를 이론의 기초로 삼았다는 점이 주목할 만한 특징이다. 이에 관한 자세한 논의를 다룬 문헌으로 Kyune-Seung Park(박균성), Etude comparative de la responsabilité administrative en Corée, au Japon et en France, thèse Marseille, 1989, p.99 참조.

7) 뒤기가 주장한 사회적 위험 개념은 국가가 (법)인격을 갖지 않으므로 과실책임의 주체가 될 수 없다는 전제에서 개인들이 공적 작용으로 인해 발생하는 피해(le dommage)를 입을 일반적인 위험을 보장해준다는 의미로 사용되는데, 일반적으로 무과실책임으로서 위험책임에서 논의되는 특별한 위험이 아니라는 점에서 특징적이다.

으로 이익을 얻은 공동체 전체의 기금(la caisse)으로부터 이루어진다.[9)

국가배상책임은 월권소송과 함께 국가 또는 행정으로부터 개인을 진정으로 보호하기 위한 대표적인 수단에 해당한다.[10) 특히 뒤기는 후술하는 바와 같이 블랑코(Blanco) 판결을 주목함으로써 국가배상책임을 민법상의 손해배상책임으로부터 독립시키는 데 기여하였고, 이후 국가배상책임은 프랑스 공법의 독자적인 제도로서 의의를 획득한다. 이하에서는 국가배상책임의 전개 과정에 대해 보다 자세히 알아본다.

II. 발전의 전개 과정

1. 주권사상에 기한 국가의 면책과 그 한계

공무원의 책임에 관한 조항은 1789년 프랑스 인간과 시민의 권리 선언을 비롯하여 1791년 헌법과 1793년 헌법 등에 이르기까지 여러 헌법전(憲法典)에서 발견된다. 그러나 이와 반대로 어떠한 형태로든 국가의 일반적인 책임을 인정한 법조문은 역사적으로 존재하지 않았다고 하는데, 당시 사람들은 책임에 대한 인식을 갖고는 있었지만 오로지 공무원의 책임에만 관심을 가졌고, 국가에 대하여 일반적인 책임을 부담시키는 것은 주권 도그마에 의해 부정되었다.[11)

과거의 공법 사상에 따르면, 국가의 주권은 개인의 권리 보호를 위해

---

8) Léon Duguit, Leçons de droit public général, faites à la faculté de droit de l'Université égyptienne pendant les mois de Janvier, Février et Mars 1926, E. de Boccard, Paris, 1926, p.333 참조.
9) 레옹 뒤기(Léon Duguit)(이광윤 역), 일반 공법학 강의, 민음사, 1995, 257면 참조.
10) Léon Duguit, op. cit.(supra note 8), p.304 참조.
11) Léon Duguit, Les transformations du droit public, 2ᵉ tirage, Librairie Armand Colin, Paris, 1921, p.224 참조.

서만 법을 통해 제한되었는데, 법은 주권적 일반의지의 표현으로서 국가
에 의해 창설되는 것이었다. 주권을 가진 국가는 그 성질상 자신의 창조
물인 법을 위반할 수 없었고, 따라서 국가가 법을 위반하였다고 책임을
부담하는 관념 자체가 성립할 수 없었다. 절대군주국가에서는 '국왕은 잘
못을 저지를 수 없다'(le roi ne peut pas mal faire)는 원칙이 존재하였는데,
이러한 원칙이 이어져 국가의 책임이 면제되어 어떠한 배상책임도 부담
하지 않게 된 것이다.[12] 국가는 법을 위반할 수 없으므로, 결국 공무원만
이 법을 위반할 수 있었던 것이다. 이러한 점이 공무원의 책임은 쉽게 인
정하면서도 국가에 대한 일반적인 책임은 인정하지 않았던 배경이다.

뒤기에 의하면, 국가의 책임이 인정되지 않으면 안 되는 몇몇의 사례
에 대하여 다른 학자들도 이에 대한 설명을 시도하였는데, 국가는 원칙
적으로 책임이 면제되지만 예외적으로 법률이 명시적으로 정하는 경우
에만 책임을 부담한다고 보는 베르텔레미가 그 중 하나였다.[13] 그러나
이러한 시도들은 완전한 것이 아니었고, 특히 기존 견해의 한계는 1789
년 「프랑스 인간과 시민의 권리 선언」에서 정한 재산권의 보호에 관한
규정에 있었다.[14] 즉, 동 선언 제17조는 개인의 소유권에 대한 불가침성
을 강조하면서, 적법하게 창설된 공공필요에 기해 명백하게 요구되고,
정당하고 선결적인 보상(l'indemnité)이라는 조건에 의해서가 아니면 소
유권을 박탈당할 수 없다고 규정하였다. 뒤기는 이 규정이 국가주권 및
국가의 면책이론과 맞지 않는다고 보았는데, 그 이유는 위 규정의 제정
자들이 개인의 재산권을 더욱 소중히 여긴 결과로 개인의 소유권을 침
해한 경우에 국가에 대해 일반적인 금전상 배상책임을 인정하는 결과를

---

12) Léon Duguit, Traité de droit constitutionnel, tome 2, 3ᵉ éd., Ancienne librairie
    fontemoing et Cie, Éditeurs(E. de Boccard successeur), Paris, 1928, p.812 참조.
13) Léon Duguit, Les transformations du droit public, 2ᵉ tirage, Librairie Armand Colin,
    Paris, 1921, p.225 참조.
14) *Ibid.*, p.227 참조.

초래했기 때문이다.15) 이는 결국 '수용'(l'expropriation)으로 인정되어 1841
년 5월 3일 법률에 규정되었다.16)

  위와 같이 개인의 재산권과 국가의 주권이 충돌하는 상황에서 결국
개인의 재산권이 우위를 점하는 결과가 발생함으로써, 국가의 주권적 행
위, 즉 공권력에 기한 행위에 대하여 국가의 일반적 책임을 인정하는 이
론의 초석이 마련되었다. 이를 통해서 알 수 있는 또 다른 사실은 뒤기
의 주장과 같이 주권 개념을 기초로 하는 기존의 공법 사상은 당신의 현
실을 제대로 설명하지 못한다는 점이다. 특히 당시의 현실을 보여주는
객관적인 증거로서 꽁세이데따와 관할재판소 등의 판례들은 소중한 자
료가 되었는데, 뒤기는 관할재판소의 블랑코(Blanco) 판결을 발견하고 분
석함으로써 프랑스 행정법과 국가배상책임의 발전사에 중요한 족적을
남긴다. 이하에서는 그가 주목했던 블랑코 판결을 계기로 하여 프랑스
행정법상 국가배상책임 제도가 어떻게 발전하였는지를 살펴본다.

2. 국가배상책임의 발전

가. 블랑코 판결의 의의

  블랑코 판결은 "모든 변화의 시작점"(le point de départ de toute une
évolution)이었다.17) 블랑코 판결의 내용은 다음과 같다. 아녜스 블랑코
(Agnés Blanco)라는 5살 소녀가 1871년 11월 3일 보르도의 담배제조회사
소속 운반차에 치이는 교통사고를 당한다. 이에 소녀의 아버지 쟝 블랑

---

15) Léon Duguit, raité de droit constitutionnel, tome 2, 3ᵉ éd., Ancienne librairie fontemoing
   et Cⁱᵉ, Éditeurs(E. de Boccard successeur), Paris, 1928, p.431 참조.

16) Léon Duguit, Traité de droit constitutionnel, tome 3, 2ᵉ éd., Ancienne librairie fontemoing
   et Cⁱᵉ, Éditeurs(E. de Boccard successeur), Paris, 1923, p.359 참조.

17) Léon Duguit, Les transformations du droit public, 2ᵉ tirage, Librairie Armand Colin,
   Paris, 1921, p.173.

코(Jean Blanco)는 1872년 1월 24일 보르도 일반재판소에 국가를 상대로
한 민사상 손해배상을 제기한다. 그러자 당해 소송의 관할에 대해 분쟁
이 발생하였는데, 구체적으로는 일반재판소에게 관할권이 있는지 아니
면 행정재판소에게 관할권이 있는지 여부가 문제되었다.

관할재판소(Tribunal des conflits)[18]는 1873년 2월 8일 이에 대하여 "공
역무에 종사하는 사람들의 행위로 인해 사인들에게 가해진 손해에 대한
국가의 배상책임은 사인과 사인 간의 관계를 위하여 민법전에 규정된
원리들에 의해 규율될 수 없다. 국가의 배상책임은 일반적인 것도 아니
고 절대적인 것도 아니다. 그것은 국가의 권리와 사인의 권리를 조정할
필요성에 따라 변하는 특별한 규율들을 갖는다."라고 설시했다.[19] 결국
당해 소송에 대해서는 일반 사법재판소가 아니라 행정재판소가 적법한
관할권을 갖는다는 결론이 내려진 것이다.

위 판결에서 언급된 '국가의 권리와 사인의 권리를 조정할 필요성'이
바로 국가배상책임이 공법상 제도로서 존재해야하는 이유이다.[20] 공법
의 영역에서는 당사자 사이의 대등한 관계를 전제로 하는 사법에서와는
다른 고려가 필요하다는 것이다. 블랑코 판결은 공역무를 수행하던 중의
공무원의 행위로 인하여 발생한 손해에 대한 국가의 손해배상책임을 인
정하였고, 공역무 개념을 기준으로 행정재판소의 관할권을 인정했다는
점에서 프랑스 행정법 역사상 매우 중요한 의미를 갖는다.[21] 프랑스의

---

18) 관할재판소(Tribunal des conflits)는 국내에서 관할법원으로도 번역된다. 관할재
   판소는 2원적 재판질서의 산물로서 일종의 조정적 기능을 담당하는 재판소로,
   꽁세이데따(Conseil d'État)와 파기원(Cour de cassation)의 관할에 대한 분쟁을
   해결한다. 이에 관한 설명을 다룬 문헌으로 한국법제연구원, 프랑스 법령용어
   해설집, 2006, 400면 참조.
19) TC 8 février 1873 Blanco.
20) 박정훈(朴正勳), "국가배상법의 개혁 재론 -사법적 대위책임에서 공법적 자기
   책임으로-", 2018. 5. 18. 한국공법학회 학술대회 발표문(미공간), 18면 참조.
21) Léon Duguit, Traité de droit constitutionnel, tome 3, 2ᵉ éd., Ancienne librairie fontemoing
   et Cⁱᵉ, Éditeurs(E. de Boccard successeur), Paris, 1923, p.43 참조.

국가배상책임 제도는 블랑코 판결을 계기로 판례법에 의해 더욱 발전하였고, 독자적인 제도로서 의의를 획득하게 되었다.[22]

나. 국가배상책임의 본질

(1) 공역무와 국가배상책임

블랑코 판결을 계기로 공역무 개념은 행정재판의 관할을 정하는 기준이 되었고, 이후 현대 프랑스 행정법의 중요한 근본 개념으로 자리 잡게 되었다. 공역무는 국가가 사회적 연대의 실현과 발전을 위해 강제력을 이용하더라도 중단 없이 수행하여야 하는 활동으로서, 사회의 일반 이익을 실현하는 기능을 한다.[23] 공역무의 수행으로 인하여 이익을 얻는 이익의 귀속주체는 사회 전체, 즉 국가인 것이다. 따라서 공역무 수행 중의 과실로 인하여 개인에게 손해를 끼쳤다면 그 책임은 공역무 수행의 이익을 얻는 단체인 국가가 국가의 기금으로 배상책임을 부담해야 한다는 결론으로 이어진다.[24] 이러한 그의 견해는 곧 국가가 '자기책임'

---

22) 프랑스의 국가배상책임 제도는 판례법에 의해 형성되었다는 점이 큰 특징임을 강조한 문헌으로 김동희, "한국과 불란서의 행정상손해배상제도의 비교고찰", 서울대학교 법학 제16권 제1호, 1974, 58면 참조.

23) Léon Duguit, Leçons de droit public général, faites à la faculté de droit de l'Université égyptienne pendant les mois de Janvier, Février et Mars 1926, E. de Boccard, Paris, 1926, p.150 참조.

24) 뒤기는 이와 같이 공무원이 공역무 수행 중에 개인에게 끼친 손해는 그 공역무 수행의 이익을 얻는 단체가 단체의 기금으로 배상하여야 한다고 보았는데, 일본의 학자 이마무라 교수는 뒤기의 견해와 유사한 견해를 취하면서, 국가는 과실을 저지를 수 없고 공무원의 과실을 공적 기능을 수행하던 중의 과실로 이해하고 있다고 보았다. 다만 이마무라 교수의 견해가 뒤기의 견해와 다른 점은 뒤기는 국가의 과실과 공무원의 과실이 병존할 수 없다고 본 반면에 이마무라 교수는 양자가 병존 가능하다고 보았다. 이에 관한 상세한 내용을 다룬 문헌으로 Kyune-Seung Park(박균성), Etude comparative de la responsabilité administrative en Corée, au Japon et en France, thèse Marseille, 1989, p.197 참조.

을 인정하는 것인데, 이는 프랑스 국가배상제도가 갖는 공법적 독자성의
핵심적 요소이다.

국가의 자기책임은 국가가 자신에게 부여된 공역무 수행의무를 제대
로 수행하지 못하여 직접적으로 부담하게 되는 고유한 책임에 해당
한다.[25] 이러한 국가의 자기책임은 구체적으로 '역무과실'(la faute de
service)[26]과 공무원의 '개인과실'(la faute personnelle)의 구별을 통해 실현
되는데, 여기서 역무과실은 공무원의 개인 과실을 매개로 하지 않고 국
가 자신의 과실을 인정한 것이다.[27]

공역무의 수행주체이자 이익주체인 국가가 스스로에게 부여된 의무
를 제대로 이행하지 않을 경우 책임을 부담한다는 뒤기의 주장은 공역
무의 수행주체와 공무원의 임명주체가 서로 다른 경우에도 여전히 유효
하다. 뒤기는 이에 관하여 두 개의 판결을 예로 들며 설명하는데, 첫 번
째 판결은 보르도 시(市)에서 일어난 사건으로 건물에 화재가 일어나 소
방대가 출동했으나 화재를 진압하지 못하자 건물주였던 민간 회사가 보
르도 시를 상대로 소송을 제기한 사안이다. 당시 소방업무는 자치단체의
업무로서 시가 그 수행의무를 부담하였고, 소방관은 정부에 의해 임명되

---

25) Kyune-Seung Park(박균성), Etude comparative de la responsabilité administrative en
    Corée, au Japon et en France, thèse Marseille, 1989, p.204 참조.
26) 'la faute de service' 개념은 국내에서 일반적으로 '역무과실'로 번역된다. 여기서
    '역무'(le service)는 '공역무'(le service public)의 준말로, 뒤기는 공역무를 사회 적
    연대를 실현하기 위해 필요한 국가의 모든 활동이라고 한다. 따라서 '역무과실'
    은 국가가 사회 일반 이익을 실현하기 위해 행하는 활동 중에 발생하는 과실로
    이해할 수 있다. 본 논문에서는 통상적인 번역례에 따라 '역무과실'로 번역하였
    다. 우리나라에서는 '공무 수행 중의 과실' 또는 '공무과실'로 표현하는 것이 보
    다 적절하지만 통상의 예에 따라 역무과실로 번역한 문헌으로 박정훈(朴正勳),
    "국가배상법의 개혁 재론 -사법적 대위책임에서 공법적 자기책임으로-", 2018. 5.
    18. 한국공법학회 학술대회 발표문(미공간), 19면 각주 33 참조.
27) 박현정, "프랑스 행정법상 '역무과실'(la faute de service)에 관한 연구 -역무과
    실과 위법성의 관계를 중심으로-", 서울대학교 박사학위논문, 2014, 6면 참조.

었다. 소송에서 건물주는 시의 직원인 소방대장이 제대로 임무를 수행하지 않았으니 시가 책임져야 한다고 주장한 데 대하여, 시는 소방대장은 시의 직원이 아니라 정부에 의해 임명되었으므로 책임이 없다고 항변하였는데, 시의 주장이 받아들여졌다.[28] 이후 이와 유사한 사건이 발생하여 르 아브르(Le Havre) 재판소에 소가 제기되었다. 이 사안에서 건물주는 소방업무가 시 전체의 이익을 위해 기능하는 지방자치단체의 공역무이므로 피해자에게 과실이 있다는 것을 증명하지 못하는 한 공역무의 수행주체인 시가 배상책임을 부담한다고 주장하였는데, 이번에는 재판소가 건물주의 주장을 받아들여 공동체의 이익을 위해 운영되는 공역무에 의해 피해를 입은 개인에 대해서는 그 공역무를 운영하는 주체가 배상책임을 부담한다고 하였다.[29]

뒤기는 위 두 사례 중에서 두 번째 사안을 지지하였는데, 책임을 부담하는 주체를 판단함에 있어 문제가 되는 것은 공무원의 임명주체가 아니라 공역무 수행주체라고 판단하였기 때문이다.[30] 앞서 언급한 바와 같이 공역무를 수행하는 공무원은 전체의 이익을 위하여 임무를 수행하는 것이므로, 그 이익의 귀속 주체인 단체가 그 임무의 수행으로 인한 책임도 부담한다는 것이다. 따라서 뒤기는 당해 임무를 수행한 공무원을 임명한 단체에 책임을 귀속시킬 것이 아니라, 공역무가 조직되고 운영됨으로써 이익을 누린 단체에 대해 배상책임을 부과하여 단체의 기금으로부터 배상을 하는 것이 타당하다고 보았다.[31]

---

28) 레옹 뒤기(Léon Duguit)(이광윤 역), 일반 공법학 강의, 민음사, 1995, 260면 참조.

29) 레옹 뒤기(Léon Duguit)(이광윤 역), 전게서, 1995, 260-261면 참조.

30) Léon Duguit, Leçons de droit public général, faites à la faculté de droit de l'Université égyptienne pendant les mois de Janvier, Février et Mars 1926, E. de Boccard, Paris, 1926, p.321 참조.

31) Léon Duguit, Traité de droit constitutionnel, tome 3, 2ᵉ éd., Ancienne librairie fontemoing et Cⁱᵉ, Éditeurs(E. de Boccard successeur), Paris, 1923, p.271 참조.

(2) 과실책임에서 위험책임으로

국가가 공역무를 수행함에 있어서 개인에 대하여 특별한 손해를 끼쳤다면 국가는 단체의 기금으로 개인에 대한 손해를 배상해야 할 것인데, 단체의 기금으로 배상책임을 부담하는 이유는 공역무의 제공이 개인과 단체 사이에서 발생하는 작용으로서 위험(le risque)의 개념이 적용되기 때문이다.[32] 뒤기는 일반적으로 책임의 개념을 과실책임(la responsabilité pour faute)과 위험책임(la responsabilité pour risque)으로 나누어 설명하고 있는데, 과실책임은 개인과 개인 간의 관계에서 문제되는 책임이고, 위험책임은 개인과 단체 또는 단체와 단체 사이에서 발생하는 책임이다.[33]

기존의 견해에 따르면, 책임의 개념은 항상 과실책임으로 설명되지만, 과실책임은 개인의 자유의지에 기하여 행해지는 법위반에 대한 책임을 의미하므로 종국적으로 '귀책성'(l'imputabilité)의 문제로 귀결된다.[34] 그러나 과실책임은 책임의 문제를 주관적이고 개인주의적인 관점에서 이해한 것으로, 뒤기는 단체의 경우에는 위험책임이라는 완전히 새로운 원리가 적용되어야 현실에 부합한다고 보았다.[35] 여기서 위험책임은 공역무의 수행으로 인하여 필연적으로 발생할 수 있는 사회적 위험으로부터 개인을 보호하지 못한 경우에 부담하는 책임을 의미한다. 주의할 점은 뒤기가 주장한 사회적 위험 개념은 일반적으로 무과실책임으로서 위험책임에서 논의되는 특별한 위험 개념이 아니라, 사회에서 공역무가 수행됨으로써 발생 가능한 '일반적인' 위험에 대한 책임이라는 특징을 갖

---

32) Léon Duguit, Leçons de droit public général, faites à la faculté de droit de l'Université égyptienne pendant les mois de Janvier, Février et Mars 1926, E. de Boccard, Paris,1926, p.314 참조.
33) Léon Duguit, Traité de droit constitutionnel, tome 3, 2ᵉ éd., Ancienne librairie fontemoing et Cⁱᵉ, Éditeurs(E. de Boccard successeur), Paris, 1923, p.270 참조.
34) 레옹 뒤기(Léon Duguit)(이광윤 역), 일반 공법학 강의, 민음사, 1995, 254-255면 참조.
35) Léon Duguit, Les transformations du droit public, 2ᵉ tirage, Librairie Armand Colin, Paris, 1921, pp.230-231 참조.

는다는 것이다.

　뒤기는 과거에 과실책임 이론을 견지하면서 국가의 책임문제를 해결
하려고 했던 시도가 없었던 것은 아니지만, 이러한 시도들은 주권 개념
이 사라진 현실과 맞지 않다고 비판한다.[36] 특히 단체는 인격이 없기 때
문에 개인처럼 의지를 갖고 활동할 수 없으므로 단체에 관해서는 과실
책임이라는 개념 자체를 상정할 수 없었다.[37] 따라서 국가는 공무원인
사람을 통해서 공역무를 수행하고 공무원은 개인의 의지에 기해 직무를
수행하는데, 그 직무는 공무원 개인의 이익을 위한 것이 아니라 국가라
는 단체 전체의 이익을 실현하려는 목적을 위한 것으로, 만약 공무원이
공역무를 수행하던 중의 과실로 국가배상책임이 문제되는 경우 그 때의
공무원은 개인으로서 존재하는 것이 아니라 공역무를 통해 기능적으로
흡수된 일종의 '공무수행자'(l'administrateur)라고 이해되었다.[38] 이러한
뒤기의 사상은 역무과실이론의 기초를 이룬다.[39] 사회 전체의 이익을 위
한 공역무의 수행으로 인하여 개인에게 발생할 수 있는 손해는 일종의 사

36) 이러한 시도는 기르케(Otto Friedrich von Gierke)가 일반적으로 구축한 것을 옐
　　리네크가 국가에 접목하고 발전시킨 이론으로 국가의 일반적인 '단체법인
　　격'(les personnes collectives en général)을 인정함으로써 문제를 해결하려했다.
　　그들의 이론은 프랑스에서 미쇼(Michoud)와 오류(Hauriou)에 의해 약간의 수정
　　을 거쳐 받아들여졌다고 한다. 그러나 뒤기는 이러한 이론들은 법학자들에
　　의해 상상된 기발한 허구일 뿐이라고 비판한다. 이에 관한 상세한 논의는
　　Léon Duguit, Les transformations du droit public, 2ᵉ tirage, Librairie Armand Colin,
　　Paris, 1921, pp.229-230 참조.
37) Léon Duguit, Leçons de droit public général, faites à la faculté de droit de l'Université
　　égyptienne pendant les mois de Janvier, Février et Mars 1926, E. de Boccard, Paris,
　　1926, pp.315-316 참조.
38) Léon Duguit, Traité de droit constitutionnel, tome 3, 2ᵉ éd., Ancienne librairie fontemoing
　　et Cᵉ, Éditeurs(E. de Boccard successeur), Paris, 1923, p.278 참조; Kyune-Seung Park(박
　　균성), Etude comparative de la responsabilité administrative en Corée, au Japon et
　　en France, thèse Marseille, 1989, p.309, p.313 참조.
39) Kyune-Seung Park(박균성), *op. cit.*, p.252 참조.

회적 위험으로서, 공역무 수행의 주체이자 이익의 귀속주체인 국가는 개인에 대해 사회적 위험으로부터 개인의 지위를 보호하고 보장할 의무를 부담한다.[40]

국가에 대해 위험책임의 법리가 적용되어야 하는 또 다른 이유는 개인과 단체 사이가 평등하기 않기 때문인데, 개인은 단체에 비해 약하고 특히 그 단체가 국가적 단체일 경우에는 더욱 그러하다는 것이다.[41] 예를 들어, 개인이 국가에 대해 책임을 추궁할 때 국가의 과실을 증명해야 한다고 하면 그 개인은 손해를 배상받는 것이 불가능해질 위험에 처하게 될 수 있다. 따라서 위에서 언급한 바와 같이 모두를 위한 이익, 즉 사회적 이익을 위해 행해진 공역무 활동으로 인하여 개인이 받는 손해에 대한 부담은 그 이익의 귀속주체인 단체의 기금, 국가의 기금으로 처리하는 것이 정당하다.[42]

III. 권력기관의 구분에 따른 국가배상책임

1. 의회에 대한 국가배상책임

의회주권 사상은 루소와 프랑스 혁명을 통해 프랑스 사회에서 오래전부터 일종의 신앙처럼 사람들의 정신에 깊이 뿌리 내리고 있었다. 의회는 주권의 대표자였으므로 의회의 행위에 대해서 책임을 추궁하는 것은 주권자에 대한 대항으로 여겨져 금기시되었던 것이다. 그러나 19세기 후

---

40) Léon Duguit, Traité de droit constitutionnel, tome 2, 3e éd., Ancienne librairie fontemoing et Cie, Éditeurs(E. de Boccard successeur), Paris, 1928, p.70 참조.

41) Léon Duguit, Leçons de droit public général, faites à la faculté de droit de l'Université égyptienne pendant les mois de Janvier, Février et Mars 1926, E. de Boccard, Paris, 1926, p.316 참조.

42) 레옹 뒤기(Léon Duguit)(이광윤 역), 일반 공법학 강의, 민음사, 1995, 258면 참조.

반부터 20세기 초반에는 의회가 내린 개별 결정에 대해서 국가배상책임
이 인정되는 사례가 종종 발생하였고 의회가 제정한 형식적 법률에 대해
서도 책임을 물을 수 있는지에 대해서도 활발한 논의가 진행되었다.[43]

　　법률의 적용으로 인하여 특정한 시민들이 손해를 입은 경우에 입법자
는 그 법률에 대한 손해배상책임을 부담하는가? 뒤기는 이에 대해 원칙적
으로 법률의 적용으로 인하여 '특별한 손해'(le préjudice spécial)를 입은 개
인은 국가에 대해 손해배상책임을 청구할 수 있고, 다만 예외적으로 법률
이 어떤 행위가 사회 전체를 해한다고 판단하여 이를 금지하였는데 결과
적으로 그 법률이 개인에게 손해를 끼친 경우 국가는 그에 대해서는 배상
할 책임이 없다고 주장한다.[44]

　　이에 관하여 프랑스에서는 백연(le blanc de céruse)[45]의 사용을 금지하
는 1909년 7월 20일 법률에 대한 논의가 진행되었고, 스위스에서는 압생트
(l'absinthe)[46]의 제조 등을 금지하는 1910년 6월 24일 연방법률에 대한 논
의가 있었다.[47] 이러한 법률들은 납중독의 위험을 가진 백연과 독성을 내

---

43) Léon Duguit, Les transformations du droit public, 2ᵉ tirage, Librairie Armand Colin, Paris, 1921, p.236 참조.

44) Léon Duguit, Leçons de droit public général, faites à la faculté de droit de l'Université égyptienne pendant les mois de Janvier, Février et Mars 1926, E. de Boccard, Paris, 1926, p.327 참조.

45) 여기서 백연은 납에 아세트산 증기를 작용시켜 만든 무색, 무미, 무취의 가루
　　로서 도자기나 건조제 등을 만드는 데에 사용된다.("백연1", 국립국어원, 표준
　　국어대사전, https://stdict.korean.go.kr/search/searchView.do?word
　　_no=141231&searchKeyword To=3, 검색일 및 최종접속일: 2019.12.22). 백연은 미
　　술의 재료로 사용되며 1909년 7월 20일 법률은 납중독의 위험이 있다는 이유
　　로 그 사용을 금지했다.

46) 만향 쑥이나 아니스 따위를 주된 향료로 써서 만든 리큐어로서, 알코올분 70%
　　정도의 독하고 쓴 녹색의 양주이다("압생트", 국립국어원, 표준국어대사전,
　　https://stdict.korean.go.kr/search/searchView.do?word_no=457776&search
　　KeywordTo=3, 검색일 및 최종접속일: 2019.12.22). 프랑스에서는 압생트가 한 때
　　국민 술로 인기가 많았으나 독성을 이유로 1914년 3월 16일 그 양조와 유통, 소
　　비가 모두 금지되었다.

포하고 있을 수 있는 압생트로부터 발생 가능한 위험을 차단하기 위한 것
으로서 그 금지의 목적이 국민을 보호하는 데에 있다고 보았는데, 뒤기는
이에 대해 위 법률에 의해 손해를 입은 자에 대해서는 국가의 배상책임이
존재하지 않는다고 보았다.48)

예를 들어, 압생트의 경우 스위스와 마찬가지로 프랑스에서도 1915년
3월 16일 그 술의 제조, 유통, 소비를 금지하는 법률이 제정되었는데, 해당
법률에는 술의 제조자에 대한 어떠한 책임도 명시하지 않아 술 제조자가
국가에 대하여 손해배상책임 청구소송을 진행한 사건이 있었다. 행정재판
소는 본안판단에 나아감으로써 법률에 대한 손해배상책임을 주장하는 소
송을 제기할 수 있음을 인정하였고, 다만 본안에서 국가에게 법률로써 국
민들에게 해로운 행위인 압생트의 제조 등 행위를 금지할 수 있는 정당한
근거가 인정된다고 판단하여 위 법률을 적법한 것으로 보았다.49)

한편 뒤기는 국가가 공역무를 더 잘 수행하고 보장하기 위하여 어떤
산업을 독점함으로써 개인에게 손해를 끼친다면 이에 대해서는 반드시 배
상책임을 부담해야 한다고 본다.50) 그에 따르면, 프랑스에서는 1872년 8월
2일 성냥 생산에 관해 독점권을 인정한 법률과 1904년 3월 14일 법률에 의
해 직업소개소의 폐지를 승인하는 법률에서 따로 명문의 규정을 두어 위
법률들로 인하여 손해를 입는 개인에 대한 국가의 손해배상책임을 인정하
였기 때문에 이에 관한 문제가 사회적 문제로 대두되지 않았다고 한다.51)

---

47) Léon Duguit, Les transformations du droit public, 2ᵉ tirage, Librairie Armand Colin,
    Paris, 1921, p.236 참조.
48) Léon Duguit, Leçons de droit public général, faites à la faculté de droit de l'Université
    égyptienne pendant les mois de Janvier, Février et Mars 1926, E. de Boccard, Paris,
    1926, pp.327-328 참조.
49) 레옹 뒤기(Léon Duguit)(이광윤 역), 일반 공법학 강의, 민음사, 1995, 266면 참조.
50) Léon Duguit, op. cit.(supra note 48), p.328 참조.
51) Léon Duguit, Traité de droit constitutionnel, tome 3, 2ᵉ éd., Ancienne librairie
    fontemoing et Cⁱᵉ, Éditeurs(E. de Boccard successeur), Paris, 1923, pp.522-524 참조.

2. 공무원의 행위에 대한 국가배상책임

가. 사법부의 공무원

뒤기는 사법부 공무원에 대한 공법의 변화가 가장 더디게 일어나고 있다고 할 정도로, 프랑스를 비롯한 여러 나라에서 사법부 공무원들의 행위에 대한 국가배상책임이 잘 인정되지 않고 있음을 지적한다.[52] 이는 권력분립원칙에서 그 근거를 찾을 수 있다. 1791년 헌법 이후 국가의 주권은 3개로 나누어져 입법부·사법부·행정부가 구분되었고 이 중 사법부는 나머지 두 부와 동등한 제3의 권력을 형성하여 독립한 주권을 갖게 되면서 독립한 주권을 가진 사법부가 행하는 행위에 대해서 배상책임을 묻는 것이 어려워진 것이다. 그러나 뒤기에 따르면, 사법부의 공무원도 임명방식이나 권한, 지위가 행정부 공무원들과 조금씩 다른 것은 사실이나 본질적으로 행정부의 공무원과 다르지 않다고 주장하는데, 이러한 관점에서 보면 행정부 공무원들의 행위에 대해 국가가 배상책임을 부담하는 것과 마찬가지로 사법부 공무원이 행하는 행위에 대해서도 국가가 배상책임을 부담하여야 한다는 결론이 도출된다.[53]

한편 프랑스에서는 '사법기관'(l'autorité judiciaire)이 형사소송과 민사소송을 담당하는 배타적 관할권을 갖고 재판 권한을 행사하는데,[54] 재판행위는 '기판력'(l'autorité de la chose jugée)으로 인하여 국가에 대해 배상책임을 청구할 수 없다고 한다.[55] 재판상 결정이 법적 진실로서 힘을 갖

---

52) Léon Duguit, Traité de droit constitutionnel, tome 3, 2ᵉ éd., Ancienne librairie fontemoing et Cⁱᵉ, Éditeurs(E. de Boccard successeur), Paris, 1923, p.275 참조.

53) Léon Duguit, Les transformations du droit public, 2ᵉ tirage, Librairie Armand Colin, Paris, 1921, p.248 참조.

54) 여기서 'judiciaire' 개념과 'juridictionnel' 개념을 혼동해서는 안 되는데, 'judiciaire' 개념은 집행적 성격을 갖는 뜻으로 행정과 구분되는 사법(司法)을 의미하고, 'juridictionnel' 개념은 재판이라는 의미를 내포한다.

는 것은 법에 의해 보장된 사회적 요구이므로 법률에 명시적으로 국가
의 책임을 규정하지 않는 한, 재판의 성격을 갖는 결정에 대해서는 국가
에 대하여 배상책임을 구할 수 없다는 것이다.[56]

그러나 뒤기는 사법기관이 항상 재판상 결정을 하는 것은 아니라고 하
는데, 예를 들어, 영장의 발부, 체포 명령, 체포, 수색 등과 같이 실질적인
관점에서 보면 행정행위라고 할 수 있는 다양한 행위들이 사법부의 공무
원들에 의해 행해진다.[57] 여기서 추론할 수 있는 것은 이러한 행위들에
대해서는 얼마든지 국가배상이 가능하다는 점이다. 따라서 뒤기는 사법부
의 공무원이 행한 행위 중 재판의 성격을 갖는 행위가 아닌 행위에 대해
서는 일반적인 행정 공무원들의 행위와 마찬가지로 그로 인하여 손해를
입은 개인이 국가에 대해 손해배상책임을 청구할 수 있다고 주장한다.[58]

나. 행정부의 공무원

행정부의 공무원은 국가의 기관으로서 사회적 연대의 실현과 발전을
위하여 공역무를 수행할 의무를 부담하는데, 공역무 수행 중 공무원이
저지르는 잘못으로 인하여 개인에게 손해가 발생한 경우에는 그에 대해
국가가 국가의 기금으로 배상할 책임을 진다.[59] 공역무는 사회 전체의
이익을 위한 것으로서 공역무 수행으로 인하여 개인에게 발생할 수 있
는 손해는 일종의 사회적 위험이므로 공역무 수행의 주체이자 이익의

---

55) 레옹 뒤기(Léon Duguit)(이광윤 역), 일반 공법학 강의, 민음사, 1995, 268면 참조.
56) Léon Duguit, Leçons de droit public général, faites à la faculté de droit de l'Université égyptienne pendant les mois de Janvier, Février et Mars 1926, E. de Boccard, Paris, 1926, p.330 참조.
57) Léon Duguit, Traité de droit constitutionnel, tome 3, 2e éd., Ancienne librairie fontemoing et Cie, Éditeurs(E. de Boccard successeur), Paris, 1923, pp.21-22 참조.
58) Ibid., p.277 참조.
59) Léon Duguit, Traité de droit constitutionnel, tome 2, 3e éd., Ancienne librairie fontemoing et Cie, Éditeurs(E. de Boccard successeur), Paris, 1928, p.69 참조.

194 레옹 뒤기(Léon Duguit)의 공법 이론에 관한 연구

귀속주체인 국가는 개인에 대해 사회적 위험으로부터 개인의 지위를 보호하고 보장할 의무를 부담하기 때문이다.[60]

여기서 행정부의 공무원은 행정부에 의해 임명되고 보수를 지급받는 공무원을 의미하는데, 뒤기에 따르면, 국가는 인격을 가진 주체가 아니므로 국가의 모든 활동은 공무원들에 의해 수행되고, 따라서 국가배상책임이 문제되는 모든 경우에는 현실적으로 공무원의 물리적 행위와 그 행위에 대한 주관적 의사가 존재한다.[61] 그러나 공무원의 행위가 있었다고 하더라도 바로 공무원의 책임이 인정되는 것이 아니라 위에서 본 바와 같이 공무원이 공역무의 수행 중에 저지른 과실에 대해서는 곧바로 국가가 자기책임을 부담하는데 이것이 역무과실이론의 핵심이다.[62] 행정공무원들은 역무과실이 아니라 공역무 수행과 관련 없는 개인과실을 저지른 경우에만 개인적으로 배상책임을 부담하고, 이 때 공무원 개인의 책임은 국가의 책임과 병존하지 않는다고 한다.[63] 역무과실을 인정하는 것은 손해를 입은 개인이 국가로부터 배상을 받게 함으로써 행정상대방을 보호하는 한편, 공무원의 지위를 보호하고 나아가 공무원이 수행하는 공역무의 기능을 보호하는 역할을 한다는 점에서 존재 의의가 있다.[64]

국가는 단체의 이익을 위해 통치자들의 추진과 통제 하에서 여러 공역무들을 수행하고 공역무 중 하나의 집행으로 인하여 어느 한 사람에 대한 손해가 야기되었다면 단체의 기금으로 그 손해의 배상을 지원해야

---

60) Léon Duguit, Traité de droit constitutionnel, tome 2, 3ᵉ éd., Ancienne librairie fontemoing et Cⁱᵉ, Éditeurs(E. de Boccard successeur), Paris, 1928, p.70 참조.

61) Léon Duguit, Leçons de droit public général, faites à la faculté de droit de l'Université égyptienne pendant les mois de Janvier, Février et Mars 1926, E. de Boccard, Paris, 1926, p.232 참조.

62) Léon Duguit, Traité de droit constitutionnel, tome 3, 2ᵉ éd., Ancienne librairie fontemoing et Cⁱᵉ, Éditeurs(E. de Boccard successeur), Paris, 1923, p.278 참조.

63) Ibid., p.86 참조.

64) Kyune-Seung Park(박균성), Etude comparative de la responsabilité administrative en Corée, au Japon et en France, thèse Marseille, 1989, p.253 참조.

한다는 뒤기의 견해는 19세기 말 공법의 근본 개념이 주권 개념에서 공역무 개념으로 변화하고 있다는 그의 주장을 충분히 뒷받침한다.[65] 국가주권 사상 하에서 국가면책이 인정되었던 과거의 이론은 당시의 더 이상 현실에서 유효할 수 없게 된 것이다.

IV. 공무원의 개인책임

1. 국가의 배상책임과 개인의 배상책임

19세기 후반 이후 국가의 배상책임에 관한 논의가 발전을 거듭해 왔듯이, 공무원 개인의 배상책임 문제도 더욱 확대되는 경향을 보였으나 그 발전의 방향은 정반대였다. 즉, 국가배상책임의 경우에는 점차 위험 또는 객관적 책임의 성격이 짙어졌으나, 공무원 개인의 배상책임에 있어서는 과실 또는 주관적 책임의 성격이 굳어졌던 것이다.[66] 공무원은 자신의 의지를 가지고 있는 한 사람의 개인으로서 존재했고 그들의 행위는 행정부 공무원의 경우에는 행정상대방, 사법부 공무원의 경우에는 소송당사자에 대하여 직접 행해졌는데, 앞에서 본 바와 같이 개인과 개인 사이를 규율하는 책임의 원리는 과실책임으로 공무원에 대한 개인적 책임을 묻기 위해서는 자신의 의지에 기해 법규범을 위반하는 것, 즉 과실이 인정되어야 했다.[67]

앞에서 본 바와 같이 공무원이 공역무를 수행함에 있어서 발생한 개

65) Léon Duguit, Les transformations du droit public, 2e tirage, Librairie Armand Colin, Paris, 1921, p.255 참조.

66) Léon Duguit, Traité de droit constitutionnel, tome 3, 2e éd., Ancienne librairie fontemoing et Cie, Éditeurs(E. de Boccard successeur), Paris, 1923, p.270 참조.

67) Léon Duguit, op. cit.(supra note 65), p.269 참조.

인에 대한 손해에 대해서는 국가가 배상책임을 지는 것이 원칙이다.[68] 따라서 공무원의 행위에 대한 공무원 개인의 책임이 인정되기 위해서는 일정한 조건이 필요했는데, 이는 주로 공역무와 관련 없이 개인적으로 비난받을 행동을 한 경우에 인정되었다.[69] 뒤기는 당시 사법부의 공무원에 대하여 개인적 배상책임을 규정한 민사소송법 조항을 예로 드는데, 민사소송법 제505조와 제516조에 따르면, 사법부 공무원의 개인적 배상책임은 엄격하게 열거된 경우들에 한해서만 인정되고 특히 재판관을 상대로 한 소송이 받아들여지려면 사기나 기망과 같은 심각한 정도의 위법한 사실이 존재해야 한다고 보았다.[70]

그러나 뒤기는 위와 같은 규정은 공무원의 개인책임을 지나치게 좁고 엄격하게 정한 것으로 본 것이라 주장하면서 미래에는 이보다 더 넓게 공무원의 개인책임을 인정할 수 있을 것이라 예측하였다.[71] 특히 앞에서 언급한 바와 같이 행정부 공무원들에 비해 당시까지 소극적으로 인정되었던 사법부의 공무원들에 대한 개인적 책임을 인정하려는 시도들이 활발하게 나타나고 있다고 하면서, 클레망소(Clemenceau)가 1904년 제안한 「개인의 자유 보호에 관한 법률」의 제안이유서와 법률안을 예로 든다.[72] 위 법률안에서는 개인의 자유에 대한 가장 중요한 보장은 견고하게 조직된 사법부의 판사들의 개인책임에서 나타난다고 선언하고 있다.[73]

결국 뒤기는 소속을 불문하고 공무원이 수행한 행위가 객관적으로 공역무 수행행위에 해당하면 국가의 역무과실로 보아 국가의 배상책임

---

68) Léon Duguit, Traité de droit constitutionnel, tome 3, 2ᵉ éd., Ancienne librairie fontemoing et Cⁱᵉ, Éditeurs(E. de Boccard successeur), Paris, 1923, p.272 참조.
69) *Ibid.*, p.86 참조.
70) *Ibid.*, p.275 참조.
71) Léon Duguit, Les transformations du droit public, 2ᵉ tirage, Librairie Armand Colin, Paris, 1921, p.270 참조.
72) Léon Duguit, *op. cit.*(supra note 68), p.276 참조.
73) Léon Duguit, *op. cit.*(supra note 71), p.270 참조.

을 인정하고 공역무 범위 외의 행위라면 공무원 개인의 책임을 인정하
여야 한다는 견해를 취한다. 이는 객관적으로 발생한 사실을 기초로 하
여 공역무 개념을 기준으로 국가의 배상책임과 개인의 배상책임을 구분
하는 것으로 그의 주장은 공역무를 중심으로 하는 객관주의 이론이 직
접적으로 투영된 산물로 이해할 수 있다.

2. 구별기준

가. 직무관련성

공무원의 행위에 대한 배상책임을 국가에게 귀속시킬 것인지, 아니면
개인에게 귀속시킬 것인지 여부를 결정하는 기준은 어디에서 찾을 수
있는가? 관할재판소는 공무원이 행한 행위를 '직무상 행위'(le fait de la
fonction)와 '개인적 행위'(le fait personnel)로 구분하면서, 만약 문제된 행
위가 직무상 행위에 해당하면 행정재판소의 관할을 인정하고 개인적 행
위에 해당하면 일반재판소의 관할을 인정하였다.[74] 그리고 만약 공무원
이 행한 행위가 직무상 행위에 해당한다고 판단되면 공무원은 개인적인
책임을 부담하지 않고 오직 행정만이 책임을 부담하며, 개인적 행위에
해당한다고 판단되면 공무원이 이행명령판결을 선고받는다.[75]

뒤기는 위와 같이 직무상 행위와 개인적 행위를 구별하는 기준을 정
립하는 것은 판례에 의해 형성되어 온 것으로 보고 여러 판결 사례들을
통해 그 기준을 분석하고자 하였다.[76] 그는 몇몇의 판결들은 과실의 '정

---

74) TC 26 juillet 1873, Recueil, 1873, 1er supplément, p.117.
75) Léon Duguit, Traité de droit constitutionnel, tome 3, 2ᵉ éd., Ancienne librairie fontemoing
    et Cⁱᵉ, Éditeurs(E. de Boccard successeur), Paris, 1923, p.481 참조.
76) Léon Duguit, Les transformations du droit public, 2ᵉ tirage, Librairie Armand Colin,
    Paris, 1921, p.274 참조.

도'(le degré) 또는 과실의 '중대성'(la gravité)을 기준으로 직무상 행위와 개인적 행위를 구분하고 있다고 분석하였는데, 과실이 중대한 경우에는 공무원의 개인적 행위로 인정하고 과실이 경미한 경우에는 공무원의 직무상 행위로 이해하는 태도를 보이는 판결들이 그것이다.[77]

그러나 이러한 판례의 태도는 당시 주된 판례들의 경향과는 상반된 것으로, 당시 상당수의 판례들은 공무원의 개인적 배상책임을 판단함에 있어서 과실의 중대성을 기준으로 삼지 않고 공무원이 역무를 수행하는 기회에 행한 행위가 침해를 야기한 경우에 그 행위가 실제로는 공역무 수행이 아닌 사실이 있으면 개인적 배상책임을 인정하는 태도를 보였다.[78] 뒤기는 이러한 판례에 관한 오류(Maurice Hauriou)의 견해를 소개하는데, 오류에 따르면, 공무원은 상대방에 대해 오직 공역무로부터 분리가능한(détachable) 행위가 있을 때에만 책임을 진다고 한다.[79]

뒤기에 따르면, 과실의 중대성과 개인적 행위인지 여부는 논리필연적인 관계가 아니므로, 과실이 매우 중대하더라도 그것이 역무행위에 내재된 과실이어서 개인적 행위로 판단되지 않을 수 있고, 반대로 공무원의 행위가 가벼운 과실에 기인한 것이더라도 그 행위가 역무범위 외에 존재하는 개인적 행위로 판단되면 그의 배상책임을 야기할 수 있다.[80] 과실의 중대성은 국가와 공무원 사이에서만 문제되는 것으로, 행정상대방에 대한 개인적 책임과는 완전히 다른 문제이다.[81]

그러므로 뒤기는 판례의 태도를 종합하여 공무원의 개인적 배상책임과 국가의 배상책임을 구별하는 기준은 공역무와의 관련성이라고 이해

---

77) *Ibid.*

78) Léon Duguit, Traité de droit constitutionnel, tome 3, 2ᵉ éd., Ancienne librairie fontemoing et Cⁱᵉ, Éditeurs(E. de Boccard successeur), Paris, 1923, p.281 참조.

79) *Ibid.*, p.279 참조.

80) Léon Duguit, Les transformations du droit public, 2ᵉ tirage, Librairie Armand Colin, Paris, 1921, p.274 참조.

81) Léon Duguit, *op. cit.*(supra note 78), p.486 참조.

하였다.[82] 이는 당시 공법에서 국가가 더 이상 주관적인 배상책임을 지는 주체가 아니라, 사회적 위험으로부터 개인을 보호하고 행정상대방에 대한 공역무 수행 중에 사회적 위험이 현실화된 경우 그에 대한 배상이 이루어질 것임을 보장해 주는 주체라는 사상에 근거한다.[83] 바꿔 말하면, 공무원이 공역무를 수행하는 것이 아닐 때에는 국가는 더 이상 그에 대한 책임을 지지 않는다고 해석된다.

나. 사례

공역무를 수행할 의무를 부담하는 국가는 공역무를 수행하는 중에 일어나는 다양한 일에 대해 책임을 부담하고 공역무의 본래적 개념과 전혀 관계가 없는 공무원의 행위는 개인적 행위로 인정되어야 하는데, 예컨대 만약 그 행위가 일종의 범죄행위이거나 개인에 대한 원한이나 복수심에 근거한 행위라면 개인적 행위로 보아야 한다.[84] 뒤기는 관할재판소의 판례에 따르면, 공무원의 개인적 행위는 공역무의 수행과 관계가 없을 때 인정된다는 점을 명확히 보여준다고 하면서 이하의 사례들을 소개한다.

첫 번째 사례는 1909년 1월 18일 간접세 감독관이 툴루즈(Toulouse)의 담배 세관의 보세창고에서 검사를 실행하던 중 불법을 확인한 후 유통업자인 청년을 고발하면서, 그를 사기꾼이라 부른 사건이다.[85] 청년은 이후 해고되었는데 감독관을 툴루즈 경범죄재판소(le tribunal correctionnel)에 제소하여 손해배상을 청구하였다. 도지사는 아레떼를 통해 위 재판소에 관할권이 없다는 주장을 하였으나, 관할재판소는 위 아레떼를 취소하

---

82) Léon Duguit, Les transformations du droit public, 2e tirage, Librairie Armand Colin, Paris, 1921, p.272 참조.
83) *Ibid.*, pp.274-275 참조.
84) *Ibid.*, p.275 참조.
85) *Ibid.*, p.276 참조.

면서 당시 일어난 사실들을 고려할 때 감독관이 청년에 대해 사기꾼이라 부른 것은 행정의 직무로부터 벗어난 행위를 한 것으로 배타적인 개인책임을 부담한다고 판단하였다.[86]

두 번째 사례는 코트도르(la Côte-d'Or) 지방의 한 꼬뮌에 사는 교사 모리조(Morizot)가 그의 교실에서 국군에 대해 욕설 등 부적절한 발언을 하고, 특정 범죄를 옹호하는 주장을 하면서, 종교적인 신앙을 조롱하는 발언을 한 사건이다.[87] 학생들의 아버지들은 그를 디종(Dijon)의 재판소에 제소하고 2000프랑의 손해배상을 요구하였다. 이 사건에서도 관할이 문제되었는바, 관할재판소는 모리조가 한 발언들을 종합할 때, 그 발언들은 교사가 수업에서 학생들에게 제공해야 하는 교육상의 직무와는 무관한 개인적인 과실로 판단된다고 보아, 모리조가 개인적인 책임을 부담한다고 보았다.[88]

세 번째 사례는 시장이 시의 공무원에게 종교적 의식에 따르지 않는 장례를 치를 때에도 성당의 종소리를 울리도록 구두로 명령한 사건이다.[89] 성당의 신부는 시장을 제소하였고 관할이 문제되었는바, 관할재판소는 시장은 공통의 위험이 발생하거나 법률 또는 행정명령의 조항이 이를 인정하는 등 특별한 사정이 있는 경우에만 종을 치도록 할 수 있는 것으로 종교적 의식에 따르지 않는 장례를 치를 때에도 성당의 종소리를 울리도록 명령하는 것은 단순한 '폭력행위'(la voie de fait)[90] 또는 개인적인 행위에 해당한다고 판단하였다.[91]

위와 같은 사례들을 종합할 때 확인할 수 있는 것은 결국 공무원의

---

86) TC 23 juillet 1909, Recueil, p.726.
87) Léon Duguit, Traité de droit constitutionnel, tome 3, 2ᵉ éd., Ancienne librairie fontemoing et Cⁱᵉ, Éditeurs(E. de Boccard successeur), Paris, 1923, p.284 참조.
88) TC 2 juin 1908, Recueil, p.597.
89) Léon Duguit, Les transformations du droit public, 2ᵉ tirage, Librairie Armand Colin, Paris, 1921, p.277 참조.
90) 이는 사실행위로도 번역할 수 있다.
91) TC 22 avril 1910 et 4 juin 1910, Recueil, p.323 et p.442.

행위가 공역무와 아무런 관련성을 갖지 않는다면 그 행위는 공무원 개인의 행위로서, 국가는 책임을 지지도, 질 수도 없게 된다는 점이다. 뒤기에 따르면, 이와 같이 공무원의 배상책임과 국가의 배상책임이 병존하지 않는 이유는 국가가 공역무에 수반하는 사회적 위험의 보장자로서 지위를 갖기 때문인데, 결국 공역무의 개념이 공무원의 개인책임을 정하는 기준이 된다고 보았다.[92]

V. 평가와 영향

1873년 블랑코 판결을 계기로 프랑스의 국가배상책임 제도는 행정법의 독자성을 이루는 중요한 전환점을 맞이했다. 국가주권 사상에 기초한 국가면책이론으로 인하여 국가에 대한 일반적인 책임을 인정하지 않았던 과거와 달리, 공역무 개념을 중심으로 국가배상책임 제도를 형성함으로써 프랑스의 국가배상책임은 민법의 영역으로부터 완전히 분리되어 오늘날까지 독자적인 체제를 구성한다. 그 시작이었던 블랑코 판결의 의미를 제대로 알아본 학자가 바로 뒤기였다는 사실만으로도 그가 프랑스의 국가배상책임 발전에 미친 영향은 상당하다고 평가할 수 있다.

블랑코 판결은 공역무를 수행하는 중에 발생한 손해를 판단함에 있어서는 국가의 권리와 사인의 권리를 조정하여야 할 특별한 필요성이 존재한다는 것을 인정함으로써 행정재판소의 관할을 분명히 했다는 데에 의의가 있다. 특기할 점은 이러한 블랑코 판결이 판결 당시에는 별로 관심을 끌지 못했지만 뒤기가 그 의미를 재발견함으로써 새삼 세상의 주목을 받았다는 것이다.[93] 이는 현실 사회에 대한 애정 어린 관심과 세

---

92) Léon Duguit, Les transformations du droit public, 2e tirage, Librairie Armand Colin, Paris, 1921, p.278 참조.

93) 전 훈·장-마리 퐁띠에(Jean-Marie Pontier), 공공서비스법 -프랑스 행정법 연구-,

심한 관찰, 판결들에 대한 철저한 분석이 이루어낸 성과로서, 뒤기가 이루어낸 대표적인 학문적 공로라고 할 수 있다. 하지만 이러한 블랑코 판결의 재발견이라는 업적 외에도 국가배상책임에 관한 그의 이론은 오늘날까지 많은 영감을 준다.

우선 과실의 개념과 관련하여, 뒤기는 공무원의 책임을 매개로 하지 않고 국가가 곧바로 자신의 책임을 부담하도록 하는 역무과실을 인정하는데, 이는 국가의 공역무 수행 중의 과실을 의미하는 것으로,[94] 과실의 개념을 철저히 공역무를 중심으로 한 객관주의적 관점에서 이해한 것으로 해석된다. 달리 말하면, 여기서의 과실은 주관주의적인 민법상의 과실 개념도 아니고, 기관 과실과 같은 국가의 과실 개념도 아닌, 법인격을 가질 수 없는 국가의 공역무를 수행하는 공무원의 공무수행자로서의 과실을 의미한다는 것이다. 이는 공무원과 국가의 관계를 공역무 개념을 통해 상당히 기능적·객관적으로 분석한 것이라고 평가할 수 있다.

또한 국가배상책임의 근거를 사회적 연대에 기초한 '공적 부담 앞의 평등'원칙으로부터 찾는 그의 견해는 국가배상책임의 배상주체와 관련하여 중요한 의의를 갖는다. 공역무의 수행은 사회적 연대의 실현과 발전이라는 목표를 달성하기 위한 것으로 이를 위해 공역무를 수행하던 중 발생한 손해에 대해서는 그 공역무로 인하여 이익을 얻는 수혜자로서 국가 또는 사회가 기금을 통해 이를 배상하여야 타당하다는 결론과 일맥상통한다는 것이다.[95] 이러한 주장은 최근 국가가 배상책임을 이행하는데 있어 국민의 세금을 통해 형성한 기금을 사용한다는 점에서 오늘날에도 유효하다고 하겠다.

위와 같이 공역무 수행의 기회에 손해를 배상한다는 것은 국가에 대

한국학술정보, 2008, 19-20면 참조.

94) 박정훈(朴正勳), "국가배상법의 개혁 재론 -사법적 대위책임에서 공법적 자기책임으로-", 2018. 5. 18. 한국공법학회 학술대회 발표문(미공간), 19면 참조.

95) 레옹 뒤기(Léon Duguit)(이광윤 역), 일반 공법학 강의, 민음사, 1995, 257면 참조.

해 과실책임의 법리가 아니라 위험책임의 법리를 인정했다는 것으로, 그는 단체에 있어서는 위험책임 법리가 적용되어야 한다고 주장한다. 이러한 그의 주장은 귀책성으로 귀결되는 주관주의적 과실책임을 버리고 과실을 증명하지 않아도 되는 객관주의적 관점이 반영된 것으로 사회적 위험으로부터 국민을 보호하는 국가의 지위를 더욱 공고히 한다. 앞에서 언급한 바와 같이 여기서 사회적 위험은 흔히 무과실책임에서의 위험책임으로 특별한 위험이 아니라 공역무 수행이라는 사실 자체만으로 발생 가능한 손해에 대해 사회적 차원에서 위험을 부담한다는 일반적인 위험 개념임을 주의하여야 한다. 이러한 위험책임의 법리는 최근까지도 프랑스에서 인정되고 있는데, 테러에 대한 예방을 제대로 하지 못하였다는 이유로 국가배상책임을 인정한 사례가 대표적인 예에 해당한다.96)

한편 뒤기는 국가가 배상책임을 지는 경우에는 공무원이 개인책임과 병존하지 않는다고 주장했으나, 이러한 그의 주장은 후세에는 받아들여지지 않았다. 최근 논의되는 '과실의 경합'(le cumul de fautes)에 의한 '책임의 경합'(le cumul des responsabilités)이 그것인데, 이는 역무과실과 개인과실이 동시에 존재하는 경우에 발생하는 것이다.97) 프랑스에서 인정되는 국가와 공무원 사이의 구상(求償) 문제 등은 뒤기의 이론에서는 찾아보기 힘든 것이었다.98) 이는 변화하는 현실에 맞추어 국가배상책임 제도도 계속하여 변화한다는 것을 보여준다.

그밖에 그의 주장 중 특별한 손해에 대하여 입법자들이 그에 대한 보상을 법률로 정할 의무가 있다는 것은 오늘날 우리의 손실보상과 일치

---

96) 한견우·쟝브느와 알베르띠니, "프랑스 행정의 성립·발전과 변혁 그리고 한국 행정법에 끼친 영향과 과제", 2019. 10. 4. 제42회 한국행정법학회 정기학술대회 발표문(미공간), 18면 참조.

97) René Chapus, Droit administratif général, tome 1, Montchrestien, 15ᵉ éd., 2001, p.1395 참조.

98) 박현정, "프랑스 행정법상 '역무과실'(la faute de service)에 관한 연구 -역무과실과 위법성의 관계를 중심으로-", 서울대학교 박사학위논문, 2014, 34면 참조.

하는 개념으로 볼 수 있다. 뒤기의 국가배상책임에 관한 이론은 객관주의적 관점에서 당시 프랑스 사회의 현실에 기초함으로써 월권소송과 함께 행정에 대한 적법성 통제와 개인에 대한 보호를 실현하는 실효성 있는 제도로서 사회적 연대를 유지하고 발전시켜 나가는 데에 기여하였다고 평가할 수 있다.

제6장
우리나라에의 시사점

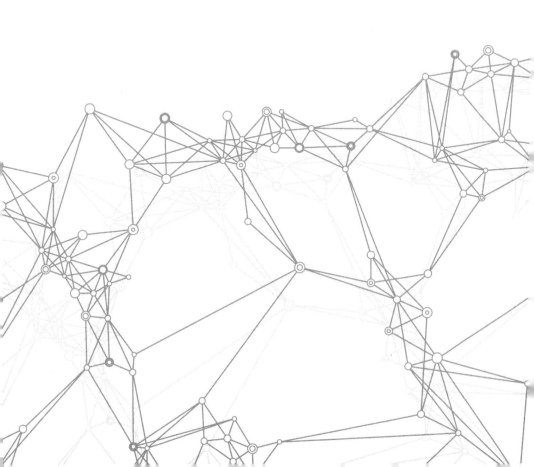

제1절 객관주의

주관주의는 한마디로 '권리'를 중심으로 하는 사고방식이라 할 수 있고, 객관주의는 한마디로 '규범'을 중심으로 하는 사고방식이라고 할 수 있다. 권리, 주권, 단체의 법인격과 같은 형이상학적이고 관념적인 개념들을 배척한 뒤기의 객관주의 사상은 프랑스 행정법의 독자성을 정립하는 데 상당한 기여를 했다. 프랑스 행정법은 역사적으로 판례법을 통해 형성되었는데, 특히 그 이론적, 학문적 독자성은 민법으로부터 독립하는 과정을 거침으로써 본격화되었다.

민법으로부터의 독립은 다시 말하면, 주관적 관념인 권리를 중심으로 하는 사법 체계에서 객관적인 규범을 중심으로 하는 공법의 체계로의 전환을 이루었다는 것을 의미한다. 따라서 이와 같은 객관주의 사상은 공법의 독자성을 구성하는 주된 요소이자 그 출발점이라고 할 수 있다. 뒤기는 블랑코 판결이 갖는 의미를 포착함으로써 개인과 개인 사이의 관계와는 달리 국가와 개인의 권리를 조정할 필요가 있는 특별한 공법의 영역을 발견하였다. 이러한 그의 업적은 단순히 공역무 개념을 기준으로 행정재판의 관할을 인정하게 되었다는 것을 넘어선다. 그가 재발견한 블랑코 판결을 통해 우리는 진정한 의미에서 공법의 탄생을 목도하게 된 것이다.

모든 사회 현상과 문제들을 주관적 권리 개념을 중심으로 이해하려 했던 주관주의는 19세기 이후 변화하는 현실 속에서 모순점을 드러내기 시작했으나, 당시 루소의 사회계약론과 프랑스 혁명으로 승인된 권리 개념을 포기하는 것은 매우 혁신적이고 주저할 만한 발상이었다. 뒤기는 주관적 권리를 소거한 후에도 개인은 객관적 법에 의해 보호될 수 있다고 보았는데,[1] 이러한 그의 사상은 객관법을 통해서 보호되는 법적 상황 개념을 통해 구체화되었다.[2] 그의 사상의 핵심은 모든 사회를 구성하는 사람들은 사회적 연대의 실현이라는 목적을 달성하기 위해 필연적으로 객관법을 준수하여야 하는데, 이는 통치자들도 예외가 아니어서 국가 또는 행정은 모두 법의 지배를 받는다고 본 것이다.[3] 이러한 그의 사상은 자연스럽게 법치국가 이론과 연결된다.

객관주의 행정법을 통한 법치국가의 실현, 이것이 바로 객관주의 행정법의 존재 의의이자 뒤기의 사상이 우리에게 제공하는 시사점이다. 법치국가의 '법치'(法治)의 의미는 영어로는 'rule of law'인데, 법이 다스린다는 뜻으로, 법치국가는 사람의 지배가 아니라 법의 지배를 받는 국가를 의미한다. 우리나라 헌법에는 법치국가를 명시적으로 정하고 있지는 않지만 법치국가 원리가 우리 공법상 기본원리라는 점에는 이론의 여지가 없다. 다만, 그 근거에 관하여는 헌법전문을 비롯하여 국민의 기본권과 적법절차를 보장하고 있는 여러 규정들에게서 근거를 찾는 견해[4], 헌법 제1조 제1항에서 언급되는 민주'공화국'에서 그 헌법적 근거를 발견하는 견해[5] 등이 있다.

법치국가 원리가 행정에 의해 실현되는 것을 법치행정의 원칙이라고

---

1) 레옹 뒤기(Léon Duguit)(이광윤 역), 일반 공법학 강의, 민음사, 1995, 49면 참조.
2) Léon Duguit, Leçons de droit public général, faites à la faculté de droit de l'Université égyptienne pendant les mois de Janvier, Février et Mars 1926, E. de Boccard, Paris, 1926, p.54 참조.
3) Léon Duguit(translated by Ernest G. Lorenzen), The concept of public service, Yale Law Journal, Vol. 32, No. 5, March, 1923, pp.425-435, p.431 참조.
4) 김철용, 행정법, 고시계사, 전면개정 제8판, 2019, 16면 참조.
5) 공화국의 영어 표현인 'republic'은 라틴어 'res publica'에서 유래한 표현으로 '공동의 것'을 의미하므로 공화국은 왕이 없는 국가체제 또는 공통의 목표와 가치실현을 위해 공통의 규칙을 만들어 함께 살아가는 공동체를 의미한다. 따라서 공동체가 제대로 유지되기 위해서는 규칙이 존재하고 구성원들이 그 규칙을 준수할 것이 요구되어 법치가 실현된다는 점에서 공화국이 법치의 헌법적 근거가 된다고 설명하는 문헌으로 박정훈(朴正勳), "민주법치국가에서의 법률의 의의 -공법 이론적 관점을 중심으로", (재)행복세상, 2016 국가발전 정책토론회 종합보고서, 2017, 33면 참조.

하는데, 이는 행정법의 일반원칙으로서 행정법이 성립하기 위한 전제요
건이 된다.[6] 이러한 법치행정의 원칙은 행정으로 하여금 법과 원칙에
따라 권한을 행사하도록 하고, 만약 법을 위반한 경우에는 그에 대해 행
정소송이나 국가배상책임과 같은 적절한 통제를 받도록 한다. 모든 사회
의 구성원들은 법을 준수할 의무가 있고, 특히 행정이 권한을 행사함에
있어서 법의 지배를 받는다는 법치국가 이론은 뒤기의 사상과 완전히
일치하는 모습을 보인다.

　법치국가에서 법의 현실 반영은 매우 중요한 의미를 갖는다. 뒤기는
입법자들에게 현실에 존재하는 객관법을 포착하여 이를 실정법률로 제
정하거나 또는 개정할 의무가 있다고 보았고 이러한 법률은 공역무를
조직하고 구성하는 기능을 한다고 하였는데,[7] 이는 오늘날 현실에 맞는
법을 제정 또는 개정하려는 입법자의 노력이 계속되어야 한다는 결론으
로 귀결된다. 프랑스의 경우 오랫동안 꽁세이데따의 판례에 의해 행정법
이론들이 정립되어 왔으나 1950년대부터 이러한 프랑스 행정법의 판례
법성에 대해 '귀족의 법'(le droit aristocratique) 또는 '내밀한 법'(un droit
secret)이라는 비판이 제기되었고, 이에 1980년대부터는 행정법 이론을 성
문화, 법전화하는 의회의 작업이 활발하게 진행되었다.[8] 가장 최근의 대
표적인 사례로는 2015년 제정된 「시민과 행정의 관계에 관한 법률」(Code
des relations entre le public et l'administration)을 들 수 있다.

　이와 같은 경향은 우리나라에서도 나타나는데, 예를 들어 최근 제정
논의가 활발히 진행 중인 행정기본법 제정 작업이 그러하다. 또한 법률
은 공역무를 조직하고 구성한다는 뒤기의 사상은 궁극적으로 법치행정

---

6) 박균성, 행정법론(상), 박영사, 제18판, 2019, 19면 참조.
7) Léon Duguit, Traité de droit constitutionnel, tome 2, 3ᵉ éd., Ancienne librairie fontemoing
　et Cⁱᵉ, Éditeurs(E. de Boccard successeur), Paris, 1928, p.71 참조.
8) 한견우·쟝-브느와 알베르띠니, "프랑스 행정의 성립·발전과 변혁 그리고 한국
　행정법에 끼친 영향과 과제", 2019. 10. 4. 제42회 한국행정법학회 정기학술대
　회 발표문(미공간), 5면 참조.

을 실현하기 위함이므로, 우리나라에서 행정을 일종의 제도를 설계하고 구성하는 행정의 개념으로 이해하는 견해,9) 행정입법절차의 도입, 행정규칙의 공개 등 법치행정의 실효성을 담보하기 위한 제도적 장치들을 만들어야 한다는 견해10) 등은 그의 사상과 맥락을 같이 하며 큰 틀에서 법치행정을 실현하고자 하는 의지의 반영으로 이해할 수 있다.

---

9) 국가의 공법적 제도를 이해하기 위한 학문으로서 행정법학의 정체성을 새롭게 확립하는 견해를 제시하는 문헌으로 김종보, "행정법학의 개념과 그 외연 -제도중심의 공법학방법론을 위한 시론", 행정법연구 제21호, 2008 참조.
10) 박균성, "법치행정의 원칙의 실효성 보장을 위한 행정권의 의무", 행정법연구 제2호, 1998, 184면 참조.

제2절 공역무

공역무는 사회적 연대를 실현하기 위하여 국가 또는 행정이 중단 없이 실행하는 모든 활동을 의미하는데, 뒤기가 주장한 공역무 개념의 핵심은 바로 '사회적 연대'의 실현이다.[1] 인간이 사회적 존재이기 때문에 필연적으로 상호 의존하고 호혜적 관계를 유지하여야 하는 것은 일종의 사회적 사실로 인정되는데, 사회적 연대는 사회를 구성하는 개인들이 각자 자신의 능력과 재능을 충분히 발휘하여 무언가를 생산해 내고 서로 생산한 것들을 교환함으로써 실현되는 것이었다.[2] 이를 위해 국가 또는 행정은 자신이 갖고 있는 물리적인 힘을 사용하여 사회적 연대를 실현하는 일반 이익을 위한 활동을 보장할 의무를 부담한다는 것이다.[3]

이와 같은 공역무 개념은 프랑스 행정법에서 매우 중요한 위치를 차지하면서 발전을 거듭하였는데, 특히 그가 주장했던 공역무 개념은 루이스 롤랑(Louis Rolland)이 체계화한 롤랑의 법칙에 상당 부분 반영된 것으로 해석할 수 있다. 롤랑의 법칙은 루이스 롤랑의 이름을 딴 공역무에 관한 기본 원칙으로 계속성의 원칙, 평등성의 원칙, 적응성의 원칙을 그 내용으로 한다. 계속성의 원칙은 공역무가 중단 없이 계속적으로 제공되어야 함을 의미하고, 평등성의 원칙은 공역무가 모든 사람들에게 평등하게 주어져야 함을 의미하며, 적응성의 원칙은 공역무는 일정한 공공의 필요 또는 상황에 따라 변화함을 의미한다.[4] 또한 뒤기의 주장에 따르

---

1) Léon Duguit, Leçons de droit public général, faites à la faculté de droit de l'Université égyptienne pendant les mois de Janvier, Février et Mars 1926, E. de Boccard, Paris, 1926, p.149 참조.

2) Léon Duguit, Traité de droit constitutionnel, tome 1, 3ᵉ éd., Ancienne librairie fontemoing et Cⁱᵉ, Éditeurs(E. de Boccard successeur), Paris, 1927, p.84 참조.

3) Léon Duguit, *op. cit.*(supra note 1), p.150 참조.

4) René Chapus, Droit administratif général, tome 1, 15ᵉ éd., Montchrestien, 2001, pp.604-619

면, 공역무 개념은 그 본질적 성격상 사회의 변화에 따라 달라질 수밖에 없는데 이러한 그의 예측대로 이후에도 프랑스에서 공역무 개념은 교육과 근로 영역에서의 공역무, 행정적 공역무와 상공업적 공역무, 환경 공역무, 문화적 공역무 등으로 점차 그 영역이 확대되었다.[5]

프랑스에서 공역무 이론은 한 때 위기론을 맞이하기도 했으나 근래에는 다시 '프랑스식 공역무'(le service public à la française)를 재발견하고자하는 움직임이 시작되었다.[6] 자유로운 경쟁 원칙을 근간으로 하는 유럽 공동체법이 사회적 연대를 강조하는 프랑스의 공역무와 충돌하는 상황이 발생하면서 뒤기가 주장했던 전통적인 공역무 개념이 다시 주목받고 있는 것이다. 한 예로 국토개발과 관련하여 1993년 프랑스 정부는 시골지역에서의 공역무 폐지정책에 유예를 결정하고, 1995년 2월 4일 국토개발에 관한 기본방침 법률을 통해 국토개발정책을 수립하였는데, 특히 위 1995년 법률의 주석자들은 이 법률에 있어서 뒤기의 영향을 인정했다.[7]

통치자들에게 사회적 연대를 실현하기 위한 법적 의무가 존재하고 이는 공역무를 통해 실현되어야 한다고 주장한 뒤기의 사상은 사회적 약자들을 보호하기 위한 국가의 적극적 의무를 인정함으로써,[8] 사회국가 또는 복지국가로 나아가는 문을 열었다. 이는 특히 경제적·사회적 양

참조.

5) 전 훈·장-마리 퐁띠에(Jean-Marie Pontier), 공공서비스법 -프랑스 행정법 연구-, 한국학술정보, 2008, 161면 참조.

6) 강지은, "프랑스 행정법상 공역무 개념의 변천에 관한 연구", 서울대학교 석사 학위논문, 2008, 75면 참조.

7) 이 법률이 공공의 일반이익에 대한 필요에 대한 만족, 지역 불균형의 회피라는 이중적 일반이익을 예상하여 공역무를 사용함으로써 사회적 연대를 실현하였다는 점에서 뒤기가 이 법률의 진가를 인정할 것이라고 지적한 J.-F. Lachaume의 발언을 소개한 문헌으로 장-마리 퐁띠에(Jean-Marie Pontier), "La conception française du service public"(공역무의 프랑스적 개념), 공법학연구 제8권 제1호, 2007, 132면 참조.

8) Léon Duguit(translated by Ernest G. Lorenzen), The concept of public service, Yale Law Journal, Vol. 32, No. 5, March, 1923, pp.425-435, p.432 참조.

극화가 심화되고 사회적 약자들에 대한 복지, 교육 등 다양한 영역에서 적극적인 국가의 개입이 요청되는 오늘날 새롭게 주목받고 있는 사회행정법과도 연관성을 갖는다. 사회행정법은 사회적 가치 실현과 관련된 법제를 다루는 행정법으로 정의되는데, 여기서 '사회적 가치' 개념은 상당히 다양하게 사용되고 있으나 '연대성'과 '자율성' 등을 핵심적인 내용으로 하고 있다.[9] 사회적 연대를 핵심적인 가치로 삼았던 뒤기의 사상이 일맥상통하는 부분이 바로 여기에 있다.

사회행정법의 영역을 관통하는 '사회적 가치' 개념을 확정하는 것은 매우 중요하고 어려운 법적 문제를 야기한다.[10] 뒤기가 주장하는 사회적 연대 개념은 이러한 문제를 해결할 수 있는 작은 실마리를 제공할 수 있다. 그에 따르면, 사회적 연대는 상호의존에 기초한 연대 개념으로서, 국가는 사회의 질서와 안전을 해치는 행위를 금지하는 것은 물론 개인의 능력을 지속적으로 발전시키기 위해 필요한 최소한의 교육을 제공하고 노동능력이 있는 사람들에게 노동을 할 수 있도록 일자리를 제공하고 지원할 의무가 있다.[11] 그런데 개인의 능력을 제대로 발휘할 수 없는 사회적 약자들은 사회 부조 등을 통해 사회의 구성원으로서 연대할 수 있는 다른 보호 장치가 필요하다. 따라서 사회적 가치에 관하여는 개인의 능력을 발휘하는 것은 물론 개인이 삶을 영위하는 데에 있어 안전한 사회적 환경을 조성하는 것과 같이 넓은 의미로 이해할 필요성이 존재한다. 이러한 개념 설정은 우리 헌법이 보장하는 사회국가 원리와도 합치한다는 점에서[12] 그 의의가 있다.

---

9) 김대인, "사회행정법영역의 구축에 관한 시론적 고찰", 공법학연구 제20권 제3호, 2019, 328면 참조.
10) '사회적 가치'의 개념을 최협의, 협의, 광의, 최광의의 개념으로 나누어 자세히 서술하고 있는 문헌으로 김대인, 전게논문, 334면 참조. 뒤기의 사상에 비추어 보면 사회적 가치 개념은 이 문헌에서 언급하는 최광의의 사회적 가치 개념까지도 포섭할 수 있을 것으로 생각한다.
11) 레옹 뒤기(Léon Duguit)(이광윤 역), 일반 공법학 강의, 민음사, 1995, 214-215면 참조.

제3절 법률과 행정행위

뒤기는 법률과 행정행위 개념을 기능적이고 실질적인 관점에서 이해했다. 그에게 있어 법률은 공역무를 창설하고 그 기능을 조직하고 규율하는 일반조항이고, 행정행위는 공역무의 관리를 위해 필요한 개별적이고 구체적인 행위였다.[1] 당시 전통적으로 받아들여졌던 주관주의 사상에 근거하면 오로지 주권을 대표하는 의회만이 법률을 제정할 수 있었고, 그 법률은 주권적 의사의 표현으로서 단일하고 절대적인 것으로 이해되었다. 그러나 뒤기는 이러한 관점에서 벗어나 법률도 입법자들의 의지에 기해 만들어지는 형식적인 조항의 총체일 뿐이어서 그보다 상위규범인 헌법에 위반될 경우에는 규범통제가 가능하다고 보았다.[2] 실제로 프랑스는 제5공화국에 이르러 1958년 헌법에 의해 사전적 위헌법률심사 제도가 도입되고 지난 2008년에는 개인에 의한 사후적 위헌법률심사(Question prioritaire de constitutionnalité, QPC) 청구까지 인정되는 등 의미 있는 변화가 생겼다는 점에서 뒤기 이론의 영향력은 상당했다고 평가할 수 있다.[3]

행정행위의 경우 당시 전통적으로 인정되어 오던 권력행위와 관리행위의 구분을 부정하고,[4] 행정이 공역무를 제대로 보장하기 위하여 어떤

---

12) 우리 행정법학에서 역사적으로 사회국가 실현을 위한 공익 관념에 관한 관심을 충분히 갖지 못했음을 지적하면서 사회국가의 실현을 위한 구체적인 행정법학의 역할을 다룬 문헌으로 성중탁, "현대 사회국가와 행정법의 과제", 공법학연구 제19권 제2호, 2018, 50-59면 참조.

1) Léon Duguit, Traité de droit constitutionnel, tome 2, 3ᵉ éd., Ancienne librairie fontemoing et Cⁱᵉ, Éditeurs(E. de Boccard successeur), Paris, 1928, p.59 참조.

2) Léon Duguit, Leçons de droit public général, faites à la faculté de droit de l'Université égyptienne pendant les mois de Janvier, Février et Mars 1926, E. de Boccard, Paris, 1926, pp.283-284 참조.

3) Jean Waline, Droit administratif, 23ᵉ éd., Dalloz, 2010, pp.310-314 참조.

4) Léon Duguit, Traité de droit constitutionnel, tome 3, 2ᵉ éd., Ancienne librairie fontemoing

활동을 수행하였다면 그 활동은 행정행위로 이해하여야 한다고 보았는데, 행정의 개입이 한번 이루어졌다면 그것은 더 이상 사적인 영역으로 볼 수 없고 행정재판소의 관할을 인정하여야 한다는 주장이었다.[5] 그가 행정법상 사실행위에 대해서도 모두 행정 또는 공무원들의 손해배상책임을 야기할 수 있다는 것을 강조하였다는 점에 비추어 볼 때,[6] 그는 행정행위를 실질적인 관점에서 이해한 것으로 해석할 수 있다. 행정행위에 대한 그의 실질적인 접근 방식은 오늘날 프랑스의 현실에서 새롭게 재해석될 수 있다.

최근 프랑스는 인터넷과 디지털 기술의 발전으로 전자 문서의 사용, 정보의 기술적 보호조치 등 기존의 행정환경과 사뭇 다른 양상을 보이고 있다.[7] 전자문서에 의한 행정은 국가 또는 행정에 대하여 인터넷 환경에 대한 접근성을 보장하고, 전자서명 등 전자 절차를 준수할 의무를 부과하며, 그 과정에서 처리되는 개인정보를 보다 효과적이고 실효적으로 보호할 의무를 야기한다. 이러한 논의는 프랑스뿐만 아니라 우리나라에서도 유효한데, 2020년 1월 1일부터 초고속인터넷을 보편적 역무로 지정하는 전기통신사업법 시행령이 시행되어 전국 어디서든 이용자가 초고속인터넷을 제공받을 수 있도록 한 것은 같은 맥락에서 이해될 수 있다. 새로운 행정현실 속에서 기존과는 다른 형식의 행정행위들을 어떻게 법의 영역으로 포섭할 것인지에 관한 논의를 진행함에 있어서 행정행위를 실질적으로 이해하는 뒤기의 방식은 앞으로 더욱 의미 있게 활용될 수 있을 것이다.

---

et Cie, Éditeurs(E. de Boccard successeur), Paris, 1923, p.37 참조.

5) Léon Duguit, Traité de droit constitutionnel, tome 2, 3e éd., Ancienne librairie fontemoing et Cie, Éditeurs(E. de Boccard successeur), Paris, 1928, p.289 참조.

6) *Ibid.*, p.358 참조.

7) 한견우·쟝·브느와 알베르띠니, "프랑스 행정의 성립·발전과 변혁 그리고 한국 행정법에 끼친 영향과 과제", 2019. 10. 4. 제42회 한국행정법학회 정기학술대회 발표문(미공간), 19면 참조.

제4절 행정소송

행정소송은 국가배상책임과 함께 국가 또는 행정으로부터 개인을 보호하는 장치이자 수단이다. 과거 프랑스의 까레 드 말베르그(Carré de Malberg)는 법치국가에 관하여 언급하면서, 경찰국가에 대항하는 법치국가는 국민에게 법을 위반한 행정행위의 취소, 변경, 또는 부적용을 법원에 요구할 수 있는 법적 권리를 부여하는 것이라 하였다.[1] 이는 행정소송이 법치국가를 실현하는 중요한 요소라는 것을 의미한다. 뒤기에게도 행정소송은 행정에 대한 적법성 통제 수단으로서 궁극적으로 국가로부터 개인을 보호하는 강력한 장치였다. 특히 그는 블랑코 판결을 통해 국가와 사인 사이의 권리를 조정할 필요성을 지적함으로써 민사소송과는 다른 행정소송의 역할과 기능을 정확히 인식하고 있었다.

뒤기는 객관주의적 관점에서, 규범에 의해 보호되는 법적 상황을 기준으로 행정소송을 주관소송과 객관소송으로 나누고, 특히 프랑스 행정법상 여러 제도 중에서도 객관소송으로서 월권소송에 대해 많은 자부심을 보였다. 월권소송은 국가와 국민 사이에 어떠한 주관적 관계가 없이도 공역무를 규율하는 일반법의 존재만으로 국민이 국가의 위법한 행위에 대해 취소를 구할 수 있고, 변호사 강제주의가 적용되지 않으며 소송제기 비용이 거의 들지 않는다는 점에서 전 세계적으로도 국가 또는 행정의 자의로부터 개인을 보호하는 가장 강력하고 효과적인 수단이었다.[2] 따라서 그는 월권소송의 대상성이 계속해서 확대되어야 함을 주장하였는데, 이러한 그의 사상은 오늘날 프랑스 행정법에서 상당히 수용되

---

1) 이광윤, 신행정법론, 법문사, 2007, 21면.

2) Léon Duguit, Leçons de droit public général, faites à la faculté de droit de l'Université égyptienne pendant les mois de Janvier, Février et Mars 1926, E. de Boccard, Paris, 1926, pp.280-281 참조.

었다. 최근 꽁세이데따가 에너지규제위원회(CRE)의 단순통지와 고위시청각위원회(CSA)의 심의, 규제기관이 내린 가이드라인에 대해서도 월권소송의 대상성을 인정한 사례를 통해 이를 확인할 수 있다.[3]

뒤기의 이론은 우리나라의 항고소송에 대하여도 의미 있는 시사점을 제공한다. 그의 소송 분류 체계에 따르면, 문제가 된 행정행위가 특정 당사자의 주관적인 상황에만 개별적이고 일시적으로 영향을 미치는 경우 그 행정행위에 대한 소송은 주관소송에 해당하고, 당해 행정행위가 일반적이고 객관적인 법조항을 위반하였는지 여부가 문제되는 객관적 법적 상황에 관한 것일 때에는 객관소송에 해당한다.[4] 이러한 관점에서 우리나라의 항고소송 제도를 살펴보면, 우리 항고소송은 헌법 제107조 제2항에 기해 처분의 위헌·위법여부를 심사하는 것을 목적으로 하고 있다는 점, 행정소송법 제4조 제1항은 취소소송을 행정청의 위법한 처분 등을 취소 또는 변경하는 소송이라 규정하여 취소소송에서 다툼의 대상이 처분의 위법성이라는 점을 명시하고 있다는 점, 우리의 통설과 판례가 본안에서 처분의 위법성만을 심리하고, 원고의 권리침해 여부나 이익에 관한 사유를 따지지 않는 점 등을 종합할 때, 우리의 항고소송이 뒤기가 정의한 객관소송의 개념과 상당 부분 일치하는 것을 확인할 수 있다.[5]

---

3) 한견우·쟝-브느와 알베르띠니, "프랑스 행정의 성립·발전과 변혁 그리고 한국 행정법에 끼친 영향과 과제", 2019. 10. 4. 제42회 한국행정법학회 정기학술대회 발표문(미공간), 15면 참조.

4) Léon Duguit, Traité de droit constitutionnel, tome 2, 3e éd., Ancienne librairie fontemoing et Cie, Éditeurs(E. de Boccard successeur), Paris, 1928, p.475 참조.

5) 이러한 관점에서 우리의 항고소송이 객관소송의 성격을 갖는다고 설명하는 문헌으로 이원우, "항고소송의 원고적격과 협의의 소의 이익 확대를 위한 행정소송법 개정방안", 행정법연구 제8호, 2002, 246-248면 참조; 박정훈(朴正勳), "취소소송의 성질과 처분개념", 행정법연구2-행정소송의 구조와 기능, 박영사, 2006, 161-162면 참조; 한견우, 현대 행정법강의, 신영사, 제3판, 2008, 958-959면 참조; 최계영, "항고소송에서 본안판단의 범위-원고의 권리침해가 포함되는지 또는 원고의 법률상 이익과 관계없는 사유의 주장이 제한되는지의 문제를 중심으로-",

또한 뒤기의 이론에 따르면, 주관소송의 경우에는 주관적 법적 상황의 당사자만이 소송을 제기할 수 있고 판결의 효력도 당사자들에게만 미치지만 객관소송의 경우에는 객관적 법적 상황을 문제 삼기 때문에 객관적 상황에 대한 일정한 이해관계를 갖는 자는 소를 제기할 수 있고, 판결의 효력 또한 대세적인 효력을 갖는다.[6] 앞서 본 바와 같이 우리의 항고소송이 뒤기가 언급한 객관소송과 상당한 유사성을 갖고 있다는 점에 착안하면 대상적격에 관하여도 논의의 평면을 같이 볼 수 있을 것이다. 즉, 뒤기가 주장한 바와 같이 월권소송 대상의 확대는 궁극적으로 국민을 보호하는 데에 기여하므로 그 대상이 확대되어야 한다는 것이다. 그리고 원고적격에 관하여 주목할 점은 우리나라에서 객관소송을 만인소송으로 이해하는 경우가 있는데, 이는 뒤기가 규정한 객관소송의 의미와는 사뭇 다르다는 것을 알 수 있다. 뒤기의 이론에 따르면 일정한 이해관계가 전혀 없는 사람은 월권소송을 제기할 수 없기 때문이다. 또한 판결의 대세적 효력을 객관소송의 특징으로 설명한 그의 이론은 우리 행정소송법 제29조 제1항이 취소판결의 대세효를 규정하고 제31조에서 제3자 재심청구 제도를 마련한 것이 취소판결의 효력을 단순히 형성력으로 볼 것이 아니라 프랑스의 월권소송에서와 같이 기판력을 포함하는 효력으로 이해할 수 있고, 따라서 우리나라의 항고소송이 객관소송의 성질을 갖는다고 볼 수 있다는 견해[7]와도 그 맥락을 같이 한다는 점에서 시사점을 제공한다. 특히 이러한 입장은 항고소송의 주관소송의 기능을 완전히 부인하는 것이 아니라 다만 항고소송의 구조와 주된 기능이 행정의 적법성 확보에 있다는 것인데, 이는 적법성 통제 기능을 수행하는

행정법연구 제42호, 2015, 125면 각주 85 참조.

6) Léon Duguit, Les transformations du droit public, 2ᵉ tirage, Librairie Armand Colin, Paris, 1921, p.188 참조.

7) 박정훈(朴正勳), "취소소송의 소송물", 행정법연구2-행정소송의 구조와 기능, 박영사, 2006, 449면 참조; 장윤영, "프랑스 행정법상 '제3자 이의'(la tierce opposition)에 관한 연구", 행정법연구 제58호, 183면 참조.

객관소송인 월권소송이 궁극적으로 국가로부터 개인을 보호하는 강력한 수단이 된다고 한 뒤기의 주장과 일맥상통한다는 점에서도 그의 이론이 우리에게 주는 시사점을 발견할 수 있다.

제5절 국가배상책임

뒤기는 국가배상책임의 성질을 과실책임이 아니라 위험책임으로 보았는데, 과실책임은 주관적 책임으로서, 행위자에 대한 비난가능성 또는 귀책성이 문제되지만, 단체는 인격을 가질 수 없고 주관적 의지를 가질 수도 없어 비난가능성이 없으므로 단체인 국가는 과실책임을 부담하기 위한 전제요건을 갖추지 못하였다는 것이다.[1] 또한 개인은 국가보다 약한 존재로 개인과 국가는 서로 평등한 관계가 아니기 때문에 국가에 대해서는 위험책임의 법리가 적용되는 것이 타당하다고 보았다.[2]

뒤기의 견해 중 또 하나 주목할 점은 그가 국가의 배상책임을 위험책임이라고 정의할 때 그 위험은 사회적 위험으로서 사회적 연대를 실현하기 위한 공역무의 실행으로 인하여 필연적으로 발생하는 일반적인 위험을 의미하고, 국가는 그러한 위험으로부터 개인을 보호하는 지위에 있다는 것이다.[3] 이는 일반적으로 언급되는 무과실책임에서의 특별한 위험과는 성격을 완전히 달리 하는 것으로, 국가와 개인 사이를 주관적 관계로 이해하는 주관주의적 관점에 의하지 않고 사회 전체의 이익을 실현하기 위해 필수적으로 요청되는 공역무를 수행한다는 사실로부터 객관적으로 발생하는 일반적인 위험을 상정함으로써 객관주의를 기초로하는 뒤기 이론의 특징을 잘 보여준다.

한편, 국가는 주관적이거나 인격적인 주체가 아니므로 공무원을 통해

---

1) Léon Duguit, Les transformations du droit public, 2ᵉ tirage, Librairie Armand Colin, Paris, 1921, p.229 참조.

2) Léon Duguit, Leçons de droit public général, faites à la faculté de droit de l'Université égyptienne pendant les mois de Janvier, Février et Mars 1926, E. de Boccard, Paris, 1926, p.316 참조.

3) Léon Duguit, Traité de droit constitutionnel, tome 2, 3e éd., Ancienne librairie fontemoing et Cie, Éditeurs(E. de Boccard successeur), Paris, 1928, p.70 참조.

서만 행위를 할 수 있는데, 이때의 공무원은 개인으로서 존재하는 것이 아니라 공역무를 통해 기능적으로 흡수된 일종의 '공역무의 수행자'이고 이러한 그의 사상은 역무과실이론과도 연결되었다.[4] 뒤기에 따르면, 국가배상책임의 경우와 달리 공무원 개인의 배상책임은 과실책임이라 하면서, 직무상 행위에 기해 손해를 끼친 경우에는 국가가 책임을 부담하나 개인적 행위로 손해를 끼친 경우에는 개인만이 책임을 부담한다고 하였다.[5] 그리고 직무상 행위와 개인적 행위를 구별하는 기준은 '공역무와의 관련성'이었다.[6]

객관주의와 공역무를 기초로 정립한 국가배상책임에 관한 뒤기의 사상은 우리나라 국가배상법제를 개혁하고 발전시키기 위한 논의를 풍부하게 하는 데에 의미 있는 이론적 단초를 제공할 수 있을 것으로 생각한다. 이하에서는 먼저 간단히 국가배상책임 제도에 관한 국내의 논의를 검토하고, 그의 이론이 우리에게 주는 시사점과 함께 우리 국가배상법제가 나아가야할 방향에 관하여 생각해 본다.

I. 우리나라 국가배상책임 제도의 현황

우리나라의 국가배상책임은 헌법 제29조 제1항에서 "공무원의 직무상 불법행위로 손해를 받은 국민은 법률이 정하는 바에 의하여 국가 또는 공공단체에 정당한 배상을 청구할 수 있다. 이 경우 공무원 자신의 책임은 면제되지 아니한다."고 규정함으로써 그 헌법적 근거를 가지며,

---

4) Léon Duguit, Traité de droit constitutionnel, tome 3, 2ᵉ éd., Ancienne librairie fontemoing et Cⁱᵉ, Éditeurs(E. de Boccard successeur), Paris, 1923, p.278 참조.

5) Léon Duguit, Les transformations du droit public, 2ᵉ tirage, Librairie Armand Colin, Paris, 1921, p.273 참조.

6) Ibid., p.277 참조.

구체적으로는 국가배상법에 의해 규율되고 있다. 국가배상법은 국가 또는 지방자치단체의 배상책임에 관한 일반법으로서,[7] 1951년 9월 8일 제정된 이래 특별히 주목할 만한 변화나 개정을 거치지 않고 현재까지 그대로 존속되고 있다.

국가배상책임의 법적 성격과 본질에 관하여는 여러 학설이 대립하고 있는데, 이를 간단히 살펴보면 다음과 같다. 우선 법적 성격에 관한 학설의 입장은 국가배상책임을 사법적 성격을 갖는 것으로 이해하는 사법설(私法說)과 공법적 성격을 갖는 것으로 이해하는 공법설(公法說)로 나누어진다. 사법설은 기본적으로 민법적 사고에 기인한 것으로, 이 견해에 따르면, 국가배상법은 민법의 특별법으로서 존재한다. 반면에 공법설은 공법적 원인에 의해 발생한 손해에 대해 민법이 그대로 적용될 수 없다고 주장한다. 현재 대부분의 공법학자들은 국가배상책임을 공법적 성격을 갖는 것으로 이해하고 있는 것으로 보인다.[8]

대법원은 공무원의 직무상 불법행위로 손해를 입은 국민이 공무원 개인에 대해 직접 그의 불법행위를 이유로 민사상의 손해배상을 청구한 사안에서, 국가배상법은 민법상 손해배상책임의 특별법이라 판시한 바 있다.[9] 이후 대법원은 유사한 사안에 대한 전원합의체 판결의 별개의견에서 국가배상법은 공무원의 직무상 불법행위에 대한 국가의 배상책임을 정한 법으로서 불법행위자인 공무원 개인의 손해배상책임에 관한 민법 규정의 특별법이 아니라고 언급한 적이 있다.[10] 그러나 이러한 별개의견은 받아들여지지 않았고, 국가배상에 관한 소송은 민사소송으로 다루어지고 있으며, 여전히 국가배상에 관한 법률관계를 사법(私法)관계로

---

7) 김동희, 행정법 I , 박영사, 25판, 2019, 561면 참조.
8) 이상 국가배상책임의 법적 성격에 관한 학설을 상세하게 논의한 문헌으로 박균성, 행정법론(상), 18판, 박영사, 2019, 797면 참조.
9) 대법원 1972. 10. 10. 선고 69다701 판결.
10) 대법원 1996. 2. 15. 선고 95다38677 전원합의체 판결.

이해하면서 나름의 법리를 전개하고 있다.

국가배상책임의 본질에 관하여는 여러 학설이 대립하는데, 크게 공무원의 불법행위는 국가가 책임지는 것이 아니지만 공무원의 자력이 없는 경우가 있을 수 있으므로 국가가 공무원의 책임을 대신하여 부담하는 책임이라고 이해하는 대위책임설, 국가가 공무원의 행위를 통해 행위하는 것으로 보아 국가가 스스로의 책임을 부담한다고 보는 자기책임설, 국가는 공무원의 행위가 경과실에 기한 것일 때에는 기관행위로 보아 자기책임을 부담하고 고의 또는 중과실에 기한 것일 때에는 기관행위로서의 품격을 상실하여 공무원이 책임을 부담하나 자력이 없는 경우에 대비하여 국가가 대위책임을 부담한다고 보는 중간설로 구분된다.11)

대법원의 판결문에서는 국가배상책임의 성질에 관한 직접적인 언급은 발견되지 않으나, 공무원 개인에 대한 배상책임을 인정할 것인지 여부에 관한 판례가 국가배상책임의 성질에 관한 판례의 태도를 보여주는 것으로 이해된다. 대법원은 원래 공무원의 귀책사유가 어느 정도인지를 불문하고 공무원에대한 개인적인 배상책임을 인정하였으나, 1996년 전원합의체 판결을 통하여 공무원에게 경과실이 인정되면 공무원 개인의 배상책임은 면제되고, 공무원에게 고의 또는 중과실이 인정되면 국가와 공무원이 모두 배상책임을 부담하는 것으로 견해를 변경하였다.12)

II. 공법상 책임과 과실의 객관화

국가배상책임을 위험책임으로 보는 뒤기의 이론은 기본적으로 국가와 개인의 관계를 민법에서 주로 상정하는 동등하고 평등한 관계로 보

---

11) 이상 국가배상책임의 본질에 관한 학설을 상세하게 논의한 문헌으로 박균성, 행정법론(상), 18판, 박영사, 2019, 800-802면 참조.
12) 대법원 1996. 2. 15. 선고 95다38677 전원합의체 판결.

는 것이 아니라, 힘을 가진 단체와 그렇지 않은 개인 사이의 관계로 이해함으로써, 개인과 개인 사이에 적용되는 법리가 개인과 국가 사이에서는 그대로 적용될 수 없다는 문제의식에서 출발한다. 이는 우리나라 국가배상책임의 법적 성격을 이해함에 있어서도 매우 중요한 의미를 갖는데, 의지를 갖는 대등한 주체 사이의 관계에 적용되는 것을 원칙으로 하는 민사법상 원리가 국가와 개인 사이에 그대로 적용되어서는 안 된다는 것이다.

현재 우리나라의 판례는 국가배상책임이 사법적 성격을 갖는다고 이해하고 있으나, 블랑코 판결에서 설시한 바와 같이, 국가배상책임의 영역에서는 '개인과 국가의 권리를 조정'할 필요가 존재한다. 분명히 국가는 사인과 다른 지위를 갖고 있고 국가배상은 단순히 개인들 사이의 권리의무 관계를 명확히 설정하는 데에 목적이 있는 것이 아니라, 공무원의 직무상 불법행위에 대해 국가가 책임을 지도록 함으로써 행정객체로서 국민을 보호하는 한편 위법한 행정행위를 억제하고 행정을 통제하는 등 공익적 기능을 담당한다는 점에서 공법적 접근이 필요하다.[13] 또한 국가배상책임은 주로 주관적 관계를 규율하는 사법의 영역과는 달리,[14] 공익과 사익의 조정과 균형이라는 특별한 고려가 필요하므로 공법적 성격을 갖는다고 보아야 한다.

뒤기는 객관주의를 기초로 국가의 법인격을 부인함으로써 공역무를 수행하던 중에 과실로 손해를 끼친 공무원은 개인이 아니라 '공역무의

---

13) 국가배상은 "위법억제적·행정통제적 기능"을 가지고 있음과 동시에 사회적 평등과 분배를 실현하는 역할을 한다고 하면서, 국가배상의 적절한 인정을 통해 법치국가 실현에 이바지할 수 있다는 견해를 서술한 문헌으로 박정훈 (朴正勳), "국가배상법의 개혁 재론 -사법적 대위책임에서 공법적 자기책임으로-", 2018. 5. 18. 한국공법학회 학술대회 발표문(미공간), 27면 참조.
14) 물론 사법의 영역에서도 공서양속에 관한 규정 등 공공성이 강조되는 분야가 존재하나 이는 사법의 중심을 이루는 이론은 아니고 기본적으로 사법의 대전제는 당사자의 대등한 관계를 전제로 하는 사적자치의 원칙이라는 점을 부인할 수는 없다고 생각한다.

수행자'로 이해하여 역무과실을 인정하였다.[15] 이러한 그의 사상은 우리나라 국가배상책임에서 과실 개념을 객관적으로 파악하고, 책임의 주체를 공역무 수행의무를 부담하는 단체로 이해하는 데에 영감을 준다. 현재 우리나라에서는 국가배상법상 과실에 관하여 이를 주관적인 과실로 이해하는 견해와 객관적으로 파악하는 견해가 대립하고 있는 모습을 보인다.[16] 그러나 뒤기가 언급하였듯이 국가는 개인과 같이 의지를 갖고 행동할 수 있는 법인격을 가진 존재가 아니고, 공무원의 행정행위는 공무원 자신의 이익을 위한 것이 아니라 국가의 업무를 수행하기 위한 것으로 국가의 공무수행자로서의 행위 중 일어난 과실은 공적인 성격을 갖는 과실로 이해할 수 있는 점에 비추어 과실을 객관적으로 이해하는 것이 타당하다.[17]

또한 공무원의 공무 수행을 통해 이익을 얻는 이익의 귀속주체는 공무원 개인이 아니라 질서의 유지, 안전 등 사회적 이익을 얻는 국가와 국가 공동체의 구성원들 전체이다. 따라서 국민의 세금으로 형성한 공적 기금으로 배상책임을 부담한다고 보는 이론은 우리나라에서 국가배상의 비용을 부담하는 주체를 정함에 있어서도 기능적 관점에서 당해 행위를 수행할 의무를 부담하는 주체, 즉 당해 행위로 인하여 이익을 얻는 주체가 원칙적으로 비용을 부담한다고 해석할 수 있는 이론적 단초를 제공할 수 있다고 생각한다.

---

15) Léon Duguit, Traité de droit constitutionnel, tome 3, 2ᵉ éd., Ancienne librairie fontemoing et Cⁱᵉ, Éditeurs(E. de Boccard successeur), Paris, 1923, p.278 참조.

16) 이러한 과실 개념에 관한 학설의 대립에 관한 상세한 논의는 박균성, 행정법론(상), 박영사, 제18판, 2019, 847-850면 참조.

17) 이와 같은 취지로 공무원의 과실을 객관적으로 파악하여 국가작용의 하자로 해석하고 공무원은 개인의 자격으로 행동하는 것이 아니라 공무수행자로서 활동한다고 보는 것이 행정활동의 실제에 부합한다고 보는 문헌으로 박균성, "국가배상법상의 위법과 과실에 관한 이론과 판례", 행정법연구 제1호, 1997, 18면 참조.

Ⅲ. 국가의 자기책임과 공무원의 개인책임

공역무와의 관련성을 기준으로 직무상 행위와 개인적 행위로 구분하여 국가의 배상책임과 개인의 배상책임을 정하는 그의 견해는 우리나라에서 국가배상의 본질에 관한 논의에 관하여 영감을 제공한다. 대위책임설에 의하면 공무원의 불법행위는 공무원 개인이 책임질 사항이지만 사회적 필요성에 따라 국가가 대신하여 책임을 지는 것으로 이해하는데, 이를 견지하면 공무원의 행위가 위법하나 과실이 없는 상황이 발생했을 때 국민에 대한 배상책임의 공백이 발생하는 문제가 생긴다. 따라서 공무원의 직무상 행위에 대한 국가의 책임은 국가 스스로의 책임으로 인정할 필요가 있다. 공역무와의 관련성을 기준으로 공무원의 직무상 행위와 개인적 행위를 구분하는 뒤기의 견해를 우리 국가배상법에 접목시켜 공무원의 직무상 행위에 대해서는 국가가 자기책임을 부담하는 것으로 해석하고, 개인적 행위에 대해서는 공무원 개인이 책임을 진다고 해석하는 이론 구성이 가능하다고 생각한다.[18)]

한편 뒤기는 공무원의 배상책임과 국가의 배상책임은 병존하지 않는다고 주장하면서, 그 이유는 국가가 공역무에 수반하는 사회적 위험의 보장자로서 지위를 갖기 때문이라고 하였다.[19)] 같은 맥락에서 위 견해에 따라 공무원의 행위가 직무상 행위로 인정되어 국가가 자기책임을 부담

---

18) 이와 같은 취지에서 우리 국가배상법에 하에서 공무원의 직무상 행위에 대해서는 국가가 자기책임을 부담하는 것으로 해석할 수 있고, 개인적 행위에 대해서는 공무원 개인이 책임을 지며, 다만 개인적 행위가 외견상 객관적으로 관찰했을 때 공무원의 직무집행으로 보일 때에는 국가가 대위책임을 부담한다고 보는 문헌으로 박정훈(朴正勳), "국가배상법의 개혁 -국가책임과 공무원(경찰관) 개인책임의 구별을 중심으로-", 2019. 1. 18. 한국법제연구원 제34회 입법정책포럼(미공간), 21-23면 참조.

19) Léon Duguit, Les transformations du droit public, 2ᵉ tirage, Librairie Armand Colin, Paris, 1921, p.278 참조.

한다고 본다면, 이에 따라 공무원은 개인적 책임을 지지 않는다고 하는 것이 공무원의 안정적인 직무수행을 보장하기 위해 타당하다고 생각한다. 이는 결국 공무원이 직무상의 행위를 행하는 궁극적인 목표가 바로 자신의 이익을 위해서가 아니라 국가와 국가라는 공동체를 구성하는 시민들을 위한 것이고, 뒤기가 지적한 바와 같이, 공무원의 지위를 보장하고 안정적인 직무 수행을 가능하도록 하는 것이 공무원 개인을 위한 일이 아니라 국가와 시민들을 위한 일이라는 점에서[20] 정당성을 갖는다.

---

20) *Ibid.*, p.113 참조.

제7장
요약 및 결어

제1절 요약

Ⅰ. 삶과 학문

레옹 뒤기는 프랑스 행정법상 중요한 위치를 차지하는 공역무 개념을 최초로 주장한 공역무 학파의 창시자로서, 19세기 말부터 20세기 초 프랑스 제3공화국 당시 현대적 의미의 공법을 탄생시키고, 프랑스 행정법의 발전을 이끈 주인공이다. 법의 일반이론, 헌법, 행정법은 물론이고 사회학, 정치학, 철학에 이르기까지 광범위한 영역을 거침없이 가로지르는 그의 이론은 형이상학적이고 관념적이며 주관적인 개념들을 부정하고 철저한 현실분석을 바탕으로 세워졌다.

그는 인간을 사회적 존재로 이해하여, 인간은 모두 상호 의존을 통해 삶을 영위한다고 보았다. 사회적 연대의 실현은 사회를 제대로 유지하기 위한 것이었고, 인간의 행복한 삶을 위해 반드시 필요하다고 보았다. 그는 당시 국가를 의인화한 형이상학적인 국가법인설을 부인하였고, 국가는 법과 분리되어 상위 규범의 지배를 받는다고 보았다. 그에게 있어 국가는 공권력의 주체가 아니라, 사회적 연대를 실현하기 위한 공역무를 수행하는 의무를 부담하는 의무의 주체였던 것이다.

뒤기의 사상은 공법 이론을 통합적으로 이해하면서도 행정법 이론을 체계화함으로써 그 정체성을 확립하고자 노력했다는 특징이 있다. 연구 방법론적으로는 오귀스트 꽁트와 에밀 뒤르켐의 영향으로 실증주의 사회학적 도구를 사용하여 기존 견해의 모순점을 찾아냈으며, 당시에는 많이 행해지지 않았던 비교법 연구를 진행함으로써 법학의 학문성 및 과학성을 제고하였다는 점이 특징적이다.

II. 뒤기 공법 이론의 기본 개념

1. 객관주의

뒤기는 주관적이고 형이상학적인 개념인 권리, 주권, 단체 또는 국가의 법인격을 부인하고 객관주의적 관점에서 현실을 파악해야 한다고 보았다. 그는 오귀스트 꽁트와 에밀 뒤르켐의 실증주의 사회학의 영향을 받아 객관적으로 존재하는 사실을 기초로 법학 이론을 구성하는 소위 객관주의 이론을 전개하였다. 그에 따르면, 사회에서 일어나는 여러 현상과 공법 영역의 문제들은 객관주의 이론에 의해서 명쾌하게 설명될 수 있었다.

뒤기는 프랑스의 단어 'le droit'가 법과 권리의 의미를 모두 갖고 있어 혼동을 초래한다고 하면서 주관적 권리로서 'le droit subjectif'와 객관법인 'le droit objectif'를 구별했다. 그러면서 그는 주관적 권리 개념은 형이상학적이고 형체를 알 수 없는 것으로 포기되어야 하며, 객관법으로 창설되는 '법적 상황'이라는 개념을 통해 개인을 충분히 보호할 수 있다고 주장했다. 또한 법규범의 총체로서 객관법 개념을 인정함으로써 통치자들을 포함한 모든 사회 구성원들은 객관법을 준수할 의무가 있다고 보았다. 이러한 객관법은 사회적 연대를 강화하는 목적적 규범이었으며, 실정 법률과는 구별되는 개념으로, 뒤기는 입법자들에게 객관법을 발견할 의무가 있다고 보아 실정 법률을 객관법에 맞게 제정 또는 개정해야 한다고 하였다. 그는 또한 당시 일종의 종교적 교리처럼 여겨졌던 개인주의 이론에 대해서도 비판을 가하면서, 개인주의 이론은 현실에 존재하지 않는 인간상을 전제로 하는 허구적 이론으로, 국가의 소극적인 개입만을 허용함으로써 적극적으로 보호가 필요한 사회 구성원들을 외면한다는 점에서 타당하지 않다고 보았다.

이러한 뒤기의 견해는 오늘날까지 주권과 권리 개념이 공고하게 유

지되고 지지되어 온 현실에 비추어 볼 때 그의 주장대로 주권 개념이 완
전히 소멸하였다고 평가할 수는 없을 것이다. 그러나 이러한 일정한 한
계에도 불구하고 뒤기의 사상은 당시 공고하게 자리 잡았던 주권 개념
에 대한 비판적 관점을 제시함으로써 주권 개념의 이론적 한계를 분명
히 직시하게 하였고, 역사적 측면에서는 공법학의 발전사에 중대한 전환
을 맞이하는 계기를 마련하였다고 평가할 수 있다. 특히 개인주의 이론
에 대한 그의 철저한 비판은 이후 소극적 국가에 대한 반성적 고찰을 가
능하게 했고, 특히 노인과 어린이 등과 같은 사회적 약자들을 보다 적극
적으로 보호하는 국가의 역할을 강조하는 복지국가 또는 사회국가의 등
장으로 이어지는 연결고리가 되었다.

2. 공역무

19세기 후반부터 20세기 초반에 활동했던 뒤기는 당시 오랜 시간 동
안 공법의 근본 개념으로 여겨졌던 주권 개념이 소멸하고 공역무 개념
이 그 자리를 대체하였다고 하면서 공법 영역에서 중대한 변화가 포착
되었다고 주장했다. 로마법상 임페리움에서 기원하는 주권 개념은 왕의
주권, 국민의 주권으로 이어져 당시까지 공고한 이론으로 인정되었으나,
사실 이러한 주권은 형체를 알 수 없고 존재하지도 않는 허구의 것이며,
주권 개념으로는 당시 유행하던 지방분권화 현상과 연방주의 개념을 설
명할 수 없다고 비판한다.

그러면서 뒤기는 공법의 새로운 근본 개념으로서 공역무 개념이 등
장하였다고 주장하였는데, 그에 따르면, 공역무는 사회적 연대를 실현하
기 위해 통치자들이 강제력을 동원하여서라도 계속해서 유지하고 보장
하여야 하는 모든 일반 이익을 위한 활동을 의미한다고 보았다. 이러한
공역무의 개념은 시대와 장소에 따라 달라질 수밖에 없는데, 전통적으로
는 전쟁으로부터 국민과 국가를 보호하는 군대의 조직, 국내 질서를 유

지하기 위한 경찰 조치, 사법정의를 실현하는 재판 등의 조직이 대표적인 공역무로 분류되었으나 점차 수도, 전기, 철도, 교육 등 다양한 영역으로 확대되었다. 그리고 공역무는 통치자들의 강제력과 그 강제력을 정당화하는 법적 의무, 의무의 근거로서 공동체의 인식, 사회적 연대의 실현이라는 목적을 그 구성 요소로 하였다.

공역무는 프랑스 행정법의 특징이자 상징적인 개념으로서 뒤기가 블랑코 판결을 통해 의미를 부여한 이후 오늘날까지 굳건히 존재한다. 뒤기 사후에도 공역무 개념은 프랑스는 물론이고 우리나라에까지 많은 영감을 주었는데, 이는 공역무 개념이 개방성과 보편성을 갖고 있었기에 가능한 것이었다고 생각한다. 뒤기 사후 공역무 개념은 변천을 거듭하여 오늘날에는 과거에는 인정되지 않았던 상공업적 공역무, 문화적 공역무 등이 등장하였고 점차 확대될 것이 예측된다. 최근 유럽법의 영향으로 프랑스식의 공역무, 공역무의 프랑스적 개념에 관한 논의가 전개되면서 공역무 개념의 본질적 의미를 탐구하기 위하여 뒤기의 이론이 재조명받고 있다는 점에서도 그 의의가 크다고 평가할 수 있다.

III. 법률과 행정행위

1789년 「프랑스의 인권과 시민의 권리 선언」이후 주관주의적 주권 사상은 프랑스 사회에 뿌리 깊게 자리 잡아 법률은 주권적 의지의 표현으로 이해되었다. 그러나 뒤기는 공역무를 조직하는 일반 규정의 총체가 법률이라고 하며 이러한 견해를 부정하였다. 그에 따르면, 법률은 의무를 부과하는 성질을 갖고 있고, 규범적 법률과 공역무를 구성하고 조직하는 구성적·조직적 법률이 존재하는데, 공역무를 구성하고 조직하는 법률이 더 많았다. 당시 행정명령은 입법과는 완전히 다른 개념으로 이해되었으나, 뒤기는 행정명령과 법률은 둘 다 입법기능의 산물이라는 점에서 실질적으로 동일하다 보았다. 이는 이후 법률에 대한 통제를 실현하려는 그의 주장에 초석이 되었다. 한편 주관주의적 관점에서는 법률이 단일한 종류로만 존재해야 했지만, 당시 지방의 법률과 단체의 법률 등 다양한 형태의 법률들이 생겨나기 시작하였다. 이러한 현실은 그 자체로 주관주의와는 모순을 이루면서 뒤기의 주장을 뒷받침했다.

행정행위에 관하여, 뒤기는 과거 전통적 견해가 권력행위와 관리행위를 구별하는 것은 아무런 구체적 근거가 없는 것이라 부정하고, 행정행위의 구성적 요소로서 공무원의 의사표시와 공역무 수행의 목적을 제시하였다.[1] 그리고 행정법상 사실행위도 공역무 수행과 관련성을 갖는다면 광의의 행정행위로 이해할 수 있다고 하였다. 마지막으로 공역무와 관련된 행정행위는 꽁세이데따에 관할이 있다고 하면서 공역무 개념을 중심으로 그의 이론을 전개하고, 블랑코 판결을 소개하며 현대 공법의 근본적 기초가 변화하였음을 지적한다.

생각건대, 법률은 사회적 연대의 실현이라는 궁극적인 목적을 달성하기 위한 수단인 공역무를 제대로 수행하기 위하여 조직되는 도구적 개념일 뿐이라는 뒤기의 주장은 당시의 기준으로는 혁신적인 발상의 전환이었으나, 오늘날의 공법 사상과는 상당한 접점을 이룬다. 특히 프랑스는 이후 제5공화국에 들어와 위헌법률심사 제도를 도입하고 집행권의 자치입법권을 제도화함으로써 의회의 주권을 약화시켰는데, 이러한 역사적 사실은 뒤기 이후의 프랑스 사회와 제도에 그의 선구자적 사상의 영향이 미친 것으로 평가할 수 있다.

---

1) Léon Duguit, Traité de droit constitutionnel, tome 1, 3e éd., Ancienne librairie fontemoing et Cie, Éditeurs(E. de Boccard successeur), Paris, 1927, p.350 참조.

IV. 행정통제

1. 행정소송

행정소송은 행정을 통제하는 수단이자, 국가로부터 개인을 보호하는 효과적인 수단으로 기능한다. 뒤기는 행정소송의 유형을 문제가 된 법적 상황에 따라 객관소송과 주관소송으로 나누는데, 특히 일반적으로 영향을 미치는 행정행위에 대한 위법성 판단을 내리는 객관소송의 중요성을 강조하였다. 특히 월권소송의 경우 가장 대표적이고 중요한 객관소송으로서 공법의 모든 영역에서 가장 큰 영향력을 행사하고 있으며, 가장 위대하고 독창적인 창조물이라고 평가하였다. 월권소송은 소제기가 용이하고, 원고적격이 넓으며, 소송 비용도 거의 들지 않고, 변호사 강제주의가 적용되지 않는 등 국민에게 여러 모로 유리한 제도였다. 본안에서 위법한 행정행위로 판명되면 행정재판소는 바로 그 행위를 취소할 수 있다고 보았고 판결의 효력은 대세적 효력을 발휘하여 판결에 참여하지 않은 사람들에게도 그 효력이 미쳤으며, 이는 객관소송의 성질상 당연한 것으로 이해되었다.

객관주의적 관점에서 소송의 유형을 법적 상황에 따라 구분함으로써 당시 일반소송과 월권소송으로 구분하여 판결을 내렸던 꽁세이데따의 판결 태도에 부합하는 이론을 전개한 것은 뒤기의 업적이다. 이러한 뒤기의 견해는 현재까지도 통상적인 소송의 분류방법으로 사용되고 있다. 또한 객관소송을 강조하는 뒤기의 견해는 최근 프랑스에서는 위와 같은 전통적인 소송의 분류 체계에서 벗어나 새로운 행정 현실이 대응하기 위한 새로운 소송의 범주의 등장에서도 나타나는데, 당사자들의 주관적 법률관계를 규율하는 소송임에도 행위의 공정성 등 객관적 법적용이 요구되는 '객관적 완전심판소송'이 그것이다.

2. 국가배상책임

국가배상책임에 있어서 뒤기는 과거 주권 사상이 지배하던 시기에는 국왕의 무오류성 원칙의 영향으로 국가에 대한 책임을 추궁할 수 없었다. 그러나 이러한 전통적 견해는 주권 사상의 소멸과 함께 의미를 잃게 되었는데, 뒤기는 공역무 수행 중 발생한 사고에 대한 손해에 대해 국가의 배상책임을 인정한 프랑스 행정법상 기념비적 판결인 블랑코 판결의 의미를 재발견함으로써 공역무 개념을 주창하였다. 그는 국가배상책임의 본질을 위험책임으로 이해하였고, 국가는 공역무를 수행함으로써 발생할 수 있는 사회적 위험으로부터 국민을 보호하는 자였다. 따라서 개인이 공역무의 집행으로 손해를 입은 경우에 국가가 이를 배상할 책임이 있다고 보았다. 그리고 공역무는 모두의 이익을 위해 기능하므로 그 기능이 특정인에게 특별한 손해를 야기했다면 이익의 귀속주체인 국가가 공통의 기금에서 그에 대한 배상을 하여야 한다고 보았다.

또한 뒤기는 권력분립을 기능적으로 이해하여 전통적으로 책임이 잘 인정되지 않았던 사법부의 공무원도 그 행위의 기능이 일반 행정부의 공무원과 마찬가지라면 그에 대해서도 책임을 추궁할 수 있다고 보는 것이 논리적으로 타당하다고 하였다. 이는 행정과 사법이 본질적으로는 집행하는 권한을 가지므로 유사하다는 사상을 기초로 하는 것으로 이해된다. 한편, 공무원의 개인책임은 공역무와 관련성이 없는 사기, 모욕, 기망 등의 행위를 의미하는데 이 경우 국가는 공무원과 함께 책임을 지지 않고, 공무원만 책임을 진다고 보았다.

블랑코 판결은 공역무를 수행하는 중에 발생한 손해를 판단함에 있어서는 국가의 권리와 사인의 권리를 조정하여야 할 특별한 필요성이 존재한다는 것을 인정함으로써 행정소송의 관할을 정하는 기준으로 공역무 개념을 인정했다. 당시에는 주목받지 못했던 블랑코 판결의 의미를 발견한 뒤기의 업적은 상당히 크다. 또한 국가배상책임의 근거를 사회적 연대에 기초한 공적 부담 앞의 평등 원칙으로부터 찾는 그의 견해는 최근 국가가 배상책임을 이행하는데 있어 국민의 세금을 통해 형성한 기금을 사용한다는 점에서 오늘날에도 유효하다.

V. 우리나라에의 시사점

1. 객관주의

객관주의는 공법의 독자성을 구축하는 데 결정적인 역할을 한다. 주관주의는 주관적 권리 개념을 주축으로 하나, 객관주의는 객관적 법을 중심으로 이론을 구성하기 때문이다. 프랑스 행정법은 판례를 통해 형성되었는데 특히 뒤기가 발견한 블랑코 판결을 계기로 민법으로부터 독립을 선언하게 된다. 민법으로부터 독립되어 독자적인 공법의 법리를 구성해온 프랑스 행정법은 우리에게도 법치행정과 관련하여 시사점을 제공한다.

객관주의적 관점에서는 주관적 권리가 아니라 사회를 규율하는 객관적 법을 공법의 근간으로 하기 때문에 국가와 법이 분리되고, 법이 국가보다 상위개념으로 자리할 수 있다. 이는 결국 법이 다스리는 국가, 즉 법치국가의 출현을 가능하게 한다. 객관법, 적법성 통제기능을 수행하는 객관소송, 국가배상책임과 사회적 위험 등 객관주의 개념들이 강조됨으로써 행정은 법에 의한 제한을 받게 되고, 법을 위반하지 않도록 스스로 자신을 통제하게 되며, 나아가 책임 있는 행정활동을 하게 되는 등 법치행정의 원칙 실현에 기여할 것이다. 뒤기에 따르면 실정법률을 객관법에 맞도록 제·개정할 의무는 입법자에게 있는데, 프랑스에서는 1950년대부터 꽁세이데따의 판례를 성문화하는 작업이 이루어졌고, 최근 2015년 「시민과 행정의 관계에 관한 법률」이 제정되면서 현실에 맞는 법을 제정하려는 입법자의 노력이 두드러지고 있다는 점에서 그의 이론적 영향을 짐작할 수 있다. 우리나라에서도 최근 논의가 진행 중인 행정기본법 제정 작업이 이와 맥락을 같이 한다.

2. 공역무

공역무는 사회적 연대를 실현하기 위하여 국가 또는 행정이 중단 없이 실행하는 모든 활동이다. 인간은 사회적 존재이므로 서로 의존할 수밖에 없고 도움을 주고받으며 살아가는데, 그들이 살아가는 사회를 제대로 유지하기 위해서는 사회적 연대를 실현한다는 가치를 위해 사회의 구성원들이 협조한다. 이를 위해 국가 또는 행정은 자신이 갖고 있는 물리적인 힘을 사용하여 사회적 연대를 실현하는 일반 이익을 위한 활동을 보장할 의무를 부담한다는 것이다. 그리고 이러한 공역무는 시대와 장소에 따라 계속하여 변화한다. 오늘날 프랑스에서 상공업적 공역무, 환경 공역무, 문화적 공역무 등으로 공역무의 개념이 확대되고 있는 상황은 뒤기의 예측과 일치한다.

또한 공역무 개념에 대한 뒤기의 이론은 공역무에 관한 기본 원칙으로서 계속성의 원칙, 적응성의 원칙, 평등성의 원칙을 내용으로 하는 루이스 롤랑의 롤랑의 법칙에 상당 부분 반영되었고, 오늘날 유럽 공동체와의 관계에서 프랑스식 공역무 개념으로 다시 주목받고 있다. 또한 우리나라에서도 사회행정법 영역에서 '사회적 가치' 개념을 정립하는 데 시사점을 제공할 수 있다. 즉 사회적 연대를 실현하기 위해 개인이 자신의 능력을 발휘할 수 있는 환경을 조성해 주는 것을 사회적 가치로 여길 수 있다는 것이다. 이러한 관점에 따르면, 사회적 가치의 개념을 상당히 넓게 인정하게 되는데, 경제적·사회적 양극화가 심화되고 있는 현실 속에서 사회적 약자들에 대한 복지, 노동, 교육 등의 영역에서 국가의 적극적 개입이 요청되는 현실 속에서 행정법이 일정한 역할을 할 수 있을 것으로 기대한다.

3. 법률과 행정행위

뒤기에 따르면, 법률은 공역무를 창설하고 조직하는 일반조항으로, 행정행위는 공역무에 관한 활동을 수행하는 작용으로 이해되었다. 당시 통설적 견해를 차지했던 주관주의 사상에 근거하면 법률은 주권적 의사의 표현으로 단일하고 절대적인 힘을 갖고 있었다. 그러나 뒤기는 법률은 입법자들에 의해 만들어진 일반조항의 총체로서 헌법에 위반될 경우에는 통제를 받을 수 있었다. 실제로 프랑스는 제5공화국에 이르러 사전적 위헌법률심사 제도를 도입하고, 지난 2008년에는 개인에 의한 사후적 위헌법률심사를 도입하는 등 변화가 생겼는데, 뒤기 이론의 영향력이 상당했다고 평가할 수 있다.

그는 행정행위에 대해서도 그 개념을 실질적으로 이해함으로써 행정법상 사실행위 개념을 행정소송의 대상으로 삼을 수 있도록 했는데 행정행위에 대한 그의 실질적인 접근 방식은 오늘날 프랑스의 현실에서 새롭게 재해석될 수 있다. 최근 인터넷 기술의 발달로 전자 문서, 개인정보의 기술적 보호조치 등 새로운 행정환경에서 필요한 여러 행정작용이 생겨났으므로 이에 대한 국가의 공역무 제공의무도 증가했다. 우리나라에서도 2020년 1월 1일부터 초고속인터넷을 보편적 역무로 지정하여 전국 어디서든 이용자가 초고속인터넷을 제공받을 수 있도록 한 전기통신사업법 시행령의 시행은 같은 맥락에서 이해될 수 있다.

4. 행정소송

뒤기에 따르면, 행정소송은 국가배상과 함께 국가 또는 행정으로부터 개인을 효과적으로 보호하는 수단이다. 당사자들의 대등한 관계를 전제로 규율되는 민사소송에서와 달리 행정소송은 국가와 국민 사이의 관계가 대등하지 않다는 전제에서 출발하는 공법적 관점에서의 소송이다. 그는 객관주의적 과점에서 규범에 의해 보호되는 법적 상황을 기준으로 객관소송과 주관소송을 나누었다. 그는 특히 프랑스 행정법상 객관소송으로서 월권소송은 국가 또는 행정의 자의로부터 개인을 보호하는 가장 강력하고 효과적인 수단이라고 주장하면서, 월권소송의 대상성이 계속해서 확대되어야 함을 주장하였다. 이러한 그의 사상은 오늘날 프랑스 행정법에서도 상당히 수용되었는데, 최근 꽁세이데따가 에너지규제위원회(CRE)의 단순통지와 고위시청각위원회(CSA)의 심의, 규제기관이 내린 가이드라인에 대해서도 월권소송의 대상성을 인정한 사례가 있다.

그의 이론은 우리나라의 항고소송에 대하여도 의미 있는 시사점을 제공하는데, 항고소송의 법적 성질을 객관소송으로 이해할 수 있도록 하고, 대상적격의 확대 논의를 이어갈 수 있다는 점이 그러하고, 객관소송의 의미가 만인소송이 아니라는 점을 밝히는 데 기여하며, 판결의 효력에 있어서도 대세효를 인정하는 것이 제3자 재심제도와의 관계에 있어서 프랑스의 월권소송에서 인정되는 절대적 기판력과 유사하다는 평가를 할 수 있도록 한다. 특히 적법성 통제기능을 수행하는 객관소송이 궁극적으로 개인의 권익보호에 기여한다는 그의 주장은 항고소송의 성질이 객관소송이라고 하여 주관소송의기능을 배제하는 것이 아니라는 점에서 우리에게 시사점을 제공한다.

5. 국가배상책임

국가배상책임을 위험책임으로 공무원의 개인책임을 과실책임으로 이해하는 뒤기의 견해에 따르면, 국가는 사회적 위험으로부터 국민을 보호하는 자로서 공역무의 수행으로 발생 가능한 손해로부터 개인을 보호하고 배상책임을 지는데, 그 기금은 국가의 기금으로 한다. 또한 공무원이 공무수행자로서 공역무를 수행하던 중 잘못을 저지른 경우 국가가 책임을 진다.[2]

블랑코 판결을 통해 민법으로부터 공법의 독립을 꾀한 뒤기는 우리나라 국가배상책임의 법적 성격을 공법상 책임으로 이해하게 하고, 과실을 객관화하며, 국가의 자기책임을 인정할 수 있도록 한다는 점에서 시사점을 제공한다. 국가배상책임이 전적으로 공무원과 개인 사이의 사적 관계에서 발생한 것이 아니고, 간접적으로 행정을 통제하는 기능을 수행한다는 점에서 뒤기의 주장은 설득력을 갖는다.

---

2) Léon Duguit, Les transformations du droit public, 2e tirage, Librairie Armand Colin, Paris, 1921, p.273 참조.

제2절 결어

　현실과 모순되는 기존의 도그마에 대항하여, 오로지 실재하는 사실을 근거로 진리를 추구했던 학자 뒤기는 비판에 직면하기도 했지만 쉼 없이 '공법의 변화'를 증언했다. 뒤기는 그의 저서 『공법의 변화』의 결론을 맺으면서 사회는 끊임없이 변화하는 중이고, 그 변화는 멈추지 않을 것이며, 우리의 현실적이고, 사회적이고, 객관적인 시스템은 오로지 역사의 한 순간만을 대변할 뿐이라고 하였다.[1] 우리는 '바로 지금, 여기' 실제로 존재하고 있는 '사람'과 그들의 '세계'를 보는 눈을 가져야 한다.

　프랑스의 한 학자에 따르면, '법'(le droit)의 어원은 '이끌다', '지도하다'라는 뜻을 가진 라틴어 'directus'로 법은 '한 사회가 스스로 정한 방향'을 의미하고, 작센인의 거울이라는 의미를 갖는 중세의 법 '작센슈피겔'(Sachsenspiegel)은 '거울과 같은 법'이라는 은유적 표현을 통해 법이 현실에 기초하면서도 한 사회가 스스로에게 바라는 이상(理想)을 담고 있어 사회가 계속해서 발전하도록 만드는 힘을 갖는다고 한다.[2] 사회를 구성하는 개개인이 자신의 삶의 터전인 사회를 유지하기 위하여 서로 연대하고 협력하는 것, 그리고 국가 스스로도 그 연대의 참여자로서 기꺼이 합류하고 지원하여야 한다는 뒤기의 주장에는 어쩌면 그러한 이상이 섞여 있을지도 모른다.

　중요한 것은 그것이 이상이 섞인 현실이라고 할지라도 국가와 행정의 존재 이유에 대해 기존과는 전혀 다른, 즉 국민에 대해 명령하고 군림하는 국가가 아니라 국민을 위해 봉사하는 국가, 국민의 사회적 연대

---

1) Léon Duguit, Les transformations du droit public, 2ᵉ tirage, Librairie Armand Colin, Paris, 1921, p.281 참조.
2) 알랭 쉬피오(Alain Supiot)(박제성 역), "사회국가의 위대함과 시련", 노동법연구 제38호, 2015, 250-251면.

를 실현하는 국가 개념이 등장했다는 점이다. 이러한 변화는 주관주의 사상이 통설적 지위를 차지했던 당시의 기준으로는 혁신적인 관점의 전환이었다. 연구의 목적에서 우리는 "국가는 무엇인가? 왜 존재하는가?"라는 의문을 제기하였다. 뒤기의 사상은 결국 위와 같이 국가라는 것이 도대체 왜 존재하는가라는 실존적인 질문과도 맞닿아 있다.

절대적이고 우월하고 침범할 수 없는 주권을 가진 국가를 받아들였던 당대의 저명한 학자들 틈에서 뒤기는 실재하는 사실을 무기로 삼아 용기 있는 목소리를 냈다. 그의 외침은 많은 비판에 부딪혔고, 실제로 공역무 개념이 주권 개념을 완전히 대체하고 주권 개념은 소멸되었다는 그의 주장이 전부 수용되었다고 말할 수는 없을 것이다. 그러나 특히 그가 주장했던 공역무 이론은 현재까지도 프랑스 행정법에서 상당히 중요한 위치를 차지하게 되었다. 또한 무엇보다 그의 공법 이론이 현대 프랑스 공법의 토양을 비옥하게 하는 이론적 단초를 제공하였다는 점에 대해서는 아무도 부인할 수 없을 것이다.

그의 대표작 『공법의 변화』의 마지막 한 줄에서 나타난 그의 정신은 오늘날을 살아가는 우리에게도 울림을 준다. "우리의 자손들은 행복할 것이다. 그들이 스스로를 도그마와 편견으로부터 해방시키는 것을 우리보다 더 잘 안다면!"[3]

---

3) Léon Duguit, Les transformations du droit public, 2ᵉ tirage, Librairie Armand Colin, Paris, 1921, p.281.

참고문헌

Ⅰ. 뒤기의 1차 문헌

1. 단행본

Duguit, Léon, Leçons de droit public général, faites à la faculté de droit de l'Université égyptienne pendant les mois de Janvier, Février et Mars 1926, E. de Boccard, Paris, 1926.

Duguit, Léon(translated by Frida and Harold Laski), Law in the modern state, George Allen & Unwin Ltd., London, 1921.

Duguit, Léon, Le droit constitutionnel et la sociologie, Armand Colin et Cie, Paris, 1889.

Duguit, Léon(présentation et traduction par Simon Gilbert), Le pragmatisme juridique, conférences prononcées à Madrid, Lisbonne & Coïmbre 1923, Éditions La Mémoire du Droit, Paris, 2008.

Duguit, Léon, Le droit social, le droit individuel et la transformation de l'État, Félix Alcan, Paris, 1908.

Duguit, Léon, Le mandat de droit public et la theorie juridique de l'organe, Albert Fontemoing, Paris, 1902.

Duguit, Léon, Les doctrines juridiques objectivistes, Marcel Giard, Paris, 1927.

Duguit, Léon, Les transformations du droit public, 2e tirage, Librairie Armand Colin, Paris, 1921.

Duguit, Léon, Les transformations générales du droit privé depuis le Code Napoléon, Félix Alcan, Paris, 1912.

Duguit, Léon, L'État, le droit objectif et la loi positive, Ancienne librairie thorin et fils, Paris, 1901.

Duguit, Léon, L'État, les gouvernants et les agents, Ancienne librairie thorin et fils, Paris, 1903.

Duguit, Léon, Manuel de droit constitutionnel: théorie général de l'État, le droit et l'État - les libertés publiques organisation politique, 3e éd., Ancienne librairie fontemoing et Cie, Paris, 1918.

Duguit, Léon, Souveraineté et liberté, leçons faites à l'Université Colombia, New-York en 1920-1921, Félix Alcan, Paris, 1922.

Duguit, Léon, Traité de droit constitutionnel, tome 1, 3e éd., Ancienne librairie fontemoing et Cie, Éditeurs(E. de Boccard successeur), Paris, 1927.

Duguit, Léon, Traité de droit constitutionnel, tome 2, 3e éd., Ancienne librairie fontemoing et Cie, Éditeurs(E. de Boccard successeur), Paris, 1928.

Duguit, Léon, Traité de droit constitutionnel, tome 3, 2e éd., Ancienne librairie fontemoing et Cie, Éditeurs(E. de Boccard successeur), Paris, 1923.

Duguit, Léon, Traité de droit constitutionnel, tome 4, 2e éd., Ancienne librairie fontemoing et Cie, Éditeurs(E. de Boccard successeur), Paris, 1924.

Duguit, Léon, Traité de droit constitutionnel, tome 5, 2e éd., E. de Boccard, Paris, 1925.

Duguit, Léon et Henry Monnier, Les constitutions et les principales lois politiques de la France depuis 1789, Librairie Cotillon, Paris, 1898.

Fouillée, Alfred, Léon Duguit, René Demogue and Arthur W. Spencer(translated by Mrs. Franklin W. Scott and Joseph P. Chamberlain), Modern french legal philosophy, The Macmillan Company, New York, 1921.

2. 논문

Duguit, Léon(translated by Ernest G. Lorenzen), Collective acts as distinguished from contracts, Yale Law Journal, Vol. 27, No. 6, April, 1918, pp.753-768.

Duguit, Léon, De la situation des particuliers à l'égard des services publics, Revue du droit public et de la science politique en France et à l'étranger, tome 24, 1907, pp.412-439.

Duguit, Léon, De la responsabilité pouvant naître à l'occasion de la loi, Revue du droit public et de la science politique en France et à l'étranger, tome 27, 1910, pp.637-666.

Duguit, Léon, L'acte administratif et l'acte juridictionnel, Revue du droit public et de la science politique en France et à l'étranger, tome 23, 1906, pp.413-471.

Duguit, Léon, La séparation des pouvoirs et l'assemblée nationale de 1789, Revue d'économie politique tome 7, no. 2, 1893, pp.99-132.

Duguit, Léon, La séparation des pouvoirs et l'assemblée nationale de 1789(Suite Et Fin), Revue d'économie politique tome 7, no. 6, 1893, pp.567-615.

Duguit, Léon, La représentation syndical au parlement, Revue de politique et parlementaire, tome 69, 1911, pp.28-45.

Duguit, Léon(translated by Frederick J. de Sloovère), The law and the state - French and German Doctrines, Harvard Law Review, Vol. 31, No. 1, November, 1917, pp.1-185.

Duguit, Léon(translated by Margaret Grandgent and Ralph W. Gifford), Objective Law, Columbia Law Review, Vol. 20, No. 8, December, 1920, pp.817-831.

Duguit, Léon(translated by Margaret Grandgent and Ralph W. Gifford), Objective Law Ⅱ, Columbia Law Review, Vol. 21, No. 1, January, 1921, pp.17-34.

Duguit, Léon(translated by Margaret Grandgent and Ralph W. Gifford), Objective Law Ⅲ, Columbia Law Review, Vol. 21, No. 2, February, 1921, pp.126-143.

Duguit, Léon(translated by Margaret Grandgent and Ralph W. Gifford), Objective Law Ⅳ, Columbia Law Review, Vol. 21, No. 3, March, 1921, pp.242-256.

Duguit, Léon(translated by Ernest G. Lorenzen), The concept of public service, Yale Law Journal, Vol. 32, No. 5, March, 1923, pp.425-435.

Duguit, Léon(translated by Munroe Smith), The french administrative courts, Political Science Quarterly, Vol. 29, No. 3, September, 1914, pp.385-407.

3. 국내 번역본

가. 단행본

레옹 뒤기(Léon Duguit)(이광윤 역), 일반 공법학 강의, 민음사, 1995.

나. 논문

레옹 뒤기(Léon Duguit)(김충희 역), "법과 국가", 동아법학 제77호, 2017.

Ⅱ. 국내문헌

1. 단행본

김남진·김연태, 행정법Ⅰ, 법문사, 제23판, 2019.

김덕영, 에밀 뒤르케임:사회실재론, 도서출판 길, 2019.

김도창, 일반행정법론(상), 청운사, 제1개정판, 1993.

김동희, 행정법Ⅰ, 박영사, 제25판, 2019.

김철용, 행정법, 고시계사, 전면개정 제8판, 2019.

김철용·최광율 편집대표, 주석 행정소송법, 박영사, 2004.

류지태·박종수, 행정법신론, 박영사, 제16판, 2016.

박균성, 행정법론(상), 박영사, 제18판, 2019.

박윤흔·정형근, 최신 행정법강의(상), 박영사, 제30판, 2009.

박정훈(朴正勳), 행정법연구1-행정법의 체계와 방법론, 박영사, 2005.

박정훈(朴正勳), 행정법연구2-행정소송의 구조와 기능, 박영사, 2006.

법원행정처, 법원실무제요(행정), 2016.

서울대학교 불어문화권연구소, 프랑스 하나 그리고 여럿, 지성공간, 2017.

성낙인, 프랑스헌법학, 법문사, 1995.

신용하, 사회학의 성립과 역사사회학:오귀스트 꽁트의 사회학 창설, 지식산업사, 2012.

오세혁, 법철학사, 세창출판사, 제2판, 2012.

이광윤, 신행정법론, 법문사, 2007.

이광윤, 일반행정법, 법문사, 전면개정판, 2012.

이상규, 행정쟁송법, 법문사, 신정판, 1997.

전 훈·장-마리 퐁띠에(Jean-Marie Pontier), 공공서비스법 -프랑스 행정법 연구-,
        한국학술정보, 2008.

정하중, 행정법개론, 법문사, 제13판, 2019.

한견우, 현대 행정법강의, 신영사, 제3판, 2008.

한국법제연구원, 프랑스 법령용어 해설집, 2006.

한국행정판례연구회 편, 공법학의 형성과 개척자, 박영사, 2007.

홍정선, 행정법원론(상), 박영사, 제27판, 2019.

홍준형, 행정법, 법문사, 2011.

2. 번역본

가. 단행본

게오르그 옐리네크(Georg Jellinek)(김효전 역), 일반국가학, 법문사, 2005.
몽테스키외(Montesquieu)(이명성 역), 법의 정신, 홍신문화사, 중판, 2016.
앙드레 모루아(André Maurois)(신용석 역), 프랑스사, 김영사, 2016.
샤를르 드바쉬(Charles Debbasch)(박연호·박균성 역), 프랑스행정의 이해, 박영사, 1997.
장 자크 루소(Jean-Jacques Rousseau)(박은수 역), 사회계약론 외, 올재 클래식스, 2014.
피에르 파나시(Pierre Fanachi)(진광엽 역), 프랑스 행정재판제도, 한길사, 2001.
프로서퍼 웨일(Prosper Weil)(김동희 역), 프랑스행정법, 박영사, 1980.
한스 켈젠(Hans Kelsen)(민준기 역), 일반국가학, 대우학술총서, 1990.

나. 논문

알랭 쉬피오(Alain Supiot)(박제성 역), "사회국가의 위대함과 시련", 노동법연구
　　제38호, 2015.
장-마리 퐁띠에(Jean-Marie Pontier)(전 훈 역), "프랑스 행정법에서의 공역무의 개념",
　　경희법학 제39권 제1호, 2004.

3. 논문

강운산, "프랑스 행정법상의 '공역무 위임'에 관한 연구 -PFI 제도를 중심으로-",
　　법제 2003년 11월호, 법제처, 2003.
강지은, "프랑스 행정법상 공역무 개념의 변천에 관한 연구", 서울대학교 석사학
　　위논문, 2008.
강지은, "프랑스의 객관적 완전심판소송에 관한 소고 -소송의 종류와 법원의 권
　　한을 중심으로-", 공법학연구 제14권 제1호, 2013.
김대인, "사회행정법영역의 구축에 관한 시론적 고찰", 공법학연구 제20권 제3호, 2019.
김도균, "법적 권리에 대한 연구(Ⅰ)", 서울대학교 법학 제43권 제4호, 2002.
김동희, "공역무론", 서울대학교 법학 제18권 제1호, 1977.

김동희, "공역무제도에 관한 연구", 서울대학교 법학 제35권 제2호, 1994.

김동희, "국가배상법에 있어서의 과실의 관념에 관한 소고", 서울대학교 법학 제20권 제1호, 1979.

김동희, "프랑스 행정법상 영조물법인과 공공기업에 관한 소고", 서울대학교 법학 제33권 제2호, 1992.

김동희, "프랑스 행정법상의 행정행위의 관념에 대한 일고", 서울대학교 법학 제26권 제2호, 2005.

김동희, "프랑스 행정법에 있어서의 행정제도의 적용기준", 서울대학교 법학 제24권 제2-3호, 1983.

김동희, "한국과 불란서의 행정상손해배상제도의 비교고찰", 서울대학교 법학 제16권 제1호, 1974.

김영규, "프랑스 행정법상의 공역무이론에 관한 연구", 고려대학교 석사학위논문, 2007.

김용자, "프랑스의 여성참정권, 1876~1944", 역사학보 제150집, 1996.

김유환, "행정청의 부작위에 대한 구제", 고시계, 제42권 6호, 1997.

김종천, "어린이 미니컵 젤리 질식사망사건에 대한 국가배상책임법리 고찰", 법학논문집 제35집 제2호, 2011.

김종보, "도시계획시설의 공공성과 수용권", 행정법연구 제30호, 2011.

김종보, "행정법학의 개념과 그 외연 -제도중심의 공법학방법론을 위한 시론", 행정법연구 제21호, 2008.

김종보, "행정법(행정법학의 방법론과 쟁점) -행정법학의 새로운 과제와 건축행정법의 체계", 고시계 44(11), 1999.

김중권, "유럽국가의 국가배상 책임법제에 관한 개관", 법학연구 제30권 제1호, 충남대학교 법학연구소, 2019.

김철용, "공무원의 불법행위 책임", 법경논총 제5호, 건국대학교, 1970.

김충희, "레옹뒤기의 객관법 이론", 국가와 헌법 I : 성낙인총장 퇴임기념논문집, 법문사, 2018.

김충희, "레옹뒤기의 국가이론 -「법과 국가」를 중심으로-", 유럽헌법연구 제17호, 2015.

김충희, "레옹뒤기의 생애와 그의 시대", 헌법학연구 제21권 제2호, 2015.

김충희, "프랑스 역대 헌법전(1)", 동아법학 제69호, 2015.

김현준, "규제권한 불행사에 의한 국가배상책임의 구조와 위법성 판단기준", 행정판례연구 제16집 제1호, 2011.

남하균, "행정의 합법성의 한계에 관한 연구 -위법성 판단의 기준과 효력을 중심으로-", 서울대학교 박사학위논문, 2009.

문상덕, "현대의 행정 변화와 행정법학 방법론 연구 -전통 행정법학의 방법론 분석과 그 보완을 한 시론", 행정법연구 제14호, 2005.

민문홍, "오귀스트 꽁뜨와 사회학의 탄생", 지식의 지평 제2호, 2007.

민문홍, "프랑스 제3공화정 당시의 이념갈등과 사회통합 -뒤르케임의 공화주의 이념과 사회학의 역할을 중심으로", 담론201 제15권 제4호, 2012.

박균성, "공무원의 배상책임", 경희법학 제29권 제1호, 1994.

박균성, "국가배상법상의 위법과 과실에 관한 이론과 판례", 행정법연구 제1호, 1997.

박균성, "법치행정의 원칙의 실효성 보장을 위한 행정권의 의무", 행정법연구 제2호, 1998.

박균성, "프랑스 행정법상 공익개념, 서울대학교 법학 제47권 제3호, 2006.

박균성, "프랑스 행정소송 제도와 그 시사점", 경희법학 제38권 제1호, 2003.

박균성, "프랑스의 국가배상책임", 행정법연구 제5호, 1999. 11.

박 민, "프랑스 행정법상의 공역무에 관한 연구", 연세대학교 석사학위논문, 1989.

박우경, "프랑스 행정법상 공역무 수행방식에 관한 연구 -우리나라 행정사무 수행방식과의 비교를 중심으로-", 이화여자대학교 박사학위논문, 2017.

박재윤, "독일 공법상 국가임무론에 관한 연구 -우리나라 전력산업과 관련하여-", 서울대학교 박사학위논문, 2010.

박재현, "프랑스의 월권소송과 한국의 의무이행심판에 관한 연구", 성균관법학 제17권 제2호, 2005.

박재현, "프랑스의 행정재판제도에 관한 연구", 법학연구 제19권 제1호, 경상대학교 법학연구소, 2011.

박정훈(朴正勳), "국가배상법의 개혁 재론 -사법적 대위책임에서 공법적 자기책임으로-", 2018. 5. 18. 한국공법학회 학술대회 발표문(미공간).

박정훈(朴正勳), "국가배상법의 개혁 -국가책임과 공무원(경찰관) 개인책임의 구별을 중심으로-", 2019. 1. 18. 한국법제연구원 제34회 입법정책포럼(미공간).

박정훈(朴正勳), "민주법치국가에서의 법률의 의의 -공법 이론적 관점을 중심으로", (재)행복세상, 2016 국가발전 정책토론회 종합보고서, 2017.

박정훈(朴正勳), "비교법의 의의와 방법론 -무엇을, 왜, 어떻게 비교하는가?", 심헌섭 박사 75세 기념논문집, 2011.

박정훈(朴正勳), "Maurice Hauriou의 법사상과 방법론 -제도·이원·균형-", 2000. 1. 22. 한국법철학회독회(미공간).

박정훈(朴正勳), "오토·마이어(1846-1924)의 삶과 학문", 행정법연구 제18호, 2007.

박정훈(朴正勳), "한국 행정법학 방법론의 형성·전개·발전", 공법연구 제44집 제2호, 2015.

박정훈(朴正勳), "행정법과 '민주'의 자각 -한국 행정법학의 미래", 행정법연구 제

53호, 2018.

박태현, "가습기 살균제 사건과 국가배상책임", 환경법과 정책 제16권, 2016.

박현정, "프랑스 행정법상 '역무과실'(la faute de service)에 관한 연구 -역무과실과 위법성의 관계를 중심으로-", 서울대학교 박사학위논문, 2014.

박혜영, "모리스 오류우(Maurice Hauriou)의 국가배상책임 구성에 관한 연구", 서울대학교 석사학위논문, 2015.

박훈민, "독일 행정법상 국고이론에 관한 비판적 연구 -'국가사인설'의 이론사적 고찰을 중심으로-", 서울대학교 박사학위논문, 2014.

배준구, "프랑스의 중앙과 지방정부간 관계", 사회과학연구 제13집, 1997.

안동인, "영미법상의 공·사법 이원체계에 관한 연구 -사법심사청구제도와 관련하여-", 서울대학교 박사학위논문, 2009.

오경환, "연대성의 정치 -에밀 뒤르깽, 앙리 미쉘, 레옹 뒤귀-", 역사학 연구 제32집, 2008.

왕승혜, "프랑스법상 국가와 지방자치단체 간의 사무위임에 관한 연구", 행정법연구 제53호, 2018.

우미형, "Hans J. Wolff의 행정조직법 이론에 관한 연구 -공법상 '법인' 및 '기관'이론을 중심으로-", 서울대학교 박사학위논문, 2016.

윤기석, "프랑스 공화주의와 지방분권:제3공화정 시기 지역주의(Régionalisme)의 생성과 한계를 중심으로", 국제학논총 제16집, 2011.

윤성운, "프랑스 행정법상 '행정으로서의 행정재판'에 관한 연구 -행정의 재판적 통제와 행정임무 수행의 관계를 중심으로-, 서울대학교 석사학위논문, 2014.

이계수, "규범과 행위: 국가법인설의 극복과 행위중심적 행정법 이론의 구축을 위한 시론", 공법연구 제29집 제1호, 2000.

이계수, "행정법과 법사회학", 행정법연구 제29호, 2011.

이광윤, "공공서비스 개념의 범세계화에 관한 연구", 토지공법연구 제21집, 2004.

이광윤, "공역무개념의 변천과 공기업 및 특허기법", 성균관법학 제4호, 1992.

이광윤, "공역무와 직접경제간섭기관으로서 영조물과 공기업", 공법연구 제18집, 1990.

이광윤, "프랑스의 공법학과 모리스 오류", 공법학의 형성과 개척자, 박영사, 2007.

이길용, "유럽의 개인주의 전통과 역사적 고찰", 동국사학 제31권, 1997.

이상덕, "영조물에 관한 연구 -공공성 구현단위로서 '영조물' 개념의 재정립-", 서울대학교 박사학위논문, 2010.

이순우, "프랑스의 공공서비스에 대한 연구", 토지공법연구 제43집 제3호, 2009.

이승민, "프랑스법상 '경찰행정'에 관한 연구 -개념, 근거, 조직, 작용을 중심으로-",

서울대학교 박사학위논문, 2010.

이용재, "생디칼리슴의 국제적 비교연구", 프랑스사 연구 제21호, 2009.

이원우, "21세기 행정환경의 변화와 행정법학방법론의 과제", 행정법연구 제48권, 2017.

이원우, "식품안전규제법의 일반원리와 현행법제의 개선과제", 식품안전법연구 Ⅰ, 경인문화사, 2008.

이원우, "행정입법에 대한 사법적 통제방식의 쟁점", 행정법연구 제25호, 2009.

이익우, "항고소송의 원고적격과 협의의 소의 이익 확대를 위한 행정소송법 개정 방안", 행정법연구 제8호, 2002.

이원우, "현대적 민주법치국가에 있어서 행정통제의 구조적 특징과 쟁점", 행정 법연구 제29호, 2011.

이진수, "오토마이어의 행정법학 방법론에 관한 연구 -로렌츠 폰 슈타인의 국가 학적 방법론과의 비교를 중심으로-", 서울대학교 박사학위논문, 2017.

이현수, "국가의 법적개념 -프랑스 공법 이론상 국가법인설의 수용과 전개-", 행 정법연구 제36호, 2013.

성낙인, "프랑스공법학의 두 석학: 모리스 오류와 레옹 뒤기", 동원 권도혁교수 화갑기념논문집, 1992.

성중탁, "현대 사회국가와 행정법의 과제", 공법학연구 제19권 제2호, 2018.

송시강, "행정법상 특허에 관한 연구 -유형론적 고찰을 중심으로-", 서울대학교 박사학위논문, 2010.

심헌섭, "법학의 학문성(상)", 서울대학교 법학 제23권 제3호, 1982.

전광석, "사회변화와 헌법과제로서의 복지국가의 실현", 공법연구 제31집 제1호, 2002.

전주열, "프랑스 공공서비스법의 공법적 함의", 토지공법연구 제87집, 2019.

장-마리 퐁띠에(Jean-Marie Pontier), "La conception française du service public"(공역 무의 프랑스적 개념), 공법학연구 제8권 제1호, 2007.

전학선, "프랑스의 법령체계 및 법치주의에 관한 연구", 공법학연구 제12권 제1 호, 2011.

전학선, "프랑스 헌법상 단결권·단체교섭권 제한의 법리와 실제", 조선대학교 법 학연구원, 법학논총, 제17권 제3호, 2010.

전현중, "프랑스 노동조합의 구조와 위기요인 분석", EU연구 제28호, 2011.

전 훈, "프랑스 지방자치의 새로운 변화", 법제 2016년 제3월호, 법제처, 2016.

전 훈, "프랑스행정법상 공역무이론", 경북대학교 석사학위논문, 1995.

전 훈, "프랑스 행정법 연구에 관한 소고", 법학논고 제22호, 경북대학교 법학연 구원, 2005.

정수진, "Léon Duguit의 공법 이론에 대한 연구", 연세대학교 석사학위논문, 2013.

정호경, "국가법인설의 기원과 전개 과정 -독일에서의 발전과정을 중심으로-", 행정법연구 제42호, 2015.

차민식, "독일에서의 기능사화와 국가책임에 관한 연구", 서울대학교 박사학위논문, 2011.

최계영, "식품·의약품 영역에서 규제권한불행사로 인한 국가배상책임", 행정판례연구 제21집 제2호, 2016.

최계영, "오토마이어의 행정행위 이론", 서울대학교 석사학위논문, 2004.

최계영, "처분의 취소판결과 국가배상책임", 행정판례연구 제18권 제1호, 2013.

최계영, "항고소송에서 본안판단의 범위 -원고의 권리침해가 포함되는지 또는 원고의 법률상 이익과 관계없는 사유의 주장이 제한되는지의 문제를 중심으로-", 행정법연구 제42호, 2015.

최봉철, "권리의 개념에 관한 연구 -의사설과 이익설의 비교-", 법철학연구 제6권 제1호, 2003.

최송화, "공익의 법적문제", 서울대학교 법학 제47권 제3호, 2006.

한견우·쟝-브느와 알베르띠니, "프랑스 행정의 성립·발전과 변혁 그리고 한국 행정법에 끼친 영향과 과제", 2019. 10. 4. 제42회 한국행정법학회 정기학술대회 발표문(미공간).

Ⅲ. 외국문헌

1. 단행본

Auby, Jean-Marie et Roland Drago, Traité de contentieux administratif, tome 1, 3e éd., LGDJ, 1984.

Blanquer, Jean-Michel et Marc Milet, L'Invention de l' État: Léon Duguit, Maurice Hauriou et la naissance du droit public moderne, Odile Jacob, 2015.

Latour, Bruno, La fabrique du droit: une ethnographie du Conseil d'État, La Découverte, 2004.

Brown, L. Neville and John S. Bell, French administrative law, Clarendon press, Oxford, 1998.

Chapus, René, Droit du contentieux administratif, Montchrestien, 13e éd., 2008.

Chapus, René, Droit administratif général, tome 1, 15e éd., Montchrestien, 2001.

Debbasch, Charles et Jean-Claude Ricci, Contentieux administratif, Dalloz, 8e éd., 2001.

Espagno, Delphine, Léon Duguit: de la sociologie et du droit, Editions L'Epitoge-Lextenso, 2014.

Gaudemet, Yves, Droit administratif, 21e éd., LGDJ, 2015.

Lafferrière, Eduard, Traité de la juridiction administrative et des recours contentieux, tome 1, Berger-Levrault et Cie, Libraires-Éditeurs, Paris, 1887.

Lafferrière, Eduard, Traité de la juridiction administrative et des recours contentieux, tome 2, Berger-Levrault et Cie, Libraires-Éditeurs, Paris, 1896.

Melleray, Fabrice(edited), Autour de Léon Duguit: colloque commémoratif du 150e anniversaire de la naissance du doyen Léon Duguit, (Bordeaux, 29-30 mai 2009), Bruylant, Bruxelles, 2011.

Revue juridique et économique du Sud-Ouest, série juridique 10e année: congrès commémoratif du centenaire de la naissance du doyen Léon Duguit, (Bordeaux, 29-30 mai 1959), Imprimerie Bière, Bordeaux, 1959.

Waline, Jean, Droit administratif, 23e éd., Dalloz, 2010.

2. 논문

Baumert, Renaud, Léon Duguit et le contrôle de la constitutionnalité des lois: aspects d'une conversion, Autour de Léon Duguit: colloque commémoratif du 150e anniversaire de la naissance du doyen Léon Duguit, (Bordeaux, 29-30 mai 2009), Bruylant, Bruxelles, 2011, pp.139-189.

Beaud, Olivier, Duguit, L'Etat et la reconstruction du droit constitutionnel Français, Autour de Léon Duguit: colloque commémoratif du 150e anniversaire de la naissance du doyen Léon Duguit, (Bordeaux, 29-30 mai 2009), Bruylant, Bruxelles, 2011, pp.29-55.

Bonnard, Roger, Léon Duguit: ses oeuvres, sa doctrine, Revue du droit public et de la science politique en France et à l'étranger, tome 46, 1929, pp.5-51.

Boyé, A.-J., Souvenirs personnels sur Léon Duguit, Revue juridique et économique du Sud-Ouest, série juridique 10e année: congrès commémoratif du centenaire de la naissance du doyen Léon Duguit, (Bordeaux, 29-30 mai 1959), Imprimerie Bière, Bordeaux, 1959, pp.115-128.

Boutet, Gazier et Heumann, Letourneur, Thery, L'influence des idées du doyen Duguit sur la jurisprudence du Conseil d'État, Revue juridique et économique du Sud-Ouest, série juridique 10e année: congrès commémoratif du centenaire de la naissance du doyen Léon Duguit, (Bordeaux, 29-30 mai 1959), Imprimerie Bière, Bordeaux, 1959, pp.181-203

Brethe de la Gressaye, Jean, L'influence des idées du doyen Duguit sur le droit privé, Revue juridique et économique du Sud-Ouest, série juridique 10e année: congrès commémoratif du centenaire de la naissance du doyen Léon Duguit, (Bordeaux, 29-30 mai 1959), Imprimerie Bière, Bordeaux, 1959, pp.205-220.

Cherfouh, Fatiha, Les thèses soutenues sous la présidence de Léon Duguit, Autour de Léon Duguit: colloque commémoratif du 150e anniversaire de la naissance du doyen Léon Duguit, (Bordeaux, 29-30 mai 2009), Bruylant, Bruxelles, 2011, pp.57-80.

Deymes, J., Léon Duguit a la mairie de Bordeaux, Revue juridique et économique du Sud-Ouest, série juridique 10e année: congrès commémoratif du centenaire de la naissance du doyen Léon Duguit, (Bordeaux, 29-30 mai 1959), Imprimerie Bière, Bordeaux, 1959, pp.229-234.

Didry, Claude, Léon Duguit, ou le service public en action, Revue d'histoire moderne & contemporaine, No.52-3, 2005, pp.88-97.

Esmein, CH, Deux théoriciens du droit: Duguit et Hauriou, Revue philosophique de la France et de l'étranger, 1930, pp.231-279.

Elliot, W. Y., The metaphysics of Duguit's pragmatic conception of law, Political Science Quarterly, Vol. 37, No.4, 1922, pp.639-654.

Fenwick, Mark, Wulf A. Kaal, Erik P.M. Vermeulen, REGULATION TOMORROW: WHAT HAPPENS WHEN TECHNOLOGY IS FASTER THAN THE LAW?, American University Business Law Review, 2017.

Fernandez, Tomás-Ramón, Duguit Lu: L'Espagne, Autour de Léon Duguit: colloque commémoratif du 150e anniversaire de la naissance du doyen Léon Duguit, (Bordeaux, 29-30 mai 2009), Bruylant, Bruxelles, 2011, pp.255-275.

Gilbert, Simon, Actualité Éditoriale de Léon Duguit:《Le Pragmatism Juridique》, Autour de Léon Duguit: colloque commémoratif du 150e anniversaire de la naissance du doyen Léon Duguit, (Bordeaux, 29-30 mai 2009), Bruylant, Bruxelles, 2011, pp.291-310.

Gonod, Pascale, L'actualité de la pensée de Léon Duguit en droit administratif?, Autour de Léon Duguit: colloque commémoratif du 150e anniversaire de la naissance du doyen Léon Duguit, (Bordeaux, 29-30 mai 2009), Bruylant, Bruxelles, 2011, pp.333-348.

Hakim, Nader, Duguit et les privatistes, Autour de Léon Duguit: colloque commémoratif du 150e anniversaire de la naissance du doyen Léon Duguit, (Bordeaux, 29-30 mai 2009), Bruylant, Bruxelles, 2011, pp.81-114.

Harlow, Carol, The influence of Léon Duguit on Anglo-American legal thought, Autour de Léon Duguit: colloque commémoratif du 150e anniversaire de la naissance du doyen Léon Duguit, (Bordeaux, 29-30 mai 2009), Bruylant, Bruxelles, 2011, pp.227-254.

Hourquebie, Fabrice, Actualité de Duguit en matière de libertés publiques?, Autour de Léon Duguit: colloque commémoratif du 150e anniversaire de la naissance du doyen Léon Duguit, (Bordeaux, 29-30 mai 2009), Bruylant, Bruxelles, 2011, pp.349-372.

Jouanjan, Olivier, Duguit et les Allemands, Autour de Léon Duguit: colloque commémoratif du 150e anniversaire de la naissance du doyen Léon Duguit, (Bordeaux, 29-30 mai 2009), Bruylant, Bruxelles, 2011, pp.195-224.

Laborde-Lacoste, Marcel, La vie et la personnalité de Léon Duguit, Revue juridique et économique du Sud-Ouest, série juridique 10e année: congrès commémoratif du centenaire de la naissance du doyen Léon Duguit, (Bordeaux, 29-30 mai 1959), Imprimerie Bière, Bordeaux, 1959, pp.93-114.

Langrod, Georges, L'influence des idées de Léon Duguit sur la théorie générale du droit, Revue juridique et économique du Sud-Ouest, série juridique 10e année: congrès commémoratif du centenaire de la naissance du doyen Léon Duguit, (Bordeaux, 29-30 mai 1959), Imprimerie Bière, Bordeaux, 1959, pp.129-155.

Laski, Harold J., A note on M. Duguit, Harvard Law Review, Vol. 31, No. 1, 1917, pp.186-192.

Laubadère, André de, L'influence des idées de L. Duguit sur la doctrine du droit administratif, Revue juridique et économique du Sud-Ouest, série juridique 10e année: congrès commémoratif du centenaire de la naissance du doyen Léon Duguit, (Bordeaux, 29-30 mai 1959), Imprimerie Bière, Bordeaux, 1959, pp.171-180.

Mazeres, Jean-Arnaud, Duguit et Hauriou ou la clé caché, Autour de Léon Duguit: colloque commémoratif du 150e anniversaire de la naissance du doyen Léon Duguit, (Bordeaux, 29-30 mai 2009), Bruylant, Bruxelles, 2011, pp.115-138.

Melleray, Fabrice, Que sont devenues les écoles de Duguit?, Autour de Léon Duguit:

colloque commémoratif du 150e anniversaire de la naissance du doyen Léon Duguit, (Bordeaux, 29-30 mai 2009), Bruylant, Bruxelles, 2011, pp.373-386.

Mirow, M.C., Léon Duguit, Florida International University College of Law Faculty Publications, 2018.

Mirow, M.C., The social-obligation norm of property: Duguit, Hayem, and Others, Florida Journal of International Law No. 22, 2010, pp.191-226.

Milet, Marc, Duguit, Léon, Dictionnaire historique de juristes français (XIIe -XXe siècle), edited by Patrick Arabeyre, Jean-Louis Halpérin, and Jacques Krynen, Presses Universitaires de France, Paris, 2007, pp.358-361.

Milet, Marc, Les idées politiques de Léon Duguit. un prisme contextuel et biographique, Autour de Léon Duguit: colloque commémoratif du 150e anniversaire de la naissance du doyen Léon Duguit, (Bordeaux, 29-30 mai 2009), Bruylant, Bruxelles, 2011, pp.3-28.

Pacteau, Bernard, Léon Duguit à Bordeaux, un doyen dans sa ville, Revue du droit public et de la science politique en France et à l'étranger, N°2-2010, 2010, pp.505-521.

Pinon, Stéphane, Léon Duguit face à la doctrine constitutionnelle naissante, Revue du droit public et de la science politique en France et à l'étranger, N 2-2010, 2010, pp.523-548.

Park, Kyune-Seung(박균성), Etude comparative de la responsabilité administrative en Corée, au Japon et en France, thèse Marseille, 1989.

Sordi, Bernardo, Léon Duguit et l'Italie, Autour de Léon Duguit: colloque commémoratif du 150e anniversaire de la naissance du doyen Léon Duguit, (Bordeaux, 29-30 mai 2009), Bruylant, Bruxelles, 2011, pp.277-288.

Trigeaud, Jean-Marc, L'argument anti-subjectiviste de Duguit et La philosophie du droit moderne, Autour de Léon Duguit: colloque commémoratif du 150e anniversaire de la naissance du doyen Léon Duguit, (Bordeaux, 29-30 mai 2009), Bruylant, Bruxelles, 2011, pp.311-331.

Waline, Marcel, Influence de Duguit sur le droit constitutionnel et la science politique, Revue juridique et économique du Sud-Ouest, série juridique 10e année: congrès commémoratif du centenaire de la naissance du doyen Léon Duguit, (Bordeaux, 29-30 mai 1959), Imprimerie Bière, Bordeaux, 1959, pp.157-170.

찾아보기

■ 장윤영

서울 현대고등학교 졸업
서울대학교 법과대학 법학부 학사 졸업
서울대학교 대학원 법학과 석사 졸업(행정법 전공)
서울대학교 대학원 법학과 박사 졸업(행정법 전공)

제52회 사법시험 합격
제42기 사법연수원 수료
법무법인 충정 변호사
서울대학교 법학전문대학원 펠로우 변호사
동국대학교 강사(2020년도 2학기 Best Lecturer상)
법무법인 클라스 변호사
서울대학교 법학연구소 객원연구원
아주대학교 법학전문대학원 겸임교수
대한변호사협회 법제연구원 연구위원, 국제위원회 위원

레옹 뒤기(Léon Duguit)의 공법 이론에 관한 연구
— 객관주의 행정법을 중심으로 —

초판 1쇄 인쇄 | 2021년 7월 23일
초판 1쇄 발행 | 2021년 8월 02일

지 은 이   장윤영
발 행 인   한정희
발 행 처   경인문화사
편   집   이다빈 김지선 유지혜 박지현 한주연
마 케 팅   전병관 하재일 유인순
출판번호   제406-1973-000003호
주   소   경기도 파주시 회동길 445-1 경인빌딩 B동 4층
전   화   031-955-9300 팩   스   031-955-9310
홈페이지   www.kyunginp.co.kr
이 메 일   kyungin@kyunginp.co.kr

ISBN   978-89-499-4978-9 93360
값 19,000원

서울대학교 법학연구소 법학 연구총서

● 학술원 우수학술 도서
▲ 문화체육관광부 우수학술 도서